LÉO TAXIL & PAUL VERDUN

LES
Assassinats
MAÇONNIQUES

3139

NOUVELLE ÉDITION COMPLÈTE
avec 16 dessins inédits

DEUXIÈME ÉDITION

PARIS

LETOUZEY & ANÉ, ÉDITEURS

17, Rue du Vieux-Colombier

LES

ASSASSINATS MAÇONNIQUES

LÉO TAXIL ET PAUL VERDUN

LES

ASSASSINATS
MAÇONNIQUES

PARIS

LETOUZEY ET ANÉ, ÉDITEURS

17, RUE DU VIEUX-COLOMBIER, 17

—

LES
ASSASSINATS MAÇONNIQUES

~~~~~~

PRÉAMBULE

Comment se fabrique un assassin.

De temps en temps, depuis un siècle, se commet un crime dont les circonstances extraordinaires étonnent le peuple et excitent les recherches des penseurs.

La victime appartient au monde politique, comme le duc de Berry, le comte Pellegrino Rossi, le maréchal Prim, Garcia Moreno, Gambetta ou le préfet Barrème ; elle appartient à la police comme Saint-Blamont et divers personnages mêlés à l'affaire de la Banque d'Ancône ; elle appartient enfin à la presse, comme le journaliste américain William Morgan.

Les assassins, quand ils sont découverts, n'apparaissent point comme ayant agi sous l'influence des passions qui d'habitude portent les meurtriers au crime. Ils connaissent peu leur victime, n'ont aucun motif ordinaire de lui en vouloir ; ils ne tuent ni sous l'empire de la jalousie, ni sous celui d'une haine personnelle ; ce n'est point non plus pour voler, du moins pour leur propre compte.

De ces assassins, les uns disparaissent à la faveur des troubles politiques ; les autres échappent aux recherches et au châtiment, soit parce qu'ils sont trop haut placés, soit parce qu'ils sont puissamment protégés ; ceux enfin qui se laissent prendre sont des fanatiques qui ont obéi à une passion politique, à un ordre donné par des chefs qui restent inconnus.

Peu à peu cependant, malgré les obstacles qu'y apportent ceux qui de près ou de loin ont trempé dans ces crimes, malgré les fausses pistes sur lesquelles les orateurs et les écrivains sectaires essaient de lancer les chercheurs, la vérité se dégage et se montre en son plein jour.

Ce sont des aveux qui échappent dans l'ivresse et qui sont recueillis ; ce sont des écrits que l'on trouve, lettres, confessions, testaments ; ce sont des révélations qui échappent à un mourant saisi par le remords et l'angoisse en face de l'éternité ; c'est enfin le papier que l'on retire de la fosse où a été jeté le cadavre de la victime et qui porte la signature de l'assassin.

Alors, aveux, écrits, révélations se complètent les uns par les autres. Ils montrent à qui remonte la responsabilité de ces crimes, à la grande puissance satanique du siècle, à la Franc-Maçonnerie.

Preuves en mains, l'on constate que ceux-ci ont été assassinés pour avoir combattu la secte dont ils avaient autrefois fait partie ; que ceux-là ont payé de leur sang le service qu'ils avaient rendu aux honnêtes gens en révélant le véritable but et les pratiques de cette société, qui se prétend, par un odieux mensonge, une simple société de philanthropie, et qui est en réalité une école de corruption et d'assassinat.

Certaines gens qui n'ont point étudié la Franc-Maçonnerie dans ses doctrines et dans ses pratiques, seront peut-être tentées d'accuser d'exagération les paroles qui précèdent. Elles diront : « Nous connaissons monsieur Un-Tel et monsieur Tel-Autre, qui sont francs-maçons. Ils n'ont pas les mêmes opinions que nous, c'est vrai ; mais ils sont pourtant de fort honnêtes gens. Ils n'ont jamais assassiné personne, et nous jurerions sur notre tête qu'ils n'auront jamais la plus petite idée de tuer qui que ce soit. »

D'accord ; mais c'est qu'alors les francs-maçons

dont vous parlez, ne sont pas arrivés au 30e degré de la hiérarchie maçonnique, c'est qu'ils n'ont pas reçu le grade de Chevalier Kadosch.

Ils croient encore naïvement ce qu'on leur a dit lorsqu'on les a engagés à s'enrôler dans la secte, ce que le Frère Clavel écrit dans son *Histoire Pittoresque de la Franc-Maçonnerie* :

« La Franc-Maçonnerie, prétend-il, est une institution philanthropique progressive, dont les membres vivent en frères sous le niveau d'une douce égalité. Là sont ignorées les frivoles distinctions de la naissance et de la fortune, et ces autres distinctions, plus absurdes encore, des opinions et des croyances...

« Le franc-maçon est citoyen de l'univers ; il n'existe aucun lieu où il ne rencontre des frères empressés à le bien accueillir, sans qu'il ait besoin de leur être recommandé autrement que par son titre ; de se faire reconnaître d'eux, autrement que par les signes et mots mystérieux adoptés par la grande famille des initiés. »

L'assassinat nous semble tellement bas et vil, sa pensée est si éloignée de notre esprit, à nous autres qui sommes nés dans une société toute pénétrée des principes de l'Evangile, que nous n'imaginons qu'à grand'peine que des hommes civilisés puissent l'admettre comme un moyen ordinaire, juste, légal, de domination.

Celui qui entre dans la Franc-Maçonnerie, le fait, poussé par une vanité sotte, par la curiosité, par l'intérêt ou par l'amour du plaisir.

C'est un vaniteux qui veut faire partie d'une société, qui veut porter des rubans, s'affubler de cordons, s'orner d'insignes, avec l'espérance d'arriver un jour à de hauts grades dans lesquels il sera l'objet de témoignages de respect de la part des autres naïfs.

Ou bien, c'est un curieux auquel on a glissé dans l'oreille, d'un air de mystère, que la Franc-Maçonnerie « conserve religieusement un secret qui n'est et ne peut être que le partage des seuls francs-maçons. »

Souvent, c'est un ambitieux qui veut faire son chemin dans la politique et qui compte mettre à profit, dans ce but, les relations qu'il se créera dans les Loges. De son côté, le négociant espère, grâce à ces mêmes relations, étendre le cercle de ses pratiques.

L'homme de plaisir, enfin, sait que les Frères Trois-Points se réunissent souvent dans des banquets « où la bonne chère et les vins généreux excitent la joie et resserrent les liens d'une fraternelle intimité ». Il aperçoit peut-être aussi d'autres horizons que lui fait entrevoir par quelques paroles discrètes le franc-maçon qui l'attire à la secte.

« Ainsi, dit le F∴ Clavel, l'on a des arguments pour tous les penchants, pour toutes les vocations, pour toutes les intelligences et pour toutes les classes. »

Or, il est évident que, parmi les vaniteux, les curieux, les ambitieux et les hommes de plaisir qui se font initier, bien peu seraient capables, le jour de leur réception, de commettre un crime ; bien peu également portent en eux les qualités (?) nécessaires pour devenir Chevaliers Kadosch, c'est-à-dire assassins patentés de la Franc-Maçonnerie.

Les grades nombreux qui constituent la hiérarchie de la secte ont justement pour but : 1º de procéder à des éliminations successives des adeptes ; de laisser dans les rangs inférieurs ceux dont les chefs occultes n'attendent que peu de services ; de faire, au contraire, monter aux rangs supérieurs les hommes intelligents et déterminés, capables d'accroître la puissance de l'Ordre ; 2º de former les élus, choisis par ces sélections progressives, aux rôles qu'ils sont appelés à jouer.

Sélection, éducation : ces deux mots résument et expliquent toute la hiérarchie maçonnique.

Et cette hiérarchie est combinée avec une science si profonde, qu'elle conduit forcément l'homme qui la gravit, à la perversion totale de la conscience. En l'étudiant, on y sent à chaque instant l'empreinte de la griffe du Maître dont la secte pleure les malheurs, de l'archange déchu que rêve de venger la Franc-Maçonnerie, la veuve de Satan.

C'est dès le premier jour où il entre dans la secte, que le franc-maçon qui sait comprendre à demi-mot, commence son éducation. Il n'est pas encore reçu Apprenti, il n'est que profane, et déjà il entend le Vénérable, qui procède à son initiation, lui dire, en appuyant sur sa poitrine nue la pointe d'une épée :

« — Monsieur, ce fer, toujours levé pour punir le parjure, est le symbole du remords qui déchirerait votre cœur, si, par malheur pour vous, vous deveniez traître à la société dans laquelle vous voulez entrer... Les qualités que nous exigeons pour être admis sont la plus grande sincérité, une docilité absolue, une constance à toute épreuve... La Franc-Maçonnerie, laissant à chacun sa liberté de croyance, s'affranchit de toute domination religieuse... »

Ensuite, on parle au postulant d'épreuves terribles qu'il va subir, de dangers auxquels il se trouvera exposé.

Il est vrai que, pour justifier ces dernières paroles, on lui joue une quantité de mauvais tours qui rappellent tout simplement les plaisanteries de caserne. Sous prétexte de le faire entrer dans une caverne, deux Frères vigoureux le lancent au travers d'un châssis tendu de papier fort, et le récipiendaire tombe de l'autre côté à plat ventre sur un matelas. On le fait asseoir sur un escabeau rembourré avec des clous, et bancal par-dessus le marché; on le fait grimper à une échelle sans fin; on lui administre une bonne décharge électrique au moyen d'une bouteille de Leyde; bref, les Frères Trois-Points s'amusent de lui, comme des collégiens s'amuseraient d'un *nouveau* pour lui faire payer sa bienvenue.

Notez qu'il en sera de même à toutes les initiations successives par lesquelles le franc-maçon passera pour atteindre aux plus hauts grades. Les plaisanteries deviendront seulement un peu moins grossières, mais par contre très macabres. Les

« fumisteries » d'un goût douteux masqueront les enseignements pervers.

L'adepte qui doit rester dans les grades inférieurs, se rappelle seulement les plaisanteries; celui qui doit monter plus haut, se souvient, dès son initiation d'Apprenti, qu'on lui a parlé d'épée prête à punir le parjure, de docilité à l'Ordre, de révolte contre toute autorité religieuse.

Il médite ces paroles du Vénérable : « Le fanatisme est un culte insensé, une erreur sacrée; c'est une exaltation religieuse qui a perverti la raison et qui porte à des actions condamnables, en vue de plaire à Dieu ; on dit : « les fureurs du fanatisme. » C'est un égarement moral, une maladie mentale, qui, malheureusement est contagieuse. Le fanatisme, une fois enraciné dans un pays, y prend le caractère et l'autorité d'un principe, au nom duquel ses partisans enragés ont fait, dans leurs exécrables *auto-da-fé*, périr des milliers d'innocents. On donne, par analogie, ce nom au désir ardent du triomphe de son opinion, de l'accomplissement de ses projets, etc... Il n'y a de dangereux, dans la plupart des fanatismes, que leurs abus ; car, sans eux, l'homme ne fait rien de grand. Mais fuyons et combattons l'aveugle fanatisme religieux !...

« La superstition est la religion des ignorants, des âmes timorées et même des savants qui, faute d'examen, n'osent pas secouer le joug de l'habitude. La plupart des religions ne sont que des superstitions enfantées par la crainte et pouvant conduire au fanatisme ; ce dernier peut élever l'âme, la superstition ne fait que l'avilir. »

La conclusion qui se dégage des principes qui précèdent, si on la déduit rigoureusement, est celle-ci : l'assassinat, commis au nom du fanatisme politique, peut être grand et digne de louange ; les actes de justice, dictés par la religion, sont, au contraire, condamnables ; ils sont le produit d'un « égarement moral », « d'une maladie mentale ».

Dès qu'un homme se présente pour entrer dans la

Franc-Maçonnerie, on a bien soin de le détacher immédiatement de la religion, parce que la religion commande le respect d'autrui, l'amour du prochain Or, ces principes ne font nullement l'affaire de la secte qui entend posséder des adeptes auxquels elle puisse tout ordonner, même le crime.

Aussi, pour être bien sûr que l'homme admis au grade d'Apprenti n'ira pas raconter à tout venant ce qu'il a entendu en Loge et ne s'exposera pas ainsi à recevoir des réponses triomphantes aux calomnies contre la religion que le Vénérable lui a débitées, lui enseigne-t-on que le premier de ses devoirs est un silence absolu sur tout ce qu'il pourra apprendre et découvrir parmi les francs-maçons.

Et le récipiendaire jure et promet sincèrement et solennellement de ne jamais révéler aucun des mystères qui lui seront confiés. Il consent « à avoir la gorge coupée, si jamais il manquait à son serment ».

Sous le couvert de cette obligation, on apprend à l'Apprenti deux choses principales. La première, c'est que l'intelligence suffit pour discerner le faux d'avec le vrai, le bien d'avec le mal. C'est, en principe, la négation de la révélation, c'est-à-dire de la base de toute religion.

La deuxième chose qu'on lui enseigne, c'est qu'il doit « soumettre sa volonté » aux dignitaires de la Loge.

C'est au 30e degré seulement, c'est-à-dire au grade de Chevalier Kadosch, que le franc-maçon se rend compte du chemin qu'on lui a fait parcourir, depuis le moment où, se présentant à l'initiation d'Apprenti, il acceptait les premières leçons d'irréligion et de soumission à la secte.

Ce sont ces principes, qui, en se développant logiquement, au fur et à mesure du passage à travers les divers grades, amèneront à ne pas reculer devant un assassinat, l'homme qu'un grain de vanité, de curiosité, d'ambition ou l'amour de la gaudriole, ont, pour son malheur, fait mettre le pied dans une Loge.

L'Apprenti qui vient de recevoir la première initiation, ne se doute pas le moins du monde du rôle qu'il va être appelé à jouer, s'il persévère dans la voie où il s'est engagé.

Au sortir de la séance de sa réception, l'initié est quelque peu ahuri. Il ne comprend qu'une chose : c'est qu'il a été admis dans cette société dont les usages secrets avaient excité sa curiosité. Et, s'il n'a pas pris du mauvais côté les avanies qu'on lui a fait subir pendant plus d'une heure, il se promet de revenir à la Loge et d'assister aux séances prochaines, ne serait-ce que pour avoir le fin mot de tout ce qui, dans sa réception, lui paraît énigmatique.

D'un autre côté, comme il a versé cent cinquante ou deux cents francs pour apprendre des mots et des signes qui ne paraissent avoir en eux-mêmes rien de bien merveilleux, il se dit avec raison qu'il n'en a pas pour son argent, et il reviendra pour en apprendre davantage.

En résumé, il est bien plus intrigué après sa réception qu'avant. Il ne prend pas le moins du monde au sérieux les menaces qui lui ont été faites de lui couper la gorge ; et, s'il consent à ne rien divulguer de ce qu'il a vu et entendu, c'est parce qu'il éprouve la vaniteuse sottise de se sentir membre d'une société qu'il croit inaccessible au vulgaire public.

Et le soir en rentrant chez lui, il se regarde, tout fier, dans sa glace et se murmure à demi-voix d'un ton d'admiration: « C'est moi ! me voilà ! moi ! Je suis franc-maçon ! »

Et pour un peu, il s'étonnerait de ne pas voir sa taille grandie d'une coudée, parce qu'il a été jeté au travers d'un châssis de papier, comme une écuyère de cirque.

Pendant le stage du franc-maçon au grade d'Apprenti, stage qui a été assez long, puisqu'il a duré de cinq à vingt-quatre mois, on s'est efforcé par de nombreuses conférences, de le débarrasser des « préjugés de l'enfance et des croyances du jeune âge ».

Au grade de Compagnon, on lui apprend à « pratiquer la vertu » ; le Vénérable lui tient ce petit discours :

« En votre qualité de maçon pourvu du second degré, mon Frère, vous avez maintenant le droit d'assister aux tenues des Loges d'Adoption. C'est-à-dire : nos Loges ne reçoivent pas de femmes à leurs mystères, ainsi qu'on vous l'a dit lors de votre réception comme Apprenti ; mais il existe des Loges de Dames, appelées Loges d'Adoption, aux mystères desquelles les maçons sont admis, dès qu'ils ont reçu le grade de Compagnon. »

On voit dès lors ce que signifie cette expression maçonnique « pratiquer la vertu ». C'est tout simplement se livrer à la débauche ; inutile d'insister.

Qu'il nous suffise de faire remarquer que la Franc-Maçonnerie ajoute aux moyens de perversion qu'elle employait avec les Apprentis, la pratique réglée et louée de la dépravation abjecte. Elle écarte ainsi ses adeptes de leurs devoirs religieux et domestiques et prend sur eux un empire considérable en se faisant la pourvoyeuse de leurs vices.

Mais ce n'est là qu'un tout petit commencement ; nous en verrons bien d'autres.

A l'initiation au grade de Maître, on fait enjamber un cercueil au récipiendaire. Ce sont les fantaisies macabres qui commencent et qui succèdent aux plaisanteries de caserne.

On fait jouer au candidat à la Maîtrise le rôle d'Hiram dont on lui raconte la légende. Cette légende est curieuse à plus d'un titre : la voici en résumé (1) :

« La Maçonnerie avait conçu le pieux dessein d'élever un temple à la gloire du Grand Architecte

___

(1) Les personnes qui voudraient lire cette légende détaillée et avec les diverses interprétations qui lui sont données dans les initiations successives, la trouveront reproduite tout au long dans *les Mystères de la Franc-Maçonnerie*, par Léo Taxil.

1.

de l'Univers. Hiram, savant dans l'art de l'architecture, comme dans la manipulation des métaux, fut choisi pour édifier ce temple et diriger les ouvriers dont il fut nommé le Maître.

« Bientôt l'édifice presque achevé allait être digne du but que se proposait la Franc-Maçonnerie; mais les ennemis de l'Ordre maçonnique, jaloux des succès d'Hiram, voulurent lui arracher ses secrets, afin de pouvoir continuer et parachever eux-mêmes l'œuvre commencée si heureusement.

« Ils n'ignoraient pas avec quel scrupule le Maître gardait les secrets qui lui avaient été confiés pour le succès de l'entreprise, et c'est par là qu'ils résolurent de l'attaquer, afin d'avoir un prétexte pour l'éloigner ou l'assassiner.

« Ils suscitèrent contre Hiram trois misérables, déjà initiés aux premiers secrets de l'art. Ils persuadèrent à ces ouvriers animés de pensées ambitieuses, qu'ils étaient trop instruits pour demeurer dans les rangs inférieurs.

« Dès lors, ces hommes ne virent plus qu'avec envie ceux que leurs talents et leurs vertus avaient mis au-dessus d'eux et qui étaient admis dans la Chambre du Milieu qui était la Chambre des Maîtres. Ils résolurent de pénétrer dans ce lieu sacré et de s'y introduire de gré ou de force.

« Comme ils ne pouvaient atteindre ce but sans avoir en leur possession le mot sacré des Maîtres, ils résolurent d'intimider Hiram, afin de surprendre par la crainte ce mot qu'ils n'espéraient pas obtenir de sa libre volonté. Ils attendirent l'instant où, à la chute du jour, les ouvriers, ayant rempli leur tâche, quittaient l'atelier pour aller se livrer au repos, parce qu'alors le Maître, qui demeurait toujours le dernier, se trouverait seul et par conséquent sans défense. »

Comme Hiram ne veut pas livrer le mot des Maîtres, les trois mauvais Compagnons l'assassinent, le portent hors de la ville, enterrent son cadavre dans un bois et plantent sur sa tombe une branche d'acacia.

La légende d'Hiram est tout simplement pour les
Francs-Maçons un symbole, et une occasion, en
l'expliquant, d'instruire le nouveau Maître des doctrines de la secte. C'est aussi un moyen de sonder
ses pensées dans le présent et ses intentions pour
l'avenir. Aussi le Vénérable de la Loge et l'Orateur
l'expliquent-ils l'un après l'autre au récipiendaire.

« C'était, dit en substance le Vénérable, au temps
de la plus grande puissance de Salomon, fils de
David. Ce roi, renommé par sa sagesse, faisait élever
un temple magnifique à la gloire de Jéhovah. L'architecte chargé de cette construction, c'était Hiram.

« Quel était cet homme?... D'où venait-il?... Son
passé était un mystère. Envoyé au roi Salomon par
le roi des Tyriens, adorateurs de Moloch, ce personnage, aussi étrange que sublime, avait su, dès son
arrivée, s'imposer à tous. Son génie audacieux le
plaçait au-dessus des autres hommes ; son esprit
échappait à l'humanité, et chacun s'inclinait devant
la volonté et la mystérieuse influence de celui qu'on
nommait le Maître... Son large front reflétait à la
fois (faites bien attention à ces mots) l'Esprit de Lumière et le Génie des Ténèbres.

« Il avait sous ses ordres plus de trois cent mille
ouvriers, hommes de tous les pays et parlant toutes
les langues. Cette multitude de travailleurs obéissait au geste seul d'Hiram.

« Un jour, une grande souveraine, Balkis, reine
de Saba, vient rendre visite à Salomon. Celui-ci,
pour lui donner une idée de sa puissance, veut lui
faire admirer les travaux du superbe édifice élevé
par lui à Jéhovah.

« La reine émerveillée demande à voir l'architecte
de génie qui a conçu et dirigé l'édification de tant
de splendeurs ; elle veut voir aussi l'armée des ouvriers.

« Quoique à contre cœur, Salomon mande Hiram.
Le Maître, après avoir rendu honneur à Balkis, se
dirige vers l'entrée du Temple ; il s'adosse au portique extérieur, et, se faisant un piédestal d'un bloc

de granit, il jette un regard assuré sur la foule con-
voquée qui se dirige vers le centre des travaux...
Au signe d'Hiram, tous les visages se tournent vers
lui... Le Maître alors lève le bras droit, et, de sa
main ouverte, il trace une ligne horizontale, du
milieu de laquelle il fait tomber une ligne perpendi-
culaire figurant deux angles droits en équerre, signe
auquel les Tyriens reconnaissent la lettre T.

« A ce signe de ralliement, la fourmilière humaine s'agite, comme si une trombe de vent l'avait
bouleversée. Puis, les groupes se forment, se dessi-
nent en lignes régulières et harmonieuses ; les légions se disposent, et ces milliers d'ouvriers, conduits et dirigés par des chefs inconnus, se partagent
en trois corps principaux, subdivisés chacun en
trois cohortes distinctes, épaisses et profondes, où
marchent les Maîtres, les Compagnons, les Apprentis.

« Ils sont là par centaines de milliers. La terre
tremble sous leurs pas ; ils s'approchent, semblables
aux hautes vagues de la mer prêtes à envahir le
rivage. Point de cris, point de clameurs ; on n'entend que le roulement sourd et cadencé de leur
marche, pareil au grondement d'un tonnerre loin-
tain, précurseur de l'ouragan et de la tempête...

« Qu'un souffle de colère vienne à passer sur ces
têtes, et ces flots animés emporteront dans le tour-
billon de leur puissance irrésistible tout ce qui voudrait faire obstacle à leur impétueux passage !

« Devant cette force inconnue qui s'ignore elle-
même, Salomon a pâli. Il jette un regard effaré sur
le brillant mais faible cortège des prêtres et des
courtisans qui l'entourent. Son trône va-t-il être
submergé et broyé par les flots de cet océan hu-
main ? Non ! Hiram vient d'étendre le bras : tout
s'arrête. A un signe, cette armée innombrable se
disperse ; elle se retire frémissante, mais obéissant
à l'intelligence qui la domine et la dompte.

« — Eh quoi ! se dit Salomon, un seul signe de
« cette main fait naître ou disperse des armées ?... »

« Puis, comparant cette force occulte, cette puissance formidable à la sienne, le grand roi qui croyait avoir reçu de son Dieu le savoir et la sagesse, comprit que ces dons étaient peu de chose auprès de ce qu'il venait de découvrir; et alors, en son âme, il reconnut l'existence d'un pouvoir supérieur au sien, d'une force nouvelle à côté de laquelle jusqu'à ce moment il avait passé sans même la soupçonner. Cette puissance, c'était le Peuple.

« Quant au chef mystérieux qui commandait à ces légions d'hommes, son génie qui soumettait les éléments et domptait la nature devait soulever contre lui la haine des envieux, des lâches et des traîtres; il devait succomber et succomba sous les coups des trois mauvais Compagnons, qui personnifiaient l'ignorance, l'hypocrisie et l'ambition. »

Telle est l'explication fournie par le Vénérable au nouveau Maître. Nous la reproduisons d'après les Rituels de la secte.

Le Frère Orateur de la Loge donne deux autres interprétations de la légende d'Hiram. Suivant la première, qui est exposée dans un langage le plus souvent très diffus, avec force mots savants, Hiram n'est que la personnification du soleil qui féconde la terre d'où nous sortons et où nous retournons. Il est la source de la vie et mérite nos adorations.

Suivant l'autre interprétation, Hiram descend en droite ligne de Tubalcaïn, lequel descend lui-même de Caïn. Or, Caïn, suivant la doctrine de la Franc-Maçonnerie, était non pas le fils d'Adam, mais bien le fils d'Eve et d'Eblis, l'Ange de Lumière, lequel Eblis est tout simplement Lucifer.

Or, c'est précisément Hiram, descendant de Lucifer, qui élève, pour le compte de Salomon, un temple à Dieu, à cet Adonaï qui a maudit et Satan et Caïn.

Et Salomon, qui est jaloux du pouvoir et de la science de son architecte, prend ses mesures pour lui ménager, en présence de Balkis, la reine de Saba, une humiliation profonde.

Hiram doit procéder, en présence du roi et de la reine, à la fonte d'une pièce gigantesque de bronze. Les trois mauvais Compagnons, qui doivent plus tard assassiner le Maître, ont, suivant les conseils du souverain juif, mêlé au métal en fusion des laves sulfureuses, et préparé des causes de rupture dans le bassin immense qui doit être le moule de la pièce de bronze à couler. Aussi, le moule se brise-t-il et la coulée de métal incandescent se répand-elle de tous côtés, semant partout l'épouvante.

Hiram, qui comptait sur un triomphe, est accablé de confusion, en présence de la reine de Saba.

Tout à coup, il entend une voix formidable monter des profondeurs du feu, et cette voix l'appelle : « Hiram ! Hiram ! Hiram ! »

Une forme d'homme colossal se dresse du milieu de la fournaise, s'avance vers lui et lui dit :

« — Viens, mon fils, viens sans crainte : j'ai « soufflé sur toi et tu peux respirer dans la flamme. »

« — Qui es-tu? où m'entraînes-tu? » demande Hiram.

« — Je suis le descendant de Caïn, je suis Tubal- « caïn, ton ancêtre. Je t'emporte au centre de la « terre, dans l'âme du monde, dans le domaine « d'Eblis et de Caïn, où règne avec eux la liberté. « Au seuil de notre empire s'arrête la puissance de « notre persécuteur, Adonaï, le Dieu de Salomon. « Viens dans la vraie patrie de tes pères goûter sans « crainte aux fruits de l'arbre de la science du bien « et du mal. »

Hiram est entraîné au centre de la terre dans le royaume du feu ; il y voit Caïn, le fils de Lucifer, et il entend cette étrange prédiction :

« — Retourne sur la terre. Ceux de ta race plus « nombreuse que les grains de sable de l'Océan « prévaudront, après de longues luttes, contre les « enfants d'Adam. Ils les courberont sous leurs « pieds. Ils établiront sur toute la surface de la « terre le culte du Feu. Tes enfants, se ralliant à « ton nom, détruiront le pouvoir des Rois et de tous

« les ministres de la tyrannie d'Adonaï. Va, fils de
« ma race, va; Eblis, l'ange de Lumière, et les
« Génies du feu sont avec toi ! »

Hiram remonte sur la terre; il rassemble en
un instant les débris de l'immense pièce de bronze
et en fait une œuvre parfaite; après quoi, il obtient
l'amour de Balkis, la reine de Saba.

Telle est la nouvelle et satanique interprétation
qui est donnée à la légende d'Hiram.

Nous avons été obligés de nous étendre un peu
longuement sur les deux discours du Vénérable et
de l'Orateur, parce que l'initiation au grade de Maître
a une importance capitale au point de vue de la sélection que les chefs inconnus de l'Ordre opèrent
dans la masse des Frères qui possèdent les grades
d'Apprenti, de Compagnon et de Maître. C'est en
effet parmi les Maîtres que sont choisis les adeptes
capables de s'élever par une suite d'initiations de
plus en plus criminelles jusqu'au rang des Chevaliers Kadosch qui, comme nous l'avons dit, sont les
assassins patentés de l'Ordre.

Voyons comment s'accomplit la sélection parmi
les Maîtres et comment l'on reconnaît ceux qui sont
susceptibles d'atteindre aux plus hauts grades de la
hiérarchie.

Vers la fin de son discours, le Frère Orateur a eu
soin d'intercaler l'avertissement suivant à l'adresse
du récipiendaire : « Mon Frère, dans le discours du
Vénérable et dans le mien, vous avez distingué trois
interprétations de la légende d'Hiram : la première,
politique; la deuxième, scientifique; la troisième,
philosophique. Vous voudrez bien réfléchir à tout
ce qui a été dit, et, lors de notre prochaine tenue de
Maîtrise, nous rendre compte de vos impressions
maçonniques, en indiquant l'interprétation qui vous
a frappé le plus vivement. »

Un mois après sa réception, le nouveau Maître est
convoqué à une tenue spéciale au troisième degré
pour communiquer à la Loge ses impressions maçonniques.

Des Frères haut-gradés, c'est-à-dire appartenant au 30e, 31e, 32e ou 33e degré, assistent toujours à cette séance, car il faut que l'autorité centrale sache à quoi s'en tenir sur le nouveau Maître.

La majorité des adeptes reçus à la Maîtrise ne voient dans la légende d'Hiram que le côté politique. « Le peuple, disent-ils, constitue par sa masse la plus grande puissance qui existe sur la terre. Sa volonté est la source de tout pouvoir. La tâche de la Franc-Maçonnerie est de diriger, d'une façon occulte, la volonté du peuple vers le progrès et l'émancipation de l'humanité, en employant sa force à la destruction des Rois et des Prêtres qui l'ont opprimé jusqu'à présent. En résumé, l'Ordre est destiné à devenir l'aristocratie de la nouvelle société basée sur la Liberté, l'Egalité et la Fraternité. »

En entendant ces paroles, les Frères [des] hauts grades se disent dans leur for intérieur : « Il y a peu de services à tirer de cet homme. Il n'a pas compris grand'chose aux instructions avec lesquelles on lui a développé la légende d'Hiram ; nous le laisserons dans les degrés inférieurs. Il s'y trouvera à sa place. »

Parfois l'initié ne s'arrête pas seulement à l'interprétation politique ; il a compris autre chose dans le fameux récit, et il résume ainsi ses méditations : « Il n'y a pas eu création du monde comme le prétendent les chrétiens, mais organisation, développement de la matière qui existait de toute éternité. Cette organisation, ce développement se sont opérés sous l'influence fécondante du soleil. Le but de la Franc-Maçonnerie est de substituer son culte, le culte du Feu, aux superstitions des religions soi-disant révélées. »

Cette fois, les 30e, 31e, 32e et 33e qui assistent à la séance, sont plus satisfaits. « Nous pousserons cet homme vers les grades supérieurs, se disent-ils, vers ceux où l'on enseigne les sciences occultes et le matérialisme. Il deviendra Rose-Croix, mais ne s'élèvera pas jusqu'à nous. »

Celui-là n'est pas encore jugé capable de devenir un Chevalier Kadosch, un assassin; mais voici celui qui montera aux plus hauts grades, c'est le Frère qui s'exprime ainsi :

« La terre est partagée entre deux camps qui se disputent le pouvoir. Parmi les hommes, les uns sont les enfants d'Adam, ils adorent Adonaï, le Jéhovah auquel Salomon élevait un temple, le Dieu des chrétiens. Les autres — et nous, francs maçons, nous sommes de ces autres-là — se regardent comme les descendants de Tubalcaïn et de Caïn, fils d'Eblis, l'Ange de Lumière, Lucifer. Renverser les trônes des Rois et des Papes n'est pour nous qu'un moyen et non un but, nous voulons monter plus haut, nous voulons venger le grand opprimé, que chanta Victor Hugo, et prendre la revanche d'Eblis, notre père, contre Jéhovah son persécuteur, et nous poussons notre cri de guerre : « Vengeance contre « toi, ô Adonaï ! »

A ce discours sacrilège, les grands dignitaires de la Franc-Maçonnerie tressaillent d'admiration : « Celui-ci, pensent-ils, est digne de prendre place parmi nous. Nous en ferons un Chevalier Kadosch. »

A partir de ce moment, cet homme que la vanité, la curiosité, l'intérêt ou l'amour du plaisir ont fait entrer dans la secte, qui n'était pas bien méchant au début, mais auquel on a enseigné le mépris de toute religion, et l'admiration du fanatisme maçonnique; que par des serments de silence on a soustrait à l'influence des honnêtes gens qui lui auraient dessillé les yeux; dont on a corrompu les mœurs dans les Loges d'Adoption; auquel enfin on a donné, lors de l'initiation à la maîtrise, les premières leçons de satanisme, cet homme entraîné d'un côté par la propre perversion de sa nature, et poussé de l'autre par les excitations et les enseignements pervers des francs-maçons haut-gradés, ce malheureux va désormais s'avancer à grands pas sur le chemin du crime, au bout duquel apparaît dans une gloire le poignard tout ensanglanté du Chevalier Kadosch, d'où tombent lentement de longues gouttes rouges.

La Franc-Maçonnerie se divise en quatre séries que traverse successivement l'adepte qui doit arriver au sommet de la hiérarchie.

La première série s'appelle Maçonnerie Bleue. Elle comprend les grades symboliques dont le plus élevé est celui de Maître. Elle s'occupe surtout de politique.

La deuxième série s'appelle Maçonnerie Rouge. Elle comprend les grades capitulaires, jusqu'à celui de Rose-Croix et s'adonne à l'étude des sciences occultes.

La troisième série, nommée Maçonnerie Noire et composée de grades philosophiques, mène le sectaire jusqu'au titre de Grand Élu Chevalier Kadosch, Parfait Initié.

La quatrième série, enfin, divisée en trois grades administratifs, englobe, sous le nom de Maçonnerie Blanche, les chefs suprêmes de l'Ordre.

Cette explication était nécessaire pour la parfaite compréhension de ce qui va suivre.

L'initié, reçu Maître, et reconnu par les grands dignitaires pour un homme capable de rendre des services à la secte, quitte donc la Maçonnerie Bleue et entre dans la Maçonnerie Rouge, où son instruction se perfectionne, vous allez voir de quelle façon.

Au quatrième grade, celui de Maître Secret, il apprend qu'il doit mépriser les reproches de sa conscience, qui se produisent « à la suite d'une éducation dont les superstitions et les préjugés ont été la base ».

On lui donne également l'enseignement suivant : « Ce que les profanes (lisez ceux qui ne sont pas francs-maçons) appellent Honneur, est tout le contraire de l'Honneur; ce qu'ils nomment Vertu est précisément le Vice, et réciproquement; quant à la Justice, ce sentiment, tel que nous le comprenons dans nos temples, est directement opposé au sentiment du même nom, tel qu'il est admis hors de nos temples. »

On le voit, c'est là le renversement de toutes les

notions de la vraie morale telle qu'elle a été admise par tous les peuples, telle qu'elle est gravée au fond de nos consciences !

Au sixième grade, le récipiendaire apprend que l'espionnage est considéré comme licite chez les francs-maçons.

Le neuvième, celui de Maître Elu des Neuf, est, à proprement parler, l'école primaire de l'assassinat, Le récipiendaire promet de remplir scrupuleusement les obligations de ce grade, au péril de son sang, en telle rencontre que ce puisse être ; il jure d'immoler en sacrifice, aux mânes d'Hiram, les faux frères qui pourraient révéler aux profanes quelques-uns des secrets maçonniques ; et il ajoute textuellement : « Je tiendrai mes engagements, ou que la mort la plus affreuse soit l'expiation de mon parjure : après que mes yeux auront été privés de la lumière par le fer rouge, que mon corps devienne la proie des vautours, et que ma mémoire soit en exécration aux Enfants de la Veuve par toute la terre ! »

Les détails de l'initiation à ce grade sont caractéristiques. On met un poignard dans la main du postulant, et on le place subitement en face d'une caverne au fond de laquelle il aperçoit, dans la demi-obscurité, un homme dormant.

« — Voilà l'assassin d'Hiram, lui dit-on. Frappez-le. »

Il pénètre dans la caverne et frappe à coups de poignard. Ce que l'initié frappe n'est, il est vrai, qu'un mannequin ; il n'y a là qu'une comédie d'assassinat ; mais écoutez comment le Rituel Maçonnique explique cette comédie :

« La trahison, dit-il, ne doit pas demeurer impunie. Sans un ordre légitime, la vengeance est criminelle ; par conséquent, dès que le pouvoir légitime (c'est-à-dire les Frères que la confiance générale a placés à la direction de la Franc-Maçonnerie) donne un ordre de vengeance, celui qui l'exécute accomplit un acte de vertu.

« Au reçu de l'ordre régulier, le Maçon n'a qu'à obéir ; il ne doit se laisser influencer par aucune considération de personne ; sa conscience doit demeurer inflexible, car le Grand Architecte de l'Univers est son seul juge.

« Le meurtre commis dans la caverne, la nuit, sur la personne du traître Abibala (c'est le nom du prétendu meurtrier d'Hiram), tandis qu'il sommeille, ce meurtre justicier, dont l'auteur est un inconnu (le récipiendaire), guidé par un personnage qu'il voit pour la première fois, signifie ceci : 1º lorsque le moment est venu de punir un traître à la Franc-Maçonnerie, on ne doit point le frapper au grand jour, mais rechercher de préférence pour l'exécution ordonnée les ténèbres propices de la nuit ; 2º il est juste aussi que le traître soit pris à l'improviste et n'ait pas le temps ni les moyens de se défendre, par exemple si l'on peut réussir à le surprendre dans un lieu écarté ; 3º pour éviter toute indiscrétion et empêcher qu'un scandale rejaillisse sur la Franc-Maçonnerie, le châtiment du parjure et du faux frère doit s'exécuter de façon adroite, sage, avisée et mystérieuse, sans que les ultionnistes (exécuteurs de la vengeance) se connaissent les uns les autres.

« Enfin, au point de vue symbolique, les trois traîtres Abibala, Sterkin et Oterfut (ce sont les noms des trois mauvais compagnons qui ont tué Hiram) figurent la Tyrannie Politique, le Fanatisme Religieux et l'Ignorance. »

Ces explications, copiées textuellement, nous y insistons, sur le Rituel Maçonnique, enlèvent à la comédie d'assassinat, jouée lors de l'initiation au 9º degré, ce que la présence du mannequin y introduit de ridicule, et lui donnent son véritable sens, qui est épouvantable, monstrueux.

Afin de bien enfoncer dans l'esprit de l'initié la pensée du meurtre, de l'y habituer, de lui faire regarder comme légitime et louable l'exécution d'un crime commandé par l'Ordre, on lui fait jouer le rôle d'assassin le plus souvent qu'on peut.

Lors de l'initiation au 10e degré, on lui commande de traverser d'un coup de poignard une tête coupée, la tête d'un traître.

La consécration au grade de Sublime Chevalier Elu est reçue entre trois têtes empalées.

Au fur et à mesure que l'adepte pénètre plus avant dans les mystères de la secte, on obscurcit à plaisir son esprit en lui présentant et développant la doctrine gnostique. Mais il serait trop long de nous étendre sur ce point de notre sujet. Qu'il nous suffise de dire qu'il paraît fort difficile qu'un homme, entré sain d'esprit dans la Maçonnerie, ne devienne pas un peu fou, après avoir été promené dans le dédale d'erreurs, se contredisant les unes les autres, par lequel le font passer les initiations successives.

Disons cependant que la plus grande place dans ces initiations est occupée par des cérémonies reproduisant, pour les tourner en dérision, la communion et la confession.

Ajoutons aussi qu'aux explications prétendues philosophiques se mêlent constamment des instructions obscènes. La devise de la Franc-Maçonnerie semble être celle-ci : « Corrompre de plus en plus l'esprit et les mœurs de ceux dont elle veut faire les exécuteurs de ses hautes œuvres, pour les mieux tenir en sa possession. »

Le grade de Rose-Croix, qui est le 18e degré, est le plus élevé de la Maçonnerie Rouge, de même que celui de Maître est le dernier de la Maçonnerie Bleue. Le Rose-Croix jure sur un glaive, « symbole du courage », d'habituer son bras à défendre ses Frères. Des compagnons de sac et de corde ne promettraient pas autre chose.

Le récipiendaire admire dans un transparent la glorification de l'Enfer, de Satan et de Caïn, le premier meurtrier ; il adore Lucifer sous la figure du Soleil et sous la forme du Feu.

De plus, de crainte sans doute que l'initié n'ait pas eu l'esprit assez mis à l'envers par tous les systèmes philosophiques qu'on lui a exposés précédem-

ment, on lui explique la doctrine panthéiste. Et la
cérémonie se termine par une imitation sacrilège et
dérisoire de la Cène et de la communion.

Mais il y a plus fort comme impiété. Chaque année,
dans la nuit du Jeudi-Saint au Vendredi-Saint, a lieu
un banquet, auquel tous les Rose-Croix sont tenus
d'assister.

Dans ce banquet, sur la table disposée en forme
de croix, est apporté un agneau rôti, dont la tête est
surmontée d'une petite couronne d'épines et dont les
pieds sont traversés chacun par un clou. Cet agneau
est placé au centre de la croix, tourné sur le dos et
les pattes de devant écartées. Il n'y a pas à s'y tromper : il représente la Victime du Calvaire.

Le président de ce banquet sacrilège coupe la tête
et les pieds de cet agneau et les jette dans un four-
neau allumé. Il les offre ainsi en holocauste à Lucifer,
adoré par les Rose-Croix sous la forme du Feu.

On avouera qu'un homme parvenu au degré d'aber-
ration et d'impiété suffisant pour prendre part à une
si monstrueuse cérémonie, doit considérer la vie de
ses semblables comme une chose de bien minime
importance.

Ajoutons, en passant, que les Rose-Croix sont les
espions attitrés des Loges.

En entrant dans le 19e degré, l'initié pénètre dans
la Maçonnerie Noire. Il n'a plus grand'chose à apprendre pour devenir un assassin parfait et pratique;
aussi, à partir de ce moment, s'avance-t-il à pas de
géant vers le grade de Chevalier Kadosch.

Et alors ce sont de nouveaux serments de ne
jamais faiblir dans l'exécution des ordres reçus en
suite des jugements portés par les autorités maçonniques; c'est l'adoration directe et cultuelle de Lucifer; c'est l'abrutissement progressif par la pratique
de la Magie; puis, les hommages rendus à Satan
sous la forme d'un serpent. Et toujours la même
pensée est enfoncée de plus en plus profondément
dans l'esprit du sectaire : « Les chevaliers de la Maçonnerie donneront au peuple la liberté, et la liberté

ne s'obtient qu'en brisant impitoyablement, avec de l'audace et du courage, les chaînes pesantes du despotisme civil, religieux, militaire et économique. »

Et l'initié réitère ses serments « d'obéir toujours et quand même aux ordres qui lui seront hiérarchiquement transmis. » Il évoque Satan, dont il a fait son Dieu. Il l'évoque suivant le Rituel de Haute Magie, rédigé par un prêtre apostat qui s'appelait Constant; il l'adore sous la figure du Baphomet, idole infâme à la tête et aux pieds de bouc, aux seins de femme et aux ailes de chauve-souris.

Enfin il est jugé digne d'être reçu Chevalier Kadosch.

A cette initiation suprême, il frappe de coups de poignard une tête de mort surmontée d'une tiare, représentation de la Papauté, et une autre tête ornée d'une couronne royale, emblème de la puissance civile. Il se prosterne devant un triangle renversé, image de Lucifer et brûle l'encens sur son autel.

Au neuvième grade, celui de Maître Elu des Neuf, on a donné l'ordre au récipiendaire de frapper une forme que dans l'obscurité presque complète il a pu prendre d'abord pour un homme endormi, mais qu'il n'a pas tardé à reconnaître pour un mannequin. Malgré tous les discours qu'on lui a tenus, malgré tous les serments de vengeance qu'on lui a fait prêter, il se peut donc que l'initié se fasse à lui-même le raisonnement suivant : « Jusqu'à présent on ne m'a ordonné de frapper que des images ; ce qui avait peu d'importance. Les discours de vengeance que j'ai entendu prononcer avaient simplement un sens allégorique; il en sera toujours de même et jamais je ne recevrai l'ordre de poignarder un homme en chair et en os. Je puis donc aller de l'avant et me faire recevoir Chevalier Kadosch; cela ne tirera pas autrement à conséquence. »

La secte ne l'entend pas ainsi ; elle veut avoir sous la main des hommes véritablement capables de mettre à exécution les jugements qu'elle porte. Elle sait que le gredin, le plus déterminé en paroles, peut faiblir quand il s'agit de verser réellement le sang et d'exposer sa peau ; aussi, avant d'introduire l'initié plus avant dans ses secrets, lui impose-t-elle une épreuve épouvantable. Voici en quoi elle consiste :

On s'est procuré un mouton vivant que l'on attache sur un banc, le ventre en l'air, et dont on a rasé de près le côté gauche. La bête est solidement muselée, de façon à ne pouvoir faire entendre le moindre gémissement. A la tête du banc est accroupi un Frère qui imite les soupirs d'un homme garrotté et bâillonné.

Le Grand Maître et les officiers de l'Aréopage, qui procèdent à l'initiation, sont présents. On amène le récipiendaire dont la tête est enveloppée d'un voile noir qui l'empêche de voir quoi que ce soit.

Le Grand Maître lui dit alors : « Frère, quand tu fus reçu au grade d'Elu, tu vengeas symboliquement la mort d'Hiram. Aujourd'hui, il ne s'agit plus de frapper des mannequins, ni de traverser de ton poignard des têtes depuis longtemps privées de la vie... Tu sais qu'il n'est de si belle institution qui ne contienne des traîtres. Un misérable, appartenant à un Atelier de notre obédience, a trahi, il y a peu de temps, notre cause sacrée, et nous avons pu nous emparer de lui... Il est là ; sa dernière heure est venue... Entends les grondements de rage qu'il pousse, sachant que le châtiment va s'accomplir et qu'il ne peut plus y échapper... Solidement bâillonné, il voudrait du moins peut-être, avant d'expirer sous les coups de notre juste vengeance, nous jeter une suprême insulte ; mais cette bouche, qui a trahi nos secrets, ne doit plus s'ouvrir, cette langue parjure ne doit plus parler... Frère, ton initiation de ce jour te vaut l'honneur de faire justice... Assure-toi d'abord par ta main de l'endroit où tu vas frapper, et qu'ensuite ton bras vengeur ne tremble pas ! »

Alors, le Frère qui fait l'office de Grand Introducteur, prend la main gauche du récipiendaire et la pose sur le corps palpitant du mouton, à l'endroit qui a été rasé. L'initié sent la chaleur de la peau, le cœur qui bat effrayé ; il entend le Frère qui imite les soupirs d'un prisonnier garrotté, redoubler ses gé-

Un Aréopage de Chevaliers Kadosch, formé en groupe autour du Baphomet, pendant que le président lit l'*Oraison à Lucifer* (page 28).

missements et râler le mot de « grâce ! » ; il croit
fermement que c'est le corps d'un traître qu'il palpe
de ses doigts tremblants d'émotion.

« — Frappe ! » commande le Grand Maître.

Le récipiendaire lève son poignard et frappe, ayant
la conviction qu'il commet un assassinat.

Dès qu'il a frappé, le candidat Kadosch est entraîné
dans une autre salle ; on enlève l'épais voile noir qui
recouvrait sa tête ; il voit ses mains teintes du sang,
qui, sous la violence du coup, a jailli de la blessure.
Ensuite, on lui apporte sur un plateau le cœur chaud
et sanglant de la victime. Il se dit que ce cœur est
celui d'un Frère traître à l'Ordre ; il le pique de la
pointe de son poignard et le rapporte ainsi au Grand
Maître qui le félicite de son courage.

On comprend, dès lors, que l'initié prête, avec
connaissance de cause, le serment du grade : « Je
m'engage et m'oblige à maintenir, fut-ce au péril de
ma vie, les principes sacrés de notre Ordre et à les
défendre de tous mes moyens contre le fanatisme, la
tyrannie et la superstition. Je jure de me conformer
en tout et toujours aux lois et statuts de la Franc-
Maçonnerie et aux ordres de l'autorité légitime du
Suprême Conseil. »

Le nouveau Kadosch sait que ce n'est pas un vain
langage que lui tient le Grand Maître, quand, en lui
remettant un poignard, il lui dit : « Reçois, très cher
et illustre Frère, cette arme de la justice et de la vérité ; ne t'en sers jamais que pour des causes saintes
et légitimes... »

Désormais l'initié est un Kadosch parfait, c'est-
à-dire, suivant les expressions mêmes du Catéchisme
du grade : « celui qui a prêté le serment irrévocable
de maintenir, coûte que coûte, les principes de
l'Ordre, de défendre, coûte que coûte, la cause de la
Vérité (de la Vérité maçonnique, bien entendu) et de
l'Humanité contre toute autorité usurpée, ou abusive,
ou irrégulière, qu'elle soit politique, ou militaire, ou
religieuse, et de punir sans pitié les traîtres à l'Ordre.»

Le Chevalier Kadosch évoque Satan suivant les

formules du *Rituel de Haute Magie* ; adossé à la
hideuse idole du Baphomet templier, il brandit son
poignard contre le ciel en criant : « *Nekam, Adonaï !
Vengeance contre toi, ô Adonaï !* » Il récite l'*Oraison
à Lucifer*, composée par le F.·. Proudhon :

« Viens, Lucifer, viens ! ô le calomnié des prêtres
et des rois ! Viens que nous t'embrassions, que nous
te serrions sur notre poitrine ! Il y a longtemps que
nous te connaissons et que tu nous connais aussi.
Tes œuvres, ô le béni de notre cœur, ne sont pas
toujours belles et bonnes aux yeux du vulgaire igno-
rant ; mais elles seules donnent un sens à l'univers,
et l'empêchent d'être absurde. Toi seul animes et
fécondes le travail. Tu ennoblis la richesse, tu sers
d'essence à l'autorité ; tu mets le sceau à la vertu...

« Et toi, Adonaï, dieu maudit, retire-toi, nous te
renions ! Le premier devoir de l'homme intelligent et
libre est de te chasser de son esprit et de sa conscience ;
car tu es essentiellement hostile à notre nature, et nous
ne relevons aucunement de ton autorité. Nous arrivons à la science malgré toi, au bien-être malgré toi,
à la société malgré toi ; chacun de nos progrès est
une victoire dans laquelle nous écrasons ta divinité.

« Esprit menteur, dieu imbécile, ton règne est
fini ; cherche parmi les bêtes d'autres victimes.
Maintenant, te voilà détrôné et brisé. Ton nom, si
longtemps le dernier mot du savant, la sanction du
juge, la force du prince, l'espoir du pauvre, le refuge du coupable repentant, eh bien, ce nom in-
communicable, Père Éternel, Adonaï ou Jéhovah,
désormais voué au mépris et à l'anathème, sera
conspué parmi les hommes ! car Dieu, c'est sottise et
lâcheté ; Dieu, c'est hypocrisie et mensonge ; Dieu
c'est tyrannie et misère ; Dieu, c'est le mal...

« Tant que l'humanité s'inclinera devant ton autel,
l'humanité, esclave des rois et des prêtres, sera ré-
prouvée ; tant qu'un homme, à ton nom exécrable,
recevra le serment d'un autre homme, la société sera
fondée sur le parjure ; la paix et l'amour seront
bannis d'entre les mortels...

« Dieu, retire-toi ! car, dès aujourd'hui, guéris de ta crainte et devenus sages, nous jurons, la main élevée vers ton ciel, que tu n'es que le bourreau de notre raison et le spectre de notre conscience ! »

Cette *Oraison à Lucifer*, qui résume la doctrine, l'amour et les haines des Kadosch, est épouvantable. Nous défions qui que ce soit, catholique, protestant, mahométan, tout homme, fut-ce le plus grand criminel, ayant conservé au fond du cœur quelque sentiment honnête, de la lire, sans la trouver abominable.

Comparez maintenant l'homme capable de prononcer une semblable invocation, au naïf qui s'est laissé enrôler dans la Franc-Maçonnerie, croyant qu'elle est « une institution philanthropique » et qu'elle ne se mêle point de religion, et dites si vraiment cette secte n'est pas l'école de la perversité et de l'assassinat !

Nous nous sommes étendus un peu longuement sur l'éducation que la Franc-Maçonnerie donne à ceux de ses initiés dont elle veut faire les exécuteurs de ses projets et de ses vengeances. Ces explications étaient nécessaires pour la parfaite compréhension des faits historiques que nous allons raconter et dans lesquels nous mettrons en pleine lumière les manœuvres criminelles de la secte.

Quelques mots seulement pour terminer cette exposition.

A qui obéissent les Chevaliers Kadosch? A la Maçonnerie Blanche divisée en trois grades administratifs, et dont voici la doctrine finale résumée d'après les Rituels :

« La Franc-Maçonnerie n'est rien de plus, rien de moins que la Révolution en action, la conspiration en permanence contre le despotisme politique et le despotisme religieux...

« C'est la lutte à outrance contre des ennemis déterminés. Partout où cette lutte peut s'entamer avec probabilité de succès, les Maçons doivent être là et lutter, jusqu'à ce que mort ou triomphe s'en suive...

« *C'est la Religion qui doit être le souci constant de*

2.

*leurs attaques meurtrières, parce qu'un peuple n'a jamais
survécu à sa religion,* et que c'est en tuant la Religion,
que les Frères auront à leur merci la Loi et la Propriété, et pourront établir sur leurs débris, la Religion Maçonnique, la Loi Maçonnique et la Propriété
Maçonnique. »

1

La Princesse de Lamballe.

La princesse de Lamballe appartenait par sa naissance à la maison de Savoie-Carignan. Elle naquit à
Turin le 8 septembre 1749, au moment où l'on célé-
brait l'anniversaire de la levée du siège de cette capitale par les troupes françaises, en 1706. Elle reçut
au baptême les prénoms de Marie-Thérèse-Louise.
Elle était la quatrième fille de Louis-Victor de Savoie-
Carignan et de Christine-Henriette de Hesse-Rhin-
felds-Rothembourg, sa femme, grand'tante du roi de
Sardaigne.

En 1766, le roi de France, Louis XV, écrivit à son
ambassadeur près la cour de Sardaigne et lui confia
la mission de demander la main de la jeune Marie-
Thérèse-Louise pour le prince de Lamballe, fils du
duc de Penthièvre. Cette demande fut agréée, et le
mariage fut célébré le 31 janvier 1767, dans la chapelle du château de Nangis.

Les nouveaux époux étaient tous les deux bien
jeunes, le marié n'avait pas encore vingt ans et la
mariée marchait seulement sur ses dix-huit ans.
Cette union ne fut pas heureuse. Le prince de Lamballe avait les mœurs dissolues de son temps. Il n'y
avait pas encore deux mois qu'il était marié, que
déjà il renouait des relations scandaleuses.

Un beau jour, il ne trouva rien de mieux à faire
que de dérober une forte partie des diamants de sa
femme pour en faire présent à une courtisane
nommée La Forêt, laquelle d'ailleurs, menacée de
poursuites en justice, les rapporta au duc de Penthièvre.

Le 7 mai 1768, le prince de Lamballe mourut

d'une maladie honteuse. Sa veuve n'avait que dix-huit ans et quelques mois.

Le duc de Penthièvre offrit à sa belle-fille une retraite honorable dans son château de Rambouillet. La jeune femme trouva dans cette demeure l'exemple des plus belles vertus. Nous ne voulons pas laisser passer, sans la portraicturer, la figure de ce duc, de ce grand seigneur, qui personnifie l'un des côtés de son époque. Nous ne reverrons plus dans l'histoire de France, plus jamais, une figure semblable à celle-là.

Tout ce qu'il y eut de bon et de dévoué dans le cœur de la princesse de Lamballe semble lui venir de cet homme de bien, auprès duquel elle vécut si longtemps.

Le duc de Penthièvre avait pour ami le poète Florian. Pour se l'attacher, il l'avait nommé secrétaire de ses commandements, charge qui était une vraie sinécure. Or, le duc et le fabuliste rivalisaient de charité. Qui ne connaît ce joli portrait qu'a tracé de tous deux Léon Gozlan :

« Florian portait discrètement les aumônes aux pauvres désignés par le prince, et découverts par lui avec joie au milieu de ses courses à travers les villages et les hameaux soumis à la seigneurie de Rambouillet. On peut dire que le duc allait à la chasse aux bienfaits, et que Florian ramenait le gibier.

« Mais il en fut des bienfaits, au bout d'un certain temps, comme il en est du gibier quand on chasse trop ; le grand seigneur et le poète dépeuplèrent leurs forêts, leurs parcs et leurs réserves. Le pauvre devint rare dans les limites de Rambouillet. Enfin, plus de pauvres, plus de nécessiteux sous le regard du château. Ils allèrent les chercher plus loin ; ils les trouvèrent d'abord, mais les pauvres manquèrent de nouveau. Ils braconnèrent alors où ils purent ; mais, obligés de faire usage d'adresse pour ne pas revenir, non les mains vides, mais pleines, ils se turent l'un à l'autre les bons endroits, chacun d'eux mettant une espèce d'orgueil maintenant à les exploiter le premier.

« L'hiver surtout, la rivalité s'élevait à un degré inimaginable entre les deux amis; l'un profitait du sommeil de l'autre pour sortir sans bruit et consommer sa divine charité ; et l'autre, le poète, cherchait de son côté à devancer le jour, afin d'être aussi le premier à l'œuvre de bienfaisance.

« S'ils se rencontraient hors du château de si bonne heure, ils inventaient de mauvais prétextes, comme en usent les honnêtes gens forcés de mentir. Leur santé était le motif de leur sortie si matinale; c'est le secret de vivre longtemps, celui de se lever de bonne heure. Quant à la véritable cause de leur absence du château, pas un mot ; on rentrait en parlant d'objets éloignés, étrangers à leur pensée présente, des dernières coupes de bois, de la nécessité d'indemniser les paysans et les petits propriétaires dont les blés ou les vignes avaient considérablement souffert des dernières chasses du Roi.

« Le prince n'apprenait guère qu'à la fin du mois, en jetant un coup d'œil sur ses dépenses particulières, les avantages qu'avait remportés sur lui son secrétaire Florian, quand ce n'était pas à Florian à s'avouer vaincu par l'habileté du prince. »

M. de Lescure, dans le livre qu'il a consacré à la princesse de Lamballe, raconte l'anecdote suivante : « Un jour, le duc de Penthièvre crut trouver dans une jeune mère, qui était venue s'établir discrètement aux environs de Rambouillet, qui vivait seule et retirée avec deux enfants et une vieille domestique, et semblait être allée cacher et consoler aux champs la décadence d'une fortune et d'une situation élevées, le duc de Penthièvre crut trouver un *sujet* superbe, une occasion exceptionnelle.

« Rien n'égale sa discrétion vis-à-vis de son compétiteur Florian. C'est le soir, comme un voleur, que le bon duc se glisse, incognito, dans la petite maison, caresse les enfants et offre à la veuve, qu'il croit malheureuse, des bienfaits qui ne lui permettront pas de regretter le passé. Mais la veuve sourit; Florian, le traître, a passé par là! Il n'y a vraiment pas moyen d'avoir une infortune à soi, un mérite entièrement personnel ; c'est désolant !

« Et Florian qui avait devancé le prince et contreminait subrepticement ses opérations, paraît, et, se jetant dans les bras de son maître étonné, il lui dit pour toute excuse : « Nous sommes volés ! »

« Ils étaient volés, en effet. La veuve infortunée, la mère éplorée, la grande dame déchue, était une grande dame en effet, mais qu'un caprice d'avarice ou de villégiature, demeuré d'ailleurs mystérieux, avait poussée à cette petite maison et à ces apparences si modestes, que le duc s'y était trompé et avait cru mettre la main sur une infortune là où il n'y avait qu'une plaisanterie.

« La soirée qui éclaira cette mystification involontaire, cette surprise à trois, ces étranges aveux, fut des plus gaies. Le duc, le poète et la veuve prétendue malheureuse, avaient beaucoup d'esprit. Le duc de Penthièvre fit contre fortune bon cœur et rit de bonne grâce.

« Mais, le soir, en rentrant, suivi de son acolyte, tous deux *bredouilles*, sans une pauvre bonne action à offrir à Dieu, ils faisaient longue mine. Florian se consolait un peu en songeant à quelque conte ou à quelque comédie dont le sujet au moins lui restait. Mais le bon duc était inconsolable ; c'était la première fois depuis si longtemps *qu'il avait perdu sa journée !* »

« On aura, dit Léon Gozlan, une idée approximative de l'argent qu'il dépensait en aumônes par le relevé suivant, document officiel, mais fort incomplet, on peut le croire : huit mille francs étaient distribués tous les mois aux pauvres du domaine, trois mille à des indigents indiqués par lui, et, outre ces deux sommes, s'élevant annuellement à cent trente-deux mille francs, il se faisait compter tous les mois trois mille francs pour subvenir à ses menus plaisirs. Ces menus plaisirs, savez-vous quels ils étaient ? Donner dans les promenades, au coin d'un bois, à la porte d'une chaumière, d'une église.

« Ce n'est pas tout ; il signait encore chaque mois

des ordonnances de six cents, de mille, de quatre mille francs, destinées au soulagement de pauvres gentilshommes ; homme divin dont il faudrait écrire l'histoire non pas avec la main, mais avec le cœur.

« En donnant aux pauvres, il leur disait tout bas : « *Je vous remercie*, » et au bas de l'ordonnance qui affectait des secours à ces pauvres gentilshommes, il mettait : « *Pour acquit.* »

Partout il répand ses bienfaits. A Crécy, il fonde un hôpital ; au Tréport, il fait construire une écluse. Le magnifique parc de Sceaux lui appartient, il l'abandonne, il en ouvre toutes grandes les portes, il en fait une promenade pour les Parisiens.

Il donne quatre cent mille francs à l'hospice des Andelys ; bâtit une halle pour les habitants de Gisors ; des fontaines, une école, pour ceux de Château-villain. Partout il passe, faisant le bien.

Ah ! celui-là fut un bon riche, il comprit qu'il n'était véritablement que le banquier des pauvres, un des trésoriers de la fortune publique ; aussi quel respect, quel amour autour de lui !

Les commères de la halle ne pouvaient se tenir de l'embrasser, quand elles le rencontraient. Un jour, à Paris, au beau milieu d'une procession, elles l'entourent et l'arrêtent, et il ne peut continuer son chemin sans les avoir toutes embrassées les unes après les autres.

Il connaissait tous ses paysans par leur nom, il était au courant de leurs affaires et les aidait de ses conseils et de son argent dans les moments difficiles.

Il était si bon qu'il s'occupait des plus petites choses qui pouvaient causer quelque plaisir à ses vassaux. Il est resté de lui une lettre charmante à ce propos :

« J'ai appris, écrit-il à l'un de ses hommes d'affaires, dans une course que j'ai faite aujourd'hui à Versailles, par le canal d'un garçon de garde-robe du Roi, que l'on désolait les habitants de Vernon en les empêchant de prendre des fraises dans les bois, contre l'usage pratiqué de tout temps, les uns parce qu'ils sont privés d'une espèce de petit commerce qui leur est utile, les autres parce qu'ils ne mangent point de fraises. Avec bonne volonté, on trouvera le secret de me faire haïr, et en cela on me procurera un des plus vifs chagrins que je puisse avoir en ce monde. Je prie Monsieur du Coudray d'écrire en toute diligence que l'on rétablisse l'usage ancien sur ce qui regarde les fraises ; ce, sans le plus petit délai.»

N'est-ce pas tout simplement charmant, et ne croirait-on pas entendre un grand-père prenant soin qu'on ne dérange pas ses petits-enfants en train de grignoter quelque friandise ?

Au dix-huitième siècle, la noblesse française était divisée en deux grandes classes : les nobles qui résidaient dans leurs terres, les faisaient cultiver sous leurs yeux, se mêlaient à la vie de leurs paysans, les aidaient au temps des mauvaises récoltes et en étaient adorés; et les nobles qui demeuraient à Versailles ou à Paris, ne s'occupaient de leurs vassaux que pour les pressurer et en tirer le plus d'argent qu'ils pouvaient, passaient leur temps en débauches, à courtiser les philosophes, et à préparer la Révolution dont ils furent justement les premières victimes.

Parmi les nobles qui résidaient, certains purent, à cause de l'atmosphère d'amour qu'ils avaient créée autour d'eux, continuer à vivre tranquillement dans leurs domaines au plus fort de la Terreur; d'autres, plus robustes, plus énergiques, furent capables, avec l'aide de leurs *gars*, de mener cette guerre de Vendée et de Bretagne que Napoléon Ier, qui s'y connaissait, appelait une guerre de géants.

Au mois d'août 1789, les esprits en France étaient bien surchauffés, et cependant, le duc de Penthièvre, ayant entrepris de venir à Paris, vit, sur tout son parcours, son passage donner lieu aux ovations les plus enthousiastes.

Dans les villes de Clairvaux, de Bar-sur-Aube, de Troyes, de Nogent-sur-Seine, de Montereau, de Fontainebleau, de Sceaux, et jusque dans les plus petits villages, ce n'étaient que félicitations et souhaits de prospérité.

Bien plus, à Paris, les officiers civils et militaires du quartier où était situé l'hôtel de Toulouse, demeure du duc de Penthièvre, vinrent lui rendre visite et le prier de faire au détachement de la garde nationale qu'ils commandaient, l'honneur de le passer en revue.

Si tous les nobles avaient rempli leurs devoirs de riches comme le duc de Penthièvre remplissait les siens, la Révolution eût été impossible, les motifs qui la firent naître n'eussent même pas existé.

Il était nécessaire de tracer avec certains détails le portrait du beau-père de la princesse de Lamballe, dont les généreuses résolutions ne seraient pas complètement explicables, si l'on ne connaissait pas l'homme qui les lui inspira, plus par l'exemple général de sa vie que par ses conseils directs et précis en telle ou telle circonstance.

Le 16 mai 1770, le Dauphin avait épousé Marie-Antoinette. Celle-ci ne tarda pas à remarquer la princesse de Lamballe, qui pourtant se montrait rarement à la cour; elle l'y attira plus souvent, se prit d'amitié pour elle et en fit sa confidente.

Une communauté de situation les rassemblait. Elles étaient étrangères toutes deux. La Dauphine était tenue en suspicion parce qu'elle était autrichienne et parce qu'elle affectait un mépris fort imprudent pour l'étiquette et les usages de la cour. La princesse de Lamballe, veuve sans avoir connu les joies du mariage et de la maternité, s'ennuyait sans doute quelquefois de la constante société du duc de Penthièvre et ne demandait pas mieux que de se laisser aller à une affection capable de la distraire. Ces deux femmes devaient donc se rapprocher presque forcément, et elles le firent.

Il faut rendre cette justice à la princesse, qu'elle fut fidèle à son amie dans la mauvaise fortune comme dans la bonne; et si c'est là un fait rare en

tous temps, c'en fut un encore bien plus rare dans
cette fin tourmentée du xviii° siècle, où la plupart
des nobles ne pensèrent qu'à eux seuls, avec un
égoïsme féroce.

« Marie-Antoinette comme toutes les femmes, disent les de Goncourt, se défendait mal contre ses
yeux. La figure et la tournure n'étaient pas sans la
toucher, et les portraits qui nous sont restés de Madame de Lamballe disent la première raison de sa
faveur.

« La plus grande beauté de Madame de Lamballe
était la sérénité de sa physionomie. L'éclair même de
ses yeux était tranquille.

« Malgré les secousses et les fièvres d'une maladie
nerveuse, il n'y avait pas un pli, pas un nuage sur
son beau front, battu de ces longs cheveux blonds
qui boucleront encore autour de la pique de septembre.

« Italienne, Madame de Lamballe avait les grâces
du Nord, et elle n'était jamais plus belle qu'en traî-
neau, sous la martre et sous l'hermine, le teint
fouetté par un vent de neige, ou bien encore lorsque,
dans l'ombre d'un grand chapeau de paille, dans un
nuage de linon, elle passait comme un de ces rêves
dont le peintre anglais Lawrence promène la robe
blanche sur les verdures mouillées. »

Le temps était passé où les grandes dames, hautes en couleurs, un peu carrées d'épaules, le cor-
sage abondant et la taille robuste, accusaient dans
leur démarche hautaine et dans leurs gestes solen-
nels, aussi bien que dans leur front obstiné et leur
mâchoire épaisse, l'orgueil et la force de leur race
dans son complet épanouissement.

Les femmes du siècle de Louis XIV, demi-déesses
au masque un peu bestial, dont l'aspect faisait
naître sur les lèvres des hommes du peuple cette
exclamation : « Comme elles sont imposantes ! »,
ces femmes-là n'existaient plus. Une à une, elles
étaient descendues dans la tombe.

Celles qui leur avaient succédé à la cour visaient

à être piquantes, touchantes ; elles affectaient une
sensibilité à la Watteau, de la mièvrerie. Petits
traits, petites mines, physionomie d'enfant rieuse,
teint éblouissant de fraîcheur, et pourtant grand
front trop développé, trop intelligent, pourrait-on
dire presque, regard sérieux, sceptique, observateur,
sous une apparente mutinerie ; telle se montre la
femme de cour du xviiie siècle, telle fut la princesse
de Lamballe.

Durant les hivers de 1771 et de 1772, Marie-Antoinette emmène son amie dans ses courses en traî-
neau. Elle la retrouve aux bals intimes donnés à
Versailles par la comtesse de Noailles. En septembre 1775, devenue reine, elle lui fait donner la
charge de surintendante de la maison royale. Elle
l'emmène à Trianon voir ses plantations, assister
aux transformations incessantes des jardins, prendre
part aux concerts et aux représentations théâtrales.
La reine raffole du théâtre, elle joue souvent elle-
même la comédie, trop souvent, et donne asile sur
la scène du Petit Trianon aux pièces dont Louis XVI
défend la représentation à Paris comme contraires
au bon ordre du royaume. La chose se sait ; on se
raconte non seulement à la cour, mais à Paris, le
dédain non déguisé de la reine pour son époux ; on
cite ses imprudences de conduite qui donnent lieu
aux plus fâcheux soupçons ; on trouve qu'une étrangère, une autrichienne, dépense trop facilement
l'argent de la France ; et, comme on voit constamment à côté d'elle la princesse de Lamballe, cette
dernière souffre dans sa réputation de l'hostilité
manifestée en toute occasion contre Marie-Antoinette.

Le grand événement de la vie de la princesse de
Lamballe fut son initiation à la Franc-Maçonnerie.
Mêlée à la société des philosophes, courtisans des
puissants du jour, la jeune veuve qui avait lu leurs
ouvrages, ne se fit pas trop prier pour entrer dans
la secte.

« Déjà, a écrit le F.·. Bazot qui fut secrétaire du

Grand-Orient, par leur parole dans les diverses classes de la société et particulièrement dans la classe intermédiaire, celle entre la noblesse et le peuple, les francs-maçons avaient préparé les esprits à une grande révolution morale, lorsque les ouvrages des philosophes Helvétius, Voltaire, J.-J. Rousseau, Diderot, d'Alembert, Condorcet, Cabanis, etc., apportèrent leur puissante et vive lumière, comme le soleil vient se confondre avec le jour pour en augmenter l'éclat. Il n'y eut pas, il ne pouvait y avoir lutte entre les francs-maçons et les hommes illustres de la philosophie ; le but des uns et des autres était le même. »

Or, quel était, à l'époque où la princesse de Lamballe fut initiée, le but secret de la secte et des philosophes ?

C'est Robison qui va nous l'apprendre : « Il est certain, dit-il, qu'avant 1743, il existait une *association* ayant pour *but unique* de détruire, jusque dans leurs fondements, les établissements religieux, et de renverser tous les gouvernements existants en Europe ; que le système de cette organisation était devenu *universel*, et que les loges des francs-maçons lui servaient d'école. »

Ces loges recevaient dans leur sein tous les adversaires de l'autorité royale, tous les compagnons impies et débauchés du régent, tous les philosophes et les écrivains aux doctrines subversives, tous « ces admirateurs alors nombreux du système anglais, qui commençaient déjà à disserter sur les droits de la souveraineté des peuples, sur les trois pouvoirs, et qui n'obéissaient plus à rien sans discuter sur tous les faits du gouvernement. »

« Ce fut vers 1730, dit le F∴ Clavel, que fut instituée la Franc-Maçonnerie des femmes. On ignore quel en fut l'inventeur, mais elle fit sa première apparition en France... Les formes de cette Maçonnerie n'ont toutefois été fixées définitivement qu'après 1760, et elle ne fut reconnue et sanctionnée par le corps administratif (ou Grand-Orient) de la Maçonnerie qu'en 1774.

« La Maçonnerie d'Adoption affecta d'abord divers noms et divers rituels.

« En 1743, elle avait des emblèmes et un vocabulaire nautiques; et les Sœurs faisaient le voyage fictif de l'île de la félicité, sous la voile des Frères et pilotées par eux. C'était alors l'ordre des *Félicitaires*, qui comprenait les grades de *mousse*, de *patron*, de *chef d'escadre* et de *vice-amiral*, et avait pour *amiral*, c'est-à-dire pour Grand-Maître, le F∴ de Chambonnet, qui en était l'auteur.

« On faisait jurer au récipiendaire de garder le secret sur le cérémonial qui accompagnait l'initiation.

« Les sociétés androgynes (des deux sexes) surtout celle des *Félicitaires* et celle des *Chevaliers et des Nymphes de la Rose*, malgré leur apparence si frivole, ont été un agent très puissant pour propager la Maçonnerie d'Adoption et semer dans les esprits le germe des principes maçonniques d'égalité. »

« Des Sœurs portant les plus grands noms de France, dit le F∴ Ragon, assistaient les Grandes Maîtresses. Dans cette nombreuse liste, figurent les noms des Sœurs de Genlis et Duchesnois (la comédienne)...

« Madame de Genlis fut même surnommée plus tard *la Mère de l'Eglise*. »

L'ouvrage si savant et si autorisé du P. Deschamps et de Claudio Jannet sur les sociétés secrètes contient cette affirmation qui se passe de tout commentaire : « Nous avons nous-même entendu attester par un attaché du Palais-Royal, qu'on y jouait, en ce temps-là, la comédie dans l'état de *nature pure*, comme avant le péché originel. »

De son côté, le marquis de Jouffroy assure que l'immoralité de la loge d'Ermenonville était de notoriété publique.

« On sait, dit-il, que le château d'Ermenonville, appartenant au sieur Girardin, à dix lieues de Paris, était un fameux repaire d'Illuminisme. On sait que là, auprès du tombeau de Jean-Jacques, sous prétexte de ramener les hommes à l'âge de la nature, régnait la plus horrible dissolution de mœurs. Rien n'égale la turpitude de mœurs qui règne dans cette horde d'Ermenonville. Toute femme admise aux mystères devenait commune aux Frères et était livrée au hasard ou au choix de ces vrais adamites... »

Les Loges d'Adoption étaient tout simplement les harems des Loges masculines qui se les étaient annexées; maintenant encore il n'en est pas autrement. Il suffit, pour s'en convaincre, de lire dans les Rituels Maçonniques les cérémonies qui accompagnent chaque initiation et de comprendre les instructions à double sens qui, en toute occasion, sont adressées aux Sœurs (1).

C'était Lorenza, la femme (femme à tout faire, assure la chronique scandaleuse de l'époque) du célèbre Cagliostro, qui recrutait des adeptes à la Maçonnerie Féminine.

La loge *la Candeur* dont la duchesse de Bourbon, sœur du duc de Chartres, plus tard Philippe-Egalité, était Grande Maîtresse, comptait trente-six Sœurs ayant versé chacune la cotisation aristocratique de cent louis.

Le comte Le Couteulx de Canteleu a donné le compte-rendu des cérémonies d'installation de cette loge constituée sous l'invocation païenne d'Isis. Parmi les adeptes, nous relevons les noms de la comtesse de Brionne, de Mesdames Charlotte de Polignac, de Brassac, de Choiseul, d'Ailly, d'Evreux, de la Fare, de Loménie, de Genlis, etc...

Le Couteulx cite « cette séance étrange où Lorenza prêcha l'émancipation des femmes, et où Cagliostro descendit du plafond entr'ouvert, habillé en Génie et monté sur une boule d'or, pour prêcher à son tour les jouissances matérielles. »

Cette séance se termina, dit-on, par un souper

_____

(1) On trouvera tous les renseignements sur ce sujet dans l'ouvrage intitulé : *Les Sœurs Maçonnes* (*Maçonnerie d'Adoption*), par Léo Taxil.

avec les trente-six *amis* de ces dames, prévenus par l'habile Grand Cophte (c'était le nom sous lequel on désignait Cagliostro dans l'argot maçonnique d'alors). Les chansons et les plaisirs terminèrent l'initiation, ainsi que permettent de l'insinuer les vers suivants que récita le F∴ marquis de la Tour du Pin :

> On m'a raconté que l'Amour,
> Voulant connaître nos mystères,
> Des Sœurs, avant d'aller aux Frères,
>   Le fripon avait pris jour.
> Votre loi, dit-il, me condamne,
> Mais je veux être Frère aussi ;
>   Car, ma foi, ce n'est qu'ici
>   Que l'amour est *profane*.
>
> On craint son dard et son flambeau,
> Armure aimable et meurtrière ;
> On les lui prend, le voilà *frère*,
>   On fait tomber son bandeau ;
> Mais en recouvrant la lumière
> Le dieu redemande ses traits.
>   Il prit, voyant tant d'attraits,
>   La loge pour Cythère, etc.

La comtesse Dessales, *Oratrice*, répondit à ce compliment si provocant, par les vers suivants, qui n'ont pas, il faut l'avouer, trop l'air de reculer :

> Chères Sœurs, dont la présence
> Vient d'embellir nos *climats*,
> Recevez pour récompense
> Le plaisir qui suit nos pas.
> Du lien qui nous attache
> Doublons la force en ce jour,
> Et que le Respect se cache
> Pour faire place à l'Amour.
>
> C'est ainsi que les déesses,
> Déposant leur majesté,
> Vont par de pures tendresses
> Jouir de l'égalité.
> Les mortels osent leur dire
> Comment ils savent aimer :
> Entendre ce qu'on inspire
> Vaut le bonheur d'inspirer.

Eh ! eh ! elles n'étaient pas si candides que cela, les Sœurs de la loge *la Candeur*.

En résumé, « les Loges, dit Robison, n'étaient plus que des écoles de scepticisme et de licence effrénée, où religion, église, sacerdoce, rois et autorités civiles étaient l'objet perpétuel de sarcasmes et de dérisions de tout genre, et l'égalité universelle saluée comme l'ère future de la liberté et de la félicité sans nuages. »

La loge *la Candeur* avait été fondée à Paris le 21 mars 1775, et c'est le 12 février 1777 que la princesse de Lamballe y avait été affiliée.

Le 20 février 1781, la princesse fut élue et reçue Grande Maîtresse de *la Mère-Loge Ecossaise.* Ce fut aussi cette année-là que cette même *Mère-Loge Ecossaise* s'unit par un traité solennel avec le Grand-Orient, lequel avait pour Grand Maître le duc de Chartres.

Au banquet donné pour célébrer l'entrée de la princesse de Lamballe dans ses fonctions de Grande Maîtresse, le secrétaire de la loge, un certain Robineau de Beauvoir, chanta les couplets suivants :

Chant maçonnique à la Sérénissime Sœur de Lamballe, Grande Maîtresse.

Amour, ne cherche plus ta mère
Aux champs de Gnide ou de Paphos ;
Vénus abandonne Cythère
Pour présider à nos travaux :
Dans le temple de la Sagesse
Elle vient moissonner des fleurs.
On est toujours *grande maîtresse,*
Quand on règne sur tous les cœurs.

Quittez le séjour du tonnerre
Pour venir embellir ces lieux !
Il est un plaisir sur la terre
Que l'orgueil exila des cieux :
Ce plaisir est pur et tranquille,
Il fait notre félicité ;
Il règne dans ce doux asile
Sous le nom de l'Egalité.

Douce Vertu, toi qui préside
A nos plaisirs, à nos travaux,
Retiens du Temps la faux perfide ;
Qu'il respecte des jours si beaux.
L'Amour, enchaîné sur vos traces,
Reconnaît un *maillet* vainqueur.
Qui peut mieux que la main des Grâces
Tenir le sceptre du bonheur?

Couplets maçonniques aux Sœurs de Broc et de Las-Cases, auxquelles la loge doit son bonheur. (C'est sur les sollicitations de ces dames que la princesse de Lamballe avait accepté d'être Grande Maîtresse.)

Notre bonheur est votre ouvrage ;
Nous devons tout à la beauté :
Sur ce trône votre courage
A fixé la Divinité.
Jamais de l'Etre qu'on adore
On ne pourra priver ces lieux ;
Toujours la bienfaisante aurore
Allume le flambeau des cieux.

Porté sur un sombre nuage,
Un injuste et triste soupçon
Voulait, dans son aveugle rage,
Troubler ce tranquille horizon.
Sous vos efforts, belle Las-Cases,
Nous voyons ce monstre abattu,
Et nous devons Vénus aux Grâces
Et les Grâces à la Vertu.

A la Sœur de Soyecourt,
représentant la Sérénissime Grande Maîtresse.

Las d'éclairer le monde,
Quand, descendant des cieux,
Phœbus au sein de l'onde
Roule son char de feux,
D'une douce lumière
Sa sœur brille à son tour,
Et console la terre
De l'absence du jour.

Lorsque, quittant la terre
Et ces paisibles lieux,
La reine de Cythère
Montera dans les cieux,

De sa cruelle absence
Consolant les vertus,
La douce Bienfaisance
Remplacera Vénus.

A la sœur de Tolozan, Inspectrice :

Tout un *climat* reçoit vos lois,
　　Aimable souveraine ;
Le plaisir vole à votre voix
　　Pour serrer notre chaîne.
L'esclave, couronné de fleurs,
　　Eteint sa voix plaintive ;
Si la Beauté surprend les cœurs,
　　La Gaieté les captive.

A la Sœur de Rouillé, Oratrice :

En nous annonçant le devoir
Et d'une mère et d'une épouse,
Votre voix éloquente et douce
　　Sur nos cœurs a tout pouvoir,
Vous ramènerez dans ce temple
Les plaisirs de l'âge innocent ;
　　On convertit aisément (*bis*)
　　Quand on prêche d'exemple ! (*bis*)

A la Sœur de Montalembert, Secrétaire :

L'Amour sachant qu'au temple du mystère
De la Vertu vous traceriez les lois,
De cette plume aussitôt il fit choix
Et l'arracha de son aile légère.
Il vous la fit présenter par sa mère ;
Vous l'acceptez.. Quel heureux changement!
Depuis ce jour, l'Amour est plus content,
La Sagesse est moins triste et moins sévère.

A la Sœur d'Hinnisdal, Chancelière :

Encor dans cet âge charmant,
　　Où l'on ne veut que plaire,
Elle suit l'exemple touchant
　　Des vertus de sa mère ;
Le Bonheur, empruntant sa voix,
　　En fait son interprète,
Et quand Vénus dicte ses lois,
　　La Vertu les répète.

Aux Sœurs de Lostanges et de Boynes, aumônières :

> Malheureux, séchez vos larmes:
> La Vertu tarit vos pleurs ;
> Plus de soucis, plus d'alarmes,
> Aux plaisirs ouvrez vos cœurs ;
> Ne craignez plus l'indigence :
> Attentive à vos besoins,
> La sensible Bienfaisance
> Vous prodigue tous ses soins.

*A la Sœur de Las-Cases, remplissant les fonctions
de Sœur Terrible :*

> Si l'Amour, qu'on nous peint charmant,
>   Est un dieu redoutable,
> Si ce timide et faible enfant
>   Est un monstre effroyable,
> S'il prétend troubler la douceur
>   De ce Temple paisible,
> Qu'à juste droit, charmante Sœur,
>   Vous êtes *Sœur Terrible !*

Citons pour terminer ces deux couplets d'une
ronde :

> L'Amour n'est rien sans l'ombre du mystère,
>   L'Amour est tout, s'il est discret.
> C'est peu d'aimer, il faut être sincère ;
>   Des vrais Maçons c'est le secret.
> L'Amour Maçon est fils de la Sagesse :
>   Elle forma des nœuds si doux !
> Des vrais plaisirs goûtons la pure ivresse ;
>   Aimons nos Sœurs, et taisons-nous !

Nous avons tenu à citer ces vers, malgré leur médiocrité, parce qu'ils sont remplis d'expressions et
de locutions maçonniques. En apparence, ils ont l'air
presque honnête ; au fond, pour les initiés, instruits
au jargon des Loges, ils sont pleins de sous-entendus
immoraux.

Certains auteurs ont voulu transformer en martyrs
du trône et de l'autel toutes les victimes de la Révolution, et parmi elles la princesse de Lamballe.

Ceux-là paraissent ignorer complètement la valeur du mot *martyr*.

Assurément, parmi les hommes et les femmes qui se faisaient affilier à la Franc-Maçonnerie, à la fin du xviiie siècle, beaucoup obéissaient à l'entraînement de la mode et ne se rendaient pas compte du but impie et anti-social de la secte.

Mais la princesse de Lamballe peut-elle être rangée dans la catégorie des ignorants ? Cela semble bien difficile.

Au moment où elle fut élevée à la dignité de Grande Maîtresse de la *Mère-Loge Écossaise*, elle avait plus de trente-et-un ans ; elle était donc en âge de raisonner ses actes ; et elle le pouvait faire mieux que quelque personne que ce fût.

Sa physionomie porte toutes les marques d'une vive intelligence ; son front était grand, large ; ses yeux profonds, son sourire très fin.

Elle était italienne, c'est-à-dire habile par tempérament de race à démêler les fils d'une intrigue (elle le prouva plus tard quand elle fut en quelque sorte ministre de la police). Elle était née, elle avait été élevée à la cour de Savoie, c'est-à-dire dans un milieu où forcément l'on était habitué à scruter les actions des hommes et à examiner le jeu des partis politiques.

En France, elle était à portée de connaître bien des secrets, tant à cause de sa haute situation qu'à cause de son intimité avec la reine.

De plus, elle avait reçu d'une façon cruelle les leçons de l'expérience, durant sa courte et douloureuse union avec le prince de Lamballe.

Elle avait lu et étudié les doctrines des philosophes, puisque, dans son testament, fait à la Aix-la-Chapelle le 15 octobre 1791, elle insère une clause spéciale où elle dit : « Je donne et lègue au chevalier de Durfort mon Encyclopédie. »

Elle avait vu ces hommes qui se posaient en réformateurs et en moralistes aduler la Pompadour et plus tard la Du Barry ; elle savait donc ce qu'ils valaient, eux et leurs doctrines.

Et, au lieu de suivre le magnifique exemple que lui donnait son beau-père, le duc de Penthièvre, elle se met à la tête des Loges maçonniques!

Les sages avertissements pourtant n'avaient manqué ni à la princesse, ni à la noblesse.

La mémoire en ce temps était-elle si courte qu'on ne se souvînt plus des révélations du chevalier de Folard. En 1729, ce disciple zélé de la Franc-Maçonnerie, cédant à la voix du remords, était devenu son dénonciateur courageux. Il l'avait dénoncée comme une secte, préparant dans l'ombre une révolution qui devait frapper du même coup toutes les puissances légitimes.

Le cardinal de Fleury, ministre de Louis XV, avait interdit formellement la Franc-Maçonnerie.

Le 28 avril 1738, le Pape Clément XII, par la bulle *In Eminenti*, avait lancé un arrêt d'excommunication contre les francs-maçons.

En 1735, les États-Généraux de Hollande avaient rendu un édit interdisant la secte. En 1737, l'électeur palatin de Bavière et le grand duc de Toscane; en 1738, le magistrat de Hambourg, Frédéric Ier, roi de Suède, l'Empereur Charles VI, dans les Pays-Bas Autrichiens, avaient pris des mesures semblables. Dans les années suivantes, les rois de Naples, de Portugal, de Pologne, d'Espagne, le gouvernement du canton de Berne, la Porte Ottomane, les avaient imités.

La princesse de Lamballe, née dans une cour, amie d'une reine, ne savait-elle donc rien de tous ces faits?

Les nobles du xviiie siècle habitaient une maison solide, commode, bien ornée, qui s'appelait la France. Au lieu d'y vivre tranquilles, ils travaillèrent de toutes leurs forces à la démolir; ils y consacrèrent leur temps, leur intelligence, leur argent; et, lorsqu'après avoir travaillé pendant plus de soixante ans à cette destruction, la maison leur tomba sur le dos et les écrasa, ils crièrent à la trahison; et les fils de ceux qui ont péri dans le cataclysme qu'ils avaient eux-mêmes préparé, voudraient faire passer leurs pères pour des martyrs du trône et de l'autel ! C'est un peu fort.

Le trône, ce sont eux qui l'ont démoli ; l'autel ce sont eux qui l'ont renversé !

Les victimes de la Révolution, les vraies, ce sont les paysans, dont leurs députés aux États-Généraux ont déchiré les *cahiers;* ce sont les ouvriers, dont on a détruit les corporations qui étaient leur force et leur honneur !

Les vrais martyrs, ce sont les *gars* vendéens, qui vivaient heureux entre leurs seigneurs pauvres avec lesquels ils chassaient, et leurs recteurs qui les menaient au ciel après une vie tranquille et laborieuse, et dont les armées de la Franc-Maçonnerie sont venues changer les vieilles coutumes et détruire le bonheur.

Ceux-là, oui, sont des victimes ; car ils souffrirent le mal qu'ils n'avaient point créé. Mais pour les nobles de la Cour qui s'étaient enrôlés dans la secte et qui furent tués pendant la Révolution, ils n'eurent à s'en prendre qu'à eux-mêmes de leurs malheurs ; ils subirent le mal qu'ils avaient fait.

Les apologistes à outrance de la princesse de Lamballe protestent de ses bonnes intentions : elle ne voyait dans la Franc-Maçonnerie, disent-ils, qu'une société philanthropique. Si cela est vrai, la princesse était donc bien aveugle !..

En tout cas, elle qui était née dans une maison dévouée à la religion, qui avait l'honneur d'être l'amie intime de Marie-Antoinette, épouse du Roi Très-Chrétien ; qui avait vécu si longtemps dans l'intimité du duc de Penthièvre, lequel était un moine laïque ; pour toutes ces raisons, elle eût dû, tout au moins, ne pas enfreindre les défenses du Pape Clément XII qui excommunia les francs-maçons.

Mais voici un fait de sa vie, fait rapporté par M. de Lescure, qui montre la princesse de Lamballe accomplissant un acte de Sœur maçonne militante.

C'était après la fameuse *Affaire du collier.* Cette

intrigue avait été ourdie contre la royauté, dans le but de la déconsidérer. Cagliostro et la Franc-Maçonnerie s'y étaient mêlés, s'ils ne l'avaient machinée tout d'une pièce, depuis le commencement jusqu'à la fin. Madame de Lamotte, la coupable principale, avait été enfermée à la maison de la Salpêtrière, après avoir été jugée et condamnée.

Or, la princesse de Lamballe se rendit à cette prison et demanda l'autorisation de voir la recluse. La supérieure, croyant que la grande dame avait le projet d'accabler la prisonnière de ses reproches, répondit assez sèchement : « Madame, cette malheureuse n'a pas été condamnée à vous voir. »

Devant cette résistance, la princesse se retira, laissant, comme gage de ses bonnes intentions à l'égard de madame de Lamotte, « un abondant secours en argent », et demanda qu'il lui fût transmis.

Cette démarche, vu les situations respectives de la visiteuse et de celle qu'elle venait voir, est extraordinaire et ne peut s'expliquer que par un intérêt d'ordre maçonnique.

Nous arrivons à une époque de la vie de la princesse de Lamballe, où elle donna de grands exemples de courage et où nous pouvons en toute impartialité, nous laisser aller à la sympathie que l'on éprouve toujours pour la femme qui, ayant commis des fautes, s'en aperçoit, s'en repent et s'efforce de les réparer.

Madame de Lamballe paraît s'être rendu compte, dès 1789, du danger que courait, sinon la France, du moins la famille royale. Il est fort probable que ce fut son amitié désintéressée et sincère pour Marie-Antoinette qui commença de lui ouvrir les yeux. Quelles que fussent au juste ses pensées à ce sujet, la princesse entama des négociations secrètes avec le duc de Chartres dans l'espérance de le rattacher au roi. Ces négociations n'aboutirent pas, les événements le démontrèrent. Que pouvait-on offrir comme compensation au prince dont les menées ambitieuses visaient le trône de France ?

C'est sans doute à partir de ce moment que les Loges décidèrent de déshonorer la princesse de Lamballe par tous les moyens et de mener contre elle cette lutte dont le dernier acte devait être son assassinat.

Le jugement maçonnique de madame de Lamballe ne nous est point parvenu ; mais les effets ne tardèrent pas à s'en faire sentir.

Ce qui exaspérait surtout le peuple de Paris et le disposait à l'émeute, c'était la disette organisée par les accapareurs de grains. Or, ces accapareurs résidaient dans l'entourage du duc d'Orléans ; il était lui-même le plus important d'entre eux. Ouvrir les greniers où le blé était accumulé et le répandre avec abondance dans Paris, exécuter cette opération au nom du roi, eût été un excellent moyen de ramener à la cour le cœur du peuple.

« Un banquier, nommé Pinel, homme de confiance du duc d'Orléans, passait pour l'agent secret des accapareurs. Madame de Lamballe, d'accord avec Marie-Antoinette, proposa à cet homme une entrevue à Marly. Pinel, flatté d'une pareille ouverture, allait au rendez-vous, lorsqu'il fut arrêté par le poignard des assassins. Son cadavre fut retrouvé dans la forêt du Vésinet » (1).

Un Chevalier Kadosch avait passé par là !

En janvier 1790, parut un livre intitulé *Galerie des Dames françaises*. La princesse de Lamballe y était attaquée sous le nom de *Balzaïs*. On lui reprochait son intimité avec la reine, on y voyait autre chose qu'une liaison d'amitié.

Un passage de ce pamphlet est à citer. Les expressions démontrent, pour qui sait lire entre les lignes, qu'il a été rédigé par un franc-maçon. Après avoir attaqué la princesse en lui attribuant une conduite plus que légère, l'auteur ajoute : « Quand on habite le *temple de la vertu*, ou du moins qu'on le visite constamment, on s'attache bientôt à son culte,

(1) *La princesse de Lamballe*, par de Lescure.

Assassinat de la princesse de Lamballe. — La tête de la princesse, portée au bout d'une pique, est montrée, au Palais-Royal, à Philippe-Egalité (page 60).

et quand on s'affranchirait pour un moment de ses préceptes les plus austères, on demeure toujours invinciblement lié aux principes, et la raison, en imposant aux faiblesses, finit par rendre à la vertu ceux que l'amour du plaisir lui avait enlevés pour quelques instants. »

C'est là, incontestablement, une allusion aux visites que la *Sœur* de Lamballe faisait aux Loges d'Adoption, ces *temples de la vertu,* suivant le jargon maçonnique.

C'est après la fuite de Louis XVI et de Marie-Antoinette et leur arrestation à Varennes en juin 1791, que la princesse se détacha complètement de la secte. Elle avait été chargée d'une mission secrète en Angleterre dont elle devait voir la reine et tâcher d'obtenir son intervention en faveur de la famille royale de France. Mais le roi d'Angleterre, Georges, était fou, et c'était Pitt, l'homme de confiance des Loges, qui dirigeait toute la politique de la Grande-Bretagne. Il refusa d'intervenir et alla même jusqu'à dire que Louis XVI n'avait que ce qu'il méritait et qu'il avait causé lui-même ses propres malheurs.

Après un court séjour en Angleterre, la princesse fit le voyage d'Aix-la-Chapelle, voyage dont le but est resté à peu près mystérieux. C'est à partir de ce moment que, se trouvant sans doute éclairée plus complètement par l'insuccès de ses négociations, madame de Lamballe fit aussitôt son testament. Ce document, qui a été publié, est daté d'Aix-la-Chapelle, du 15 octobre 1791. Cette précaution prise, elle rentra en France, pour lier son sort à celui de la famille royale.

Remarquez qu'elle savait fort bien qu'elle s'exposait à la mort. La reine, le duc de Penthièvre le lui avaient répété. N'importe ! Elle avait été l'amie de Marie-Antoinette dans les bons jours, elle voulut lui rester fidèle dans les mauvais. Ce dévouement est tout simplement superbe, et il est capable d'effacer bien des fautes.

En novembre 1791, la princesse se chargea d'une

sorte de ministère occulte de la police, éloignant de la famille royale les gens dont la conduite paraissait suspecte et les remplaçant par d'autres sur la fidélité desquels on pouvait compter.

Au 10 août 1792, quand Louis XVI, commettant une maladresse de plus, se rendit à l'Assemblée Législative, madame de Lamballe accompagna la reine. Elle la suivit plus loin, elle la suivit dans la prison du Temple.

Elle avait fait le sacrifice de sa vie depuis longtemps ; car, peu de temps avant les événements du 10 août, elle disait à madame de La Rochejaquelein : « — Plus le danger augmente, plus je me sens de force. Je suis prête à mourir. Je ne crains rien... »

Et, dans le trajet du château des Tuileries au local de l'Assemblée Législative, elle dit à M. François de La Rochefoucauld : « — Nous ne retournerons jamais au château ! »

C'est ce sacrifice prévu et noblement accepté qui rend grands les derniers moments de la victime de la Franc-Maçonnerie.

Dans la nuit du 19 au 20 août 1792, la princesse de Lamballe fut transférée de la prison du Temple à celle de la Force.

Les massacres dans les prisons avaient commencé le 2 septembre.

Le soir, la princesse de Lamballe qui avait été toute la journée en proie aux plus vives inquiétudes, se jeta sur son lit pour essayer d'y prendre un peu de repos. A chaque instant, elle se réveille en sursaut, croyant entendre dans le couloir voisin les pas des assassins qui viennent la chercher.

Sur les huit heures du matin, deux gardes nationaux entrent dans sa chambre et lui donnent l'ordre de se lever. « — On va vous transférer à l'Abbaye », lui disent-ils.

Elle répond que, prison pour prison, elle aime mieux rester dans celle où elle est que d'entrer dans une autre. En conséquence, elle refuse absolument de descendre et demande avec instance qu'on la laisse tranquille. Un de ces gardes nationaux, connu sous le surnom du *Grand Nicolas*, et franc-maçon, s'approche d'elle, et lui dit avec dureté qu'il faut obéir et que sa vie en dépend. Elle répond qu'elle va faire ce qu'on désire, et prie ceux qui sont dans sa chambre de se retirer.

Elle passe une robe, rappelle le garde national, qui lui donne le bras, et elle descend au guichet, où elle trouve deux officiers municipaux, revêtus de leur écharpe, qui jugent les prisonniers : ce sont le franc-maçon Hébert et L'Huillier (1).

« Arrivée devant ce tribunal implacable, la vue des bourreaux à la figure féroce, brandissant leurs armes rougies, cette odeur de sang et de vin qui forme l'atmosphère cadavérique, nauséabonde de cet étroit guichet, l'air sordide et sinistre des juges, les cris étouffés, les râles lointains qu'on entend par moments, la mort enfin qui passe dans l'air, tout cela saisit à la fois la délicate princesse aux yeux, à la gorge et au cœur, et elle s'évanouit (2).

« A peine commence-t-elle à reprendre ses sens, par les soins d'une de ses femmes de chambre qui l'accompagne, que de nouveaux cris la font retomber dans le même état » (3).

Lorsqu'elle s'est un peu remise on l'interroge :

« — Qui êtes-vous ?

« — Marie-Louise, princesse de Savoie.

« — Votre qualité ?

« — Surintendante de la maison de la reine.

« — Aviez-vous connaissance des complots de la Cour au 10 août ?

« — Je ne sais pas s'il y avait des complots au 10 août ; mais je sais que je n'en avais aucune connaissance.

« — Jurez la liberté, l'égalité, la haine du roi, de la reine et de la royauté.

(1) Récits de Peltier et de Bertrand de Molleville.
(2) Histoire de la princesse de Lamballe, de Lescure.
(3) Bertrand.

— Je jurerai facilement les deux premiers serments ; je ne puis jurer le dernier, il n'est pas dans mon cœur.

Ici, un assistant lui dit tout bas : « — Jurez donc ; si vous ne jurez pas vous êtes morte. »

La princesse ne répond rien, *lève ses deux mains à la hauteur de ses yeux*, et fait un pas vers le guichet (1).

Le juge, le franc-maçon Hébert dit alors :

« — Qu'on élargisse madame ! »

Cette phrase, c'est la condamnation à mort de la princesse de Lamballe et l'ordre de son exécution immédiate.

Aussitôt, on l'entraîne vers la porte qui s'ouvre. A ses yeux épouvantés apparaît un spectacle effroyable.

Un monceau de cadavres nus et sanglants s'entasse dans la rue du Roi-de-Sicile. De larges mares de sang s'écoulent dans le ruisseau et forment une boue rougeâtre et nauséabonde.

Des hommes farouches, payés par la Franc-Maçonnerie à raison de vingt-quatre livres par jour pour accomplir leur sinistre besogne, ivres de vin et de carnage, souillés de sang de la tête aux pieds, les bras nus, armés de sabres, attendent le prisonnier ou la prisonnière qui va être poussé hors de la porte du guichet et leur être livré pour être massacré.

Les pieds dans les flaques fumantes, des fédérés, des Marseillais, des sans-culottes, porteurs de piques, des gardes nationaux en uniforme, des femmes

---

(1) Peltier. — Les détails ci-dessus ont été donnés à Peltier par des témoins oculaires, qui, n'appartenant pas à la Franc-Maçonnerie, n'ont pas compris le sens du geste fait par la princesse et qu'ils rapportent. Il est évident pourtant, ou tout au moins probable, que, reconnaissant des francs-maçons parmi les gens devant qui elle comparaissait, la malheureuse princesse, se voyant perdue, a fait le signe de détresse, lequel se fait précisément en levant les deux mains un peu au-dessus des yeux ; mais elle était depuis longtemps irrévocablement condamnée par la secte et le F.˙. Hébert et les autres assassins maçons n'avaient plus à tenir compte de son suprême appel.

avinées et grossières, entourent les cadavres, les manient, les insultent et plaisantent.

Quelqu'un se penche à l'oreille de la princesse de Lamballe. « — Criez : Vive la Nation ! » lui dit-on, voulant la sauver.

Mais, à demi morte déjà à la vue de ce lugubre spectacle, elle ne comprend pas le conseil qu'on lui donne, et laisse échapper ces mots : « — Fi ! l'horreur ! »

« — Elle méprise la Nation, » dit quelqu'un ; et deux hommes la tenant sous les bras, l'entraînent et la forcent à marcher sur les cadavres.

« — La Lamballe ! la Lamballe ! Voilà la Lamballe ! » hurle la foule.

A ce moment un des monstres qui entourent la princesse, veut lui enlever son bonnet avec la pointe de son sabre, mais comme il est ivre de vin et de sang, il atteint la victime au-dessus de l'œil ; le sang jaillit, et ses longs, ses beaux cheveux blonds tombent sur ses épaules.

Quelques individus mêlés à la foule hasardent les cris de : « Grâce ! Grâce ! »

« — Mort aux laquais déguisés du duc de Penthièvre ! » s'écrie le franc-maçon Manin, l'un des assassins, et il tombe sur eux à coups de sabre, en tue deux sur place et met les autres en fuite.

Dans le même instant, le franc-maçon Charlat décharge sur la tête de la princesse, évanouie dans les bras de deux hommes qui la soutiennent, un formidable coup de bûche qui l'étend à ses pieds, sur une pile de cadavres. On l'achève à coups de piques. Et aussitôt les meurtriers, se précipitant sur son cadavre palpitant, le dépouillent de ses vêtements et coupent les seins. Charlat fend la poitrine, déchire les entrailles et arrache le cœur. Un nègre, nommé Delorme, inondé de sang, éponge le corps et, avec un sourire cynique, en fait admirer la blancheur à la foule.

Grison, garçon boucher, coupe la tête avec un couteau de boucherie, et, « accompagné de quelques autres égorgeurs, il va la déposer sur un comptoir de marchand de vin, qu'ils veulent forcer à boire à sa santé. Cet homme refuse ; on le maltraite, on le traîne sur un monceau de cadavres, et on l'oblige, le couteau sur la gorge, à crier : « Vive la Nation ! » Il s'évanouit, on le laisse là, et quand il rentre chez lui, il trouve son comptoir vide ; les brigands ont tout enlevé (1). »

Cependant quelqu'un dans la foule dit qu' « il faut montrer la tête de la Lamballe à Marie-Antoinette pour voir quelle grimace fera celle-ci. »

Il est midi. On place la tête au bout d'une pique, et la foule se met en marche vers la prison du Temple, Charlat et Grison sont en tête du cortège.

Arrivés place de la Bastille, ils entrent chez un perruquier et lui ordonnent « d'accommoder la tête ». Elle est lavée, frisée, poudrée.

« — Au moins maintenant Antoinette pourra la reconnaître ! » s'écrie le porteur en ricanant.

Et, rajustant la tête pâle au bout de la pique, il se remet en marche vers le Temple.

La douleur de voir la tête de sa meilleure amie ainsi outragée, fut épargnée à la reine, le garde municipal qui gardait la famille royale, ayant eu la pudeur de fermer à temps les fenêtres et les rideaux pour qu'on ne vît rien.

Il est environ cinq heures de l'après-midi quand le sinistre cortège quitte le Temple pour se rendre au Palais-Royal, demeure du duc d'Orléans, comme pour lui faire hommage.

Les assassins arrivent au moment où le prince va se mettre à table avec madame de Buffon, sa maîtresse, et quelques Anglais.

Soudain, les plaisanteries et les propos galants cessent. Là, devant la fenêtre, monte et s'arrête, la peau livide, les yeux clos, la bouche distendue dans un horrible rictus, la tête de l'ancienne Grande Maîtresse de la *Mère-Loge Ecossaise*.

_____

(1) Duval, *Souvenirs de la Terreur* ; la biographie Michaud ; Mercier ; M. de Beauchesne.

Des cris partent de la foule qui grouille.

Eh bien, duc d'Orléans, Grand Maître de la Franc-Maçonnerie, es-tu content de cette exécution? Les *Enfants de la Veuve* ont-ils bien travaillé aujourd'hui? Ont-ils amplement gagné les vingt-quatre livres qui leur ont été payées par le trésor de l'Ordre pour leur sanglante besogne? La sentence de vengeance portée par les Frères Trois-Points contre l'ex-Sœur de Lamballe, traître à la Maçonnerie, n'a-t-elle pas été exécutée ponctuellement? Sois satisfait; et, maintenant, soupe de bon appétit avec ta maîtresse, et le cœur joyeux, tourne-lui des madrigaux!

Mais non! madame de Buffon s'est jetée dans un fauteuil. Elle se couvre la figure de ses mains et s'écrie :

« — Ah! mon Dieu! ma tête se promènera un jour de cette manière! »

Le duc d'Orléans pâlit, il chancelle ; car il a cru voir la face livide de la princesse de Lamballe s'animer, les yeux, pleins de sang, s'ouvrir, la bouche grimaçante remuer, et les lèvres exsangues ont envoyé à son oreille, comme un souffle saisissable pour lui seul, cette menace prophétique : « — A chacun son tour! »

II

Le R. P. Le Franc.

François Le Franc naquit à Vire, en Normandie, le 26 mars 1739. Son père, habile horloger de cette ville, aurait voulu qu'il prît son état; mais l'enfant manifesta de bonne heure de si heureuses dispositions et un goût si prononcé pour les lettres et les sciences, que le père consentit à le faire étudier au collège de Vire. Il y fit de grands progrès, obtint une

4

bourse pour un collège de Paris et revint terminer ses études au collège de Vire.

A vingt ans, il embrassa l'état ecclésiastique, et le 8 juillet 1759, entra dans la Congrégation des Eudistes. Deux ans plus tard, il fut incorporé au collège de Lisieux, où il professa la rhétorique, puis la philosophie. Il fut ensuite successivement supérieur au séminaire de Coutances, puis vicaire général de Mgr de Talaru de Chalmazel. Il déploya le plus grand zèle dans ses diverses fonctions.

On rapporte de lui qu'en 1788 et 1789 il avait coutume de dire qu'un bon prêtre devait répandre son sang plutôt que de montrer la moindre faiblesse, dès qu'il s'agissait des intérêts du christianisme.

Longtemps à l'avance, il prévit les calamités que les doctrines des philosophes allaient attirer sur la France. Il écrivit plusieurs ouvrages contre les francs-maçons.

En 1788, il fit imprimer à Vire une petite brochure de 72 pages, intitulée : *Première lettre à un Maître-Maçon*. Il y exposait l'origine et les causes, et pronostiquait les progrès de la secte qui commençait à troubler la France.

Il fit paraître encore plusieurs autres *Lettres à un Maître-Maçon*, et divers opuscules sous d'autres titres, où il attaquait la Franc-Maçonnerie et l'accusait d'être la première cause de la grande perturbation qui allait amener le renversement de tous les principes moraux et religieux.

Nous devons encore citer parmi ses ouvrages : *Le Voile levé pour les Curieux, ou le secret de la Révolution révélé à l'aide de la Franc-Maçonnerie* (1791). Et *la Conjuration contre la Religion catholique et les Souverains* (1792). Ce dernier ouvrage forme un tout avec le précédent, dont il n'est en quelque sorte que la seconde partie.

Un exemplaire fut envoyé au pape Pie VI et un autre remis au roi Louis XVI.

Il fallait du courage pour mettre son nom en tête de pareilles publications, lorsque déjà la persécution commençait contre les prêtres qui n'avaient point prêté le serment, et il est bien certain qu'elles signalèrent tout particulièrement l'auteur à l'attention des francs-maçons.

Le Voile Levé se partage en neuf paragraphes.

I. — *L'origine de la Franc-Maçonnerie.* L'auteur fait remonter la secte aux sociniens.

II. — *Des Loges maçonniques et de leur régime.* La centralisation de toutes les forces de la secte décuple sa puissance.

III. — *Ce que l'Assemblée Nationale doit à la Franc-Maçonnerie.* Le P. Le Franc montre l'Assemblée Nationale, composée entièrement de francs-maçons, favorisant de tout son pouvoir les projets de l'Ordre et lui empruntant toutes ses maximes et toutes ses institutions.

La division de la France en départements, districts et cantons, n'est qu'une copie du gouvernement de la société maçonnique : les noms sont les mêmes.

Dans la Franc-Maçonnerie, le Directoire général communique avec les Directoires particuliers, et par eux toute la machine est mise en mouvement. Le directoire de l'Assemblée Nationale qui correspond avec les directoires des départements, et, par eux, avec les directoires des districts, produit le même effet.

Dans chaque canton, les juges de paix tiennent lieu de ce qu'on appelle dans le gouvernement maçonnique le comité de conciliation, et ont les mêmes attributions.

Toutes les communes sont égales, comme toutes les Loges sont égales entre elles.

Les fonctions de *Frère Terrible* ou *Grand Inquisiteur des Loges* sont remplies par le comité des recherches présidé par le Frère Voidel.

Les procureurs syndics, les procureurs des districts, les procureurs de la commune en chaque municipalité, font les fonctions de l'orateur de chaque loge.

L'ordre que la Maçonnerie a établi entre les grades,

dans ses loges et dans ses tribunaux, est le même
que l'Assemblée a adopté entre les officiers auxquels
elle a confié une portion de son autorité.

L'écharpe civique et le chapeau des juges sont
aussi des emprunts faits à la Maçonnerie.

La société maçonnique a une doctrine extérieure
et une doctrine intérieure, une doctrine pour amu-
ser les Apprentis et une doctrine pour les officiers des
hauts grades qui sont comme l'âme de la société. Il
en est de même à l'Assemblée Nationale : elle aussi
a une doctrine particulière et une doctrine publique,
une doctrine pour les comités, et une doctrine pour
ceux dont le suffrage est nécessaire.

Le seul cri d'aristocrate et de démocrate lui suffit
pour fixer l'opinion d'un grand nombre ; mais c'est
un cri de guerre, comme autrefois : « Montjoie !
Saint-Denis ! » auquel on fait signifier tout ce qu'on
veut.

Le régime de l'Assemblée est celui des Loges ;
c'est la même manière de demander la parole, de
demander le congé, de délibérer, de porter plainte,
d'entretenir l'ordre ; la sonnette y remplace le maillet.

Ceux qui ne connaissent pas tout cela, admirent
avec quelle facilité elle s'est familiarisée avec ce
régime ; mais les membres, pour la plupart, étaient
formés d'avance à ces petits exercices.

Le serment civique exigé par l'Assemblée est également d'origine maçonnique. Les maçons ont été
ravis de le voir prêter ; mais les réfractaires lui sont
devenus odieux, et ils s'acharnent à les poursuivre.

Le régime maçonnique lui est si cher, qu'elle a
aboli toutes les corporations, excepté celle des
francs-maçons.

En entrant dans une loge, tout homme doit déposer dans le vestibule tout ce qui caractérise sa noblesse, ses titres, ses grades ; tout doit céder aux
cordons et aux bijoux de l'Ordre ; il n'y a que ceux-
là qui soient sacrés, qui n'excitent ni murmures, ni
envie. Par le même principe, l'Assemblée a proscrit
tous les ornements des ordres, et les ordres eux-

mêmes, pour ne laisser subsister que les grades et les rubans maçonniques. Elle n'a pas encore prononcé qu'il n'y aurait que ceux-là ; elle s'est réservée de donner sa décision sur ce point, lorsque ses projets auront acquis la maturité que le temps et la patience leur préparent.

Les commissaires, que l'Assemblée détache de son sein, tiennent le rang de visiteurs maçons, et l'Assemblée leur a décerné les mêmes honneurs.

La forme des élections, le choix des électeurs, les qualités qu'on exige en eux, les avis qu'on leur donne, tout est imité de la Franc-Maçonnerie.

La conduite prescrite aux officiers municipaux, aux membres des directoires des départements est calquée sur ce qu'on recommande au Vénérable qui préside une loge : c'est de la douceur, de la prudence, de la discrétion, beaucoup d'adresse à manier les esprits, une patience qui ne se rebute de rien, du courage et de la magnanimité.

On était bien sûr de plaire à l'Assemblée, quand on la fit passer sous la *Voûte d'acier* (1), lorsqu'elle se rendit en corps à la cathédrale de Paris, pour le chant du *Te Deum* au commencement de la Révolution. C'est le plus grand honneur que les francs-maçons rendent à ceux qu'ils respectent. Les officiers militaires, presque tous nobles, les magistrats de tous grades, reçus francs-maçons depuis longtemps, n'ont pas dû être surpris de voir l'exécution, en grand, de ce que, jusque-là, ils avaient pratiqué en petit.

Dans le paragraphe IV de son livre, le P. Le Franc explique comment la Franc-Maçonnerie a transformé les mœurs de la France, en jetant le

_____

(1) *La voûte d'acier* se forme de la façon suivante : tous les assistants, rangés sur deux files, lèvent les épées dont ils sont armés, et les inclinent les unes vers les autres, de façon qu'elles se touchent par leurs pointes et forment alors une sorte de voûte sous laquelle passe le visiteur qu'on veut honorer.

peuple français, autrefois gai, léger, frivole, dans
les Loges, qui sont des écoles d'assassinat.

Plus loin (paragraphe V), l'auteur montre le but
de la secte, la destruction de la religion chrétienne,
poursuivi par les actes de l'Assemblée Nationale,
et l'établissement de la religion naturelle (paragraphe VI).

Pour arriver à désorganiser le catholicisme, les
francs-maçons veulent abolir la hiérarchie ecclésiastique ; et ils le font, durant le cours de la Révolution, dans la plus grande mesure de leurs moyens.

Pour conclure, le P. Le Franc démontre pourquoi
les Frères Trois-Points au pouvoir ont aboli tous les
ordres de Chevalerie, dispersé tous les corps cons-
titués qui faisaient la force de la France ; c'est pour
rester, eux les sectaires, la seule Chevalerie, une
Chevalerie du poignard ; c'est pour demeurer le
seul corps constitué en face de la désorganisation
générale. La liberté, ce mot inscrit sur tous les
murs, n'existe plus que là, depuis que les Loges
triomphent ; elle ne subsiste plus que pour les méchants seuls.

*La Conjuration contre la Religion catholique et les
Souverains*, sous presse au 1ᵉʳ janvier 1792, était la
suite et le développement du *Voile levé*. Le P. Le
Franc, après avoir montré comment la Franc-Maçonnerie se rattachait à toutes les anciennes héré-
sies en réunissant toutes leurs erreurs, explique comment elle marche à l'assaut du trône et de l'autel.

On comprend que la publication de ces ouvrages
gêna considérablement la secte. Du moment qu'elle
est dévoilée, une conspiration, même en bonne voie,
a mille chances d'échouer. Le malheur voulut qu'à
la Cour on ne crût pas aux révélations du P. Le
Franc ; la royauté, que les prêtres clairvoyants auraient voulu sauver, était aveugle ; au surplus, il
était bien tard. Mais la Franc-Maçonnerie, quoique
certaine alors de la réussite de ses exécrables complots, avait juré la mort de quiconque les avait
dénoncés.

L'effet de sa haine contre le P. Le Franc ne tarda pas à se faire sentir.

Dès le lendemain du 10 août 1792, le courageux auteur fut arrêté. On savait où le trouver; mais, pour être sûrs de ne pas le manquer, les chefs de la secte avaient donné l'ordre de mettre en état d'arrestation tous les pères eudistes que l'on rencontrerait. C'est ainsi que la section du Luxembourg, composée des révolutionnaires les plus fanatiques, tous membres des sociétés secrètes, arrêta et conduisit à l'église des Carmes, transformée en prison, les Pères Balmain, Nicolas Beaulieu, Bérauld-Duperron, Jean-François Bousquet, Pierre Dardan, Jacques Durvé, André Grasset de Saint-Sauveur, François-Louis Hébert (coadjuteur du supérieur général des eudistes de Paris), Robert Lebif, un curé du diocèse de Coutances, dont le P. Le Franc avait été vicaire général. L'abbé Lejardinier des Landes, qui était venu rendre visite à celui-ci à Paris et qui se trouvait auprès de lui au moment de son arrestation, fut emmené en sa compagnie. La Maçonnerie donnait un vaste coup de filet et voulait de nombreuses victimes pour avoir la certitude que son adversaire ne lui échapperait pas.

Comme il n'y avait aucun prétexte à invoquer pour faire passer le P. Le Franc en jugement, on décida qu'il serait massacré ; et, pour ne pas laisser deviner la vraie raison de cet égorgement inexplicable, on résolut d'englober dans la même tuerie les neuf autres pères eudistes arrêtés par la section du Luxembourg.

Il fallait trouver les massacreurs. On songea aux fameux « Marseillais » qui avaient déjà fait leurs preuves depuis le 29 juillet, jour de leur arrivée à Paris.

« Qu'étaient ces hommes? demande M. Mortimer-Ternaux dans son *Histoire de la Terreur*. Étaient-ce de valeureux jeunes gens des Bouches-du-Rhône et des contrées circonvoisines, qui avaient quitté le foyer domestique pour répondre à l'appel de la patrie en danger? Non ; ceux-là étaient aux frontières avec Masséna et Championnet. Ceux qui vinrent à Paris n'étaient que des bandits émérités, expédiés par les sociétés populaires du Midi pour renverser la constitution et pour plonger la France dans l'anarchie. »

Michelet, dont l'opinion ne saurait être suspecte à ce sujet, s'exprime ainsi sur le compte de ces aventuriers qui allaient devenir des égorgeurs :

« Les cinq cents hommes de Marseille, qui n'étaient point du tout exclusivement Marseillais, étaient déjà, quoique jeunes, de vieux batailleurs de la guerre civile, faits au sang, très endurcis; les uns, rudes hommes du peuple, comme sont les marins ou les paysans de Provence, population âpre, sans peur ni pitié; d'autres, bien plus dangereux, des jeunes gens de plus haute classe, alors dans leur premier accès de fureur et de fanatisme, étranges créatures, troublées et orageuses dès la naissance, vouées au vertige, telles qu'on n'en voit guère de pareilles que sous ce violent climat... Le chant, dans leur bouche, prenait une expression très contraire à l'inspiration primitive, accent farouche et de meurtre. Ce chant généreux, héroïque, devenait un chant de colère ; bientôt il allait s'associer aux hurlements de la Terreur. »

Tels étaient les hommes sur lesquels la Franc-Maçonnerie comptait, pour les massacres prémédités par elle. Les maçons de la section du Luxembourg leur avaient souhaité la bienvenue dès leur arrivée à Paris; ils avaient envoyé une députation de douze membres pour complimenter « les braves *frères* gardes nationaux de Marseille », leur témoigner leurs sentiments civiques et fraternels, et les inviter aux assemblées permanentes de la section.

Afin de les avoir sous la main pour les égorgements projetés, on les avait casernés dans l'ancien couvent des Cordeliers, à quelques pas de l'église des Carmes.

La Maçonnerie avait résolu de frapper un grand coup. Et ce qui prouve que les massacres de sep-

Assassinat du R. P. Le Franc. — La populace parisienne, réunie à l'église Saint-Sulpice transformée en club, est excitée par les francs-maçons et se précipite au couvent des Carmes, pour massacrer les prêtres qui y sont emprisonnés (page 74).

tembre sont bien son œuvre, c'est que les francs-
maçons avérés du parti révolutionnaire, les hommes
dont l'affiliation est notoire, tels que Robespierre,
Danton, Tallien, Fabre d'Eglantine, savaient, dès les
derniers jours d'août, ce qui allait se passer. Plusieurs, le 31, usèrent de leur influence pour obtenir
la mise en liberté de détenus auxquels ils s'intéres-
saient. Robespierre, notamment, intervint, ce jour-là,
pour faire relâcher l'abbé Bérardier, ancien principal
du collège Louis-le-Grand, où il avait fait ses études;
ce fait est à la louange du terroriste, mais il est la
preuve que l'égorgement des prisonniers de la Révolution, et surtout des prêtres, ne fut pas un acte
spontané de la populace parisienne. Le mot d'ordre
fut réellement donné, et les massacreurs avaient été
bel et bien embrigadés d'avance.

Le signal de l'égorgement des prisonniers renfermés à l'église des Carmes fut donné par un
nommé Louis Prière, marchand de vins, demeurant
cour des Fontaines, au Luxemboug. Il est probable,
sinon certain, que cet homme, comme un grand
nombre de marchands de vins de la capitale, était
franc-maçon. C'était le 2 septembre. Les révolutionnaires de la section du Luxembourg s'étaient
réunis en assemblée générale dans l'église Saint-
Sulpice, transformée en club. Cette réunion était
présidée par le citoyen Joachim Ceyrat, franc-maçon
notoire, nouvellement élu juge de paix, et précédemment commissaire de police de la section. On
avait fait appel aux plus exaltés, en leur disant
« qu'on allait délibérer sur les mesures à prendre
dans l'intérêt général ». Le F.·. Joachim Ceyrat, —
et ceci montre manifestement la préméditation et
d'où venait le complot, — avait eu soin d'adresser
des invitations aux fédérés marseillais, qui avaient
quitté en grand nombre leur caserne des Cordeliers
pour venir assister à la séance. Afin de surexciter
les esprits et d'attirer la foule, on avait établi un
bureau d'enrôlements volontaires dans la chapelle du
Saint-Sacrement; mais on va voir que le but des

organisateurs de la réunion n'était nullement de recueillir des engagements pour l'armée.

Quand les révolutionnaires de la section furent en nombre suffisant pour pouvoir émettre un vote, le F∴ Louis Prière s'élança dans la chaire et demanda pour un instant d'interrompre les enrôlements, car il avait, disait-il, une grave communication à faire à l'assemblée. Il déclama d'abord contre l'étranger qui s'avançait sur Paris; mais il ajouta, en ponctuant son discours d'horribles blasphèmes, que, quant à lui, il était d'avis qu'avant de marcher contre l'ennemi, il fallait d'abord se débarrasser des individus renfermés dans les prisons, et, en premier lieu, des prêtres détenus au couvent des Carmes.

Il faut croire que tous les membres de la section n'étaient pas affiliés à la Franc-Maçonnerie; car plusieurs (entre autres les citoyens Lucron, Yose, Violette, Chavessey, Vitra et Vigneul) accueillirent avec une certaine répugnance la motion du F∴ Louis Prière. Dans la foule, qui entourait les sectionnaires, il y avait aussi quelques braves gens, égarés par les idées à la mode, mais incapables de commettre un crime. De ce nombre, un sieur Alexandre Carcel, horloger, rue des Aveugles, demanda la parole, l'obtint et déclara qu'il pouvait bien y avoir des coupables dans les prisons, mais qu'il y avait aussi des gens qui ne l'étaient pas; et, faisant appel au bon sens de l'assistance, il conclut qu'assurément les honnêtes citoyens ne voudraient pas tremper leurs mains dans le sang des innocents. Voyant que ces paroles produisaient une bonne impression sur certains, M. Carcel fit une proposition : on choisirait dans l'assemblée six membres : ils formeraient une commission, qui se transporterait aux Carmes et examinerait sur les registres d'écrou les motifs d'arrestation de chaque prisonnier; puis, ces six commissaires, relevant les faits à charge, les communiqueraient aux magistrats compétents, avec une pétition de la section demandant de faire au plus tôt justice. Un murmure approbateur accueillit cette proposition ; mais elle ne faisait pas l'affaire des francs-maçons de l'assemblée qui voulaient faire décréter un massacre général ; la motion Carcel déjouait leur plan.

Au lieu de la mettre aux voix, le président, le F∴ Joachim Ceyrat, s'écria avec colère :

« — C'est le peuple qui doit faire justice des coupables ; nous ne pouvons pas attendre les arrêts de la magistrature ; la patrie est en danger ; et tous les prêtres détenus ici à côté, aux Carmes, sont des scélérats ! »

L'intervention du président dans la discussion eut un effet décisif. La motion du F∴ Prière fut soumise au vote, et la majorité des révolutionnaires de la section décida « qu'en présence des périls suprêmes de la patrie, il y avait urgence à mettre les aristocrates et les prêtres réfractaires (1) hors d'état de nuire. »

On décida, en outre, que le vote de la section serait porté à la Commune, afin d'engager toutes les sections à agir d'une manière uniforme.

Voici une pièce probante :

Extrait des procès-verbaux des délibérations de l'assemblée générale de la section du Luxembourg :

Du 2 septembre 1792, l'an IVᵉ de la liberté, le Iᵉʳ de l'égalité, sur la motion d'un membre de purger les prisons en faisant couler le sang de tous les détenus de Paris avant de partir, les voix prises, elle a été adoptée. Trois commissaires ont été nommés, MM. Lohier, Lemoine et Richard, pour aller à la ville communiquer, afin de pouvoir agir d'une manière uniforme.

Pour extrait conforme :
Signé : Heu, secrétaire de l'assemblée générale.

Ce document a été découvert aux archives du Palais de Justice, par M. Alexandre Sorel, qui le cite dans son remarquable ouvrage *le Couvent des Carmes*

----

(1) On appelait ainsi les prêtres qui avaient refusé de prêter serment à la Révolution.

sous la Terreur. C'est, du reste, tout ce qui existe en fait de documents de cette époque, relatif à la section du Luxembourg; en effet, la Franc-Maçonnerie a eu soin de détruire le registre des délibérations du mois de septembre 1792 de la section du Luxembourg. On ne sait ce qui s'est passé que par les dépositions des témoins dans les procès intentés plus tard aux septembriseurs.

Donc, les francs-maçons de la section triomphaient; ils avaient un vote, ils allaient pouvoir entraîner aux Carmes la lie de la populace.

Au moment de partir pour la Commune, le F∴ Lohier se retourne vers l'assistance et pose cette question :

« — Soit! nous venons de voter qu'il faut agir partout d'une manière uniforme; mais qu'entendez-vous par cela? comment devons-nous nous débarrasser des prisonniers?

« — Par la mort! clame le F∴ Joachim Ceyrat.

« — Par la mort! crie à son tour le F∴ Louis Prière. »

Et tous les francs-maçons de la section hurlent en chœur :

« — Par la mort! (Déposition de M. Lemaître, témoin oculaire, demeurant rue du Vieux-Colombier; c'est lui qui, ce jour-là, présidait le bureau des enrôlements dans l'église Saint-Sulpice où se tenait en même temps la réunion des sectionnaires.)

L'élan abominable était donné. Tous les exaltés, qui s'étaient laissé entraîner par Ceyrat, Prière et les autres francs-maçons, se précipitèrent hors de l'église; les fédérés marseillais se montraient les plus furieux. Et ces misérables, ivres de rage, s'élancèrent dans la direction du couvent des Carmes.

A ce moment, un détachement de gardes-nationaux stationnait dans la rue Palatine, montant la garde. L'horloger Carcel, ne redoutant que trop ce qui allait arriver, s'empressa de rendre compte de la réunion au commandant, le citoyen Tanche. Celui-ci se mit à sourire. En vain, M. Carcel le supplia de rassembler les honnêtes gens du quartier et d'aller, avec ses hommes, protéger les prisonniers. Le commandant Tanche, qui bien certainement devait appartenir à la secte, refusa de la façon la plus formelle d'aller au secours des malheureux prêtres, contre lesquels les égorgeurs poussaient des clameurs féroces.

Le récit du massacre du couvent des Carmes est trop connu pour que nous le reproduisions ici. Cent quinze victimes tombèrent sous les coups de ces cannibales; un seul de ces martyrs était un laïque; tous les autres étaient des religieux et des prêtres, et, à leur tête, Mgr Dulau, archevêque d'Arles, Mgr François-Joseph de La Rochefoucauld, évêque de Beauvais, et Pierre-Louis de La Rochefoucauld, évêque de Saintes.

A l'Abbaye, à la Force, dans les autres prisons, il y eut un simulacre de jugement. Aux Carmes, ce fut une tuerie générale : les assassins se ruèrent dans le jardin où étaient parqués les prisonniers; à coups de fusil, à coups de hache, on les massacra. Quelques-unes des victimes avaient réussi à se réfugier dans l'oratoire; on les y égorgea. C'est alors que survint une seconde bande d'assassins, la bande du F∴ Maillard, arrivant de l'Abbaye. Maillard venait s'assurer « si la besogne avait été bien faite. » Il restait encore une quarantaine de victimes qui avaient pénétré dans l'église du couvent, croyant y trouver un asile, et qui y étaient cernées. Le massacre recommença; mais, cette fois, le F∴ Maillard fit égorger les martyrs, deux par deux, sur l'escalier de l'église, après avoir constaté leur identité. Il fallait pouvoir assurer au Grand Orient que le R. P. Le Franc n'avait pas échappé au carnage.

Ainsi, il est indiscutable que ces affreuses tueries ont été complotées par la secte pour jeter la terreur dans le pays et assurer la domination du parti révolutionnaire. Il s'agissait de faire « peur aux royalistes »; le mot est du F∴ Danton. Il est, de même, évident que la Franc-Maçonnerie n'a pas laissé échapper cette occasion de se débarrasser, particulièrement, de ceux que le Tribunal Secret du 31e degré avait depuis longtemps condamnés à mort : tout avait été bien préparé, bien organisé. Les Frères Trois-Points, dans le massacre général, avaient exécuté leur sentence contre l'ex-Grande-Maîtresse, la princesse de Lamballe, et contre le vaillant écrivain anti-maçonnique, le P. Le Franc.

III

Philippe-Égalité.

Le duc de Chartres, Louis-Philippe d'Orléans, fut, lui aussi, assassiné par les francs-maçons. Le fait est peu connu, mais il n'en est pas moins établi par les preuves les plus certaines.

Pour bien saisir le fil des intrigues ourdies par la secte pour le conduire à l'échafaud, il est nécessaire de prendre les choses d'un peu loin et d'examiner quelle fut la conduite du duc d'Orléans durant le cours de sa vie.

Il était le petit-fils du Régent, de ce Régent si dissolu, que son nom est devenu synonyme de débauché. Né à Saint-Cloud, le 13 avril 1747, Louis-Philippe-Joseph, duc de Chartres, épousa, le 5 avril 1769, la fille et unique héritière du duc de Penthièvre, Louise-Marie-Adélaïde de Bourbon, qui avait alors seize ans. Ce duc de Penthièvre, dont la bienfaisance était si renommée, était le père du prince de Lamballe et le beau-père de la princesse qui périt à la prison de la Force, lors des massacres de septembre.

Tout jeune, le duc de Chartres avait excellé aux exercices du corps; il était surtout habile à conduire une voiture et à dompter les chevaux difficiles.

Il était avide de nouveauté, désireux d'attirer l'attention sur lui; c'est ainsi qu'il monta dans un aérostat, dès les premiers essais qui furent faits de cette découverte.

Il était débauché; d'autre part, il était affable, mais d'une affabilité trop souvent familière qui le faisait sortir de son rang.

Quoique possesseur d'une immense fortune, il fit des dettes, en voulant la rendre plus considérable encore.

Le jardin de son palais, le Palais-Royal, était une promenade publique, comme il l'est aujourd'hui; seulement, il fallait être vêtu décemment pour la fréquenter. Il fit entourer ce jardin de constructions brillantes, afin de les louer à tous ceux qui se présenteraient; et il l'ouvrit à tout le monde, sans exception, de manière que l'on vit bientôt cette promenade couverte de la population la plus grossière et la plus perverse.

Au lieu de l'air pur et du bel ombrage que, pendant les jours d'été, les Parisiens venaient chercher dans les allées du Palais-Royal, ils ne trouvèrent plus, sous les nouveaux portiques, que l'exemple des mauvaises mœurs et les tableaux de la plus honteuse dissolution.

D'un autre côté, cette spéculation qui avait ôté aux maisons voisines une partie de leur valeur et de leur agrément, mécontenta beaucoup les propriétaires, et elle donna lieu à quelques satires contre le duc. On le représenta sous le costume d'un chiffonnier ramassant des *loques à terre* (des locataires).

Il rit lui-même de cette impertinence, comme de toutes les autres malices, et ne changea rien à son plan.

Plus opulent que beaucoup de souverains, jouissant des avantages des monarques, sans être assujetti à leurs devoirs ni partager leurs inquiétudes, on se demandera comment un tel prince put sortir du cercle des jouissances où il était paisiblement renfermé, pour embrasser la cause de la Révolution?

Ce fait peut s'expliquer par le caractère du duc d'Orléans. Sa susceptibilité était extrême dès qu'il se croyait outragé ; le trait enfoncé dans son cœur n'en sortait plus.

L'archiduc Maximilien d'Autriche était venu à Versailles voir la reine de France, sa sœur, Marie-Antoinette, à peine âgée de vingt ans. Charmée de la visite de ce frère chéri, et voulant jouir de tous les moments qu'il pouvait lui donner pendant son séjour en France, la jeune souveraine crut qu'il pouvait se dispenser de faire des visites aux princes et se débarrasser de la plupart des étiquettes, qu'elle-même n'aimait pas.

Les princes en furent très mécontents, le duc de Chartres surtout se montra piqué au vif de cet oubli ; il lui parut une insulte et il l'attribua à Marie-Antoinette.

Beaucoup de conversations indiscrètes circulèrent à cette occasion dans les hautes sociétés, où déjà l'on cherchait à flétrir le caractère de la reine ; et cette princesse en fut, à son tour, très vivement affectée. Ce fut alors qu'il se forma deux partis, à la ville et à la cour : celui de la reine, et celui des princes, à la tête duquel était le duc d'Orléans.

Les idées politiques, autrement sérieuses, ne tardèrent pas à tout envahir ; et la mésintelligence y trouva un nouvel aliment.

Les plaisirs dont le duc de Chartres avait abusé lui devinrent insipides ; il fallut que son imagination s'occupât d'autre chose.

Il voulut d'abord avoir la charge de grand amiral qui appartenait au duc de Penthièvre, son beau-père. Ce prince y consentit ; mais il fallait encore obtenir le consentement du roi ; et, le monarque ne cédant pas assez promptement au désir de son cousin, celui-ci accusa la reine d'être la cause de ce retard.

Ce fut pour faire cesser tous les obstacles, que le jeune duc se mit à étudier les éléments de l'art nautique et qu'il demanda de servir comme volontaire sur l'escadre de l'amiral d'Orvilliers, qui croisait dans la Manche et que l'on croyait à chaque instant près d'en venir aux mains avec la flotte anglaise.

La conduite du duc d'Orléans, lors du combat d'Ouessant (27 juillet 1778), ne fut pas brillante, paraît-il; car la charge de grand-amiral ne lui fut pas accordée.

Par une prétendue faveur, qui dut paraître une sanglante ironie, il fut nommé colonel général des hussards. Depuis, il ne parut presque plus à la cour.

Eloigné des plaisirs de Versailles, il revint à ceux qu'il paraissait avoir abandonnés; mais, pour les varier, il chercha une nouvelle dissipation dans les modes et les usages d'Angleterre. Il fit un voyage à Londres, s'y lia avec le prince de Galles, depuis Georges IV, et avec beaucoup de grands seigneurs, et revint enthousiasmé des mœurs et des costumes britanniques, que dès lors il affecta d'imiter en tout.

Les hautes sociétés de Paris se faisaient remarquer à cette époque par une grande magnificence; une extrême simplicité fut tout à coup substituée à l'or et aux riches broderies qui couvraient les vêtements des grands seigneurs. Les bourgeois ne virent plus que des égaux dans ceux qu'ils n'osaient aborder auparavant qu'après avoir épuisé toutes les démonstrations du respect. Ces seigneurs cherchèrent à s'affranchir des honneurs et des égards qui avaient été si longtemps leur sauvegarde. Ils déposèrent eux-mêmes leur rang et leur dignité; et ce changement subit, prôné dans tous les écrits, et naturellement agréable aux classes inférieures, devint à peu près général. La cour de Louis XVI elle-même modifia ses usages et son étiquette.

Lorsqu'il fut question d'élire les députés aux Etats-Généraux, le duc d'Orléans, quels que fussent tous ses moyens de popularité, n'était pas assuré de se faire nommer. Mais le marquis de Limon, sa créature, s'étant rendu à Crespy, au moment des élections, comme pour y visiter les bâtiments du prince, s'y prit avec tant d'adresse auprès des élec-

teurs de la noblesse, que, malgré leur répugance à
se montrer en opposition avec la cour, il leur fit élire
par acclamation le duc d'Orléans, qui, leur avait-il
dit, n'accepterait certainement pas. Aussi, peu de
jours après, on vit avec beaucoup d'étonnement le
prince venir lui-même à Crespy remercier et prêter
serment.

Arrivé dans la chambre de la noblesse, le prince
se rangea, dès le premier moment, du parti révolutionnaire, et ce parti se pressa autour de lui.

Plus tard, il fit partie de la minorité de la noblesse
qui se rallia au tiers-état.

On a remarqué que c'est dans le jardin du Palais-
Royal, propriété et demeure du duc d'Orléans, que
furent provoqués les premiers mouvements révolutionnaires; toutes les émeutes s'y formaient ; c'est de
là que partirent les rassemblements ; le plus important
tant s'organisa devant le fameux café de Foy, dans
la soirée du 12 juillet 1789, Camille Desmoulins
harangua la foule et le mouvement commencé dans
le jardin du Palais-Royal se termina, le 14, par la
prise de la Bastille.

Détails remarquables ; le 12, les insurgés allèrent
enlever chez le statuaire Curtius le buste du duc avec
celui de Necker et les portèrent en triomphe dans
les rues et sur les places publiques ; le 13, les séditieux arborèrent comme signe de ralliement le bleu,
le rouge et le blanc, qui étaient les couleurs de la
maison d'Orléans.

On dit, de plus, qu'on vit le prince applaudir de
ses fenêtres aux mouvements populaires.

Après le 10 août 1792, Manuel, qui était de la
faction du duc, lui fit entendre que, pour dissiper
tous les soupçons qui s'élevaient contre lui, il devait
renoncer au nom de son illustre famille et accepter
celui d'*Egalité*, qui lui serait proposé par la Commune
de Paris. Philippe accepta le nom d'*Egalité*, et, dans
une lettre de remerciement, il déclara qu'on ne
pouvait pas lui en donner un qui fût plus conforme
à ses sentiments.

Ce fut sous ce nom qu'il fut nommé député à la Convention Nationale. Il y prit place à l'extrème-gauche.

Lorsqu'il s'agit de prononcer sur le sort de Louis XVI, il vota, contre l'appel au peuple, pour la mort et contre le sursis. Si pour les autres députés ce vote fut un crime épouvantable, que fut-il pour Philippe-Egalité, duc d'Orléans et premier prince du sang !...

Comment expliquer une pareille conduite? Comment le duc avait-il pu, graduellement, être amené à une telle perversion?

Par la Franc-Maçonnerie, nous n'hésitons pas à le dire.

A la mort du duc de Clermont, le duc de Chartres avait été élu, comme son successeur, à la Grande Maîtrise de la Grande Loge de France; sous son autorité, les divers pouvoirs maçonniques, alors divisés, s'étaient réunis.

Voici le texte de cette acceptation, pièce historique curieuse :

L'an de la grande Lumière 1772, troisième jour de la lune Jiar, cinquième jour du deuxième mois de l'an maçonnique 5772 (et, de la naissance du Messie, cinquième jour d'avril 1772), en vertu de la proclamation, faite en Grande Loge assemblée le vingt-quatrième jour du mois de l'an maçonnique 5771, du Très Haut, Très Puissant et Très Excellent Prince Son Altesse Sérénissime Louis-Philippe-Joseph d'Orléans, duc de Chartres, prince du sang, pour Grand Maître de toutes les Loges régulières de France, et de celle du Souverain Conseil des Empereurs d'Orient et d'Occident, Sublime Mère-Loge Ecossaise, du vingt-sixième jour de la lune d'Elul 5771, pour Souverain Grand Maître de tous les Conseils, Chapitres et Loges Ecossaises du Grand Globe de France, offices que Ladite Altesse Sérénissime a bien voulu accepter pour l'amour de l'Art-Royal et afin de concentrer toutes les opérations maçonniques sous une seule autorité.

En foi de quoi, la dite Altesse Sérénissime a signé le présent procès-verbal d'acceptation.

Signé : LOUIS-PHILIPPE-JOSEPH D'ORLÉANS.

5.

Peu après, le 24 décembre 1772, le Grand Orient de France, nouveau pouvoir maçonnique centralisateur, fut constitué, et le prince en fut également le Grand Maître.

On a quelquefois prétendu que Philippe-Egalité ne s'était pas mêlé d'une façon active aux intrigues des Loges et qu'il n'avait été leur protecteur que nominalement. Cette prétention est détruite par la pièce que voici, laquelle fut trouvée dans les papiers du cardinal de Bernis et se trouve reproduite par le P. Deschamps et M. Claudio Jannet :

« Liste des honorables membres qui composent *le Club de la Propagande*, lequel s'assemble rue de Richelieu, 26, à Paris.

« Ce club a pour but, comme chacun sait, non seulement de *consolider la Révolution en France*, mais de l'introduire chez tous les autres peuples de l'Europe et *de culbuter tous les gouvernements actuellement établis*.

« Ses statuts ont été imprimés séparément.

« Le 23 mars 1790, il y avait en caisse 1,500,000 francs *dont M. le duc d'Orléans avait fourni* 400,000 ; le surplus avait été donné par les honorables membres à leur réception. *Ces fonds sont destinés à payer les voyages des missionnaires, qu'on nomme apôtres, et les brochures incendiaires que l'on compose* pour parvenir à un but aussi salutaire.

« Toutes les affaires, tant internes qu'étrangères, sont préparées et proposées au club par un comité de quinze personnes, présidé par M. l'abbé Siéyès. »

C'est clair, n'est-ce pas ?

Or, voulez-vous savoir quels hommes collaboraient avec le duc d'Orléans, prince du sang, *à consolider la Révolution en France, à culbuter tous les gouvernements actuellement établis* ?

Tout simplement les premiers gentilshommes de France, ou du moins ceux qui en portaient les noms, n'en ayant plus, depuis longtemps, les qualités.

Ce sont le duc de Biron, l'abbé d'Espagnac, le comte de Praslin, le prince de Broglie, le marquis de Latour-Maubourg, le comte de Crillon, de Toulongeon, le vicomte de Beauharnais, le vicomte de Lusignan, le duc de la Rochefoucauld, le vicomte de Noailles, le vicomte de Damas, le duc de Liancourt, le comte de Montmorin, le marquis de Montalembert, le comte de Kersaint, le comte de Croix, le marquis de la Coste, le comte de Choiseul-Gouffier, etc...

Voilà ceux qui firent la Révolution et amassèrent un trésor de guerre qui devait passer, à raison de vingt-quatre livres par journée de travail, aux assassins du mois de septembre 1792.

Dans le peuple, on connaissait fort bien la participation effective du duc d'Orléans aux menées révolutionnaires ; car, en 1790, on criait et vendait dans les rues de Paris un pamphlet intitulé : *La Passion et la Mort de Louis XVI, roi des Juifs et des chrétiens.* En tête figurait une gravure, qui était à elle seule une lugubre prophétie. Elle représentait Louis XVI couronné et portant le manteau fleurdelisé, cloué à la croix. A sa droite et à sa gauche se trouvaient le Clergé et le Parlement, tenant la place des deux larrons. Dans le texte du pamphlet, c'est Philippe d'Orléans qui jouait vis-à-vis de Louis XVI le rôle de Judas l'Iscariote.

Le duc de Chartres nourrissait l'ambition, Louis XVI une fois détrôné, de le remplacer au suprême pouvoir. Il comptait se servir des Loges pour y arriver ; mais il apprit à ses dépens que le torrent d'une révolution se remonte difficilement. Il put aussi s'appliquer avec justesse le proverbe : « Qui sème le vent, récolte la tempête. »

Voyant la République s'établir en France, il jugea que la Maçonnerie n'avait plus de raison d'être. Il cessa ses fonctions, mais sans démissionner, de telle sorte que son abstention porta un certain trouble dans la société ; aucune Loge nouvelle ne se formait, les anciennes se désagrégeaient.

Un journal révolutionnaire de Toulouse lui ayant reproché son inactivité comme Grand Maître, il fit insérer, le 22 février 1793, — un mois après la mort du roi Louis XVI, — dans le *Journal de Paris*, une lettre par laquelle il reniait l'institution.

Voici le passage de cette lettre dont on lui fit bientôt un crime :

« Quoi qu'il en soit, voici mon histoire maçonnique.

« Dans un temps où assurément personne ne prévoyait une révolution, je m'étais attaché à la Franc-Maçonnerie, qui offrait une sorte d'image de la liberté. J'ai, depuis, quitté le fantôme pour la réalité.

« Au mois de septembre dernier, le secrétaire du Grand-Orient s'étant adressé à la personne qui remplissait auprès de moi les fonctions de secrétaire du Grand Maître, pour me faire parvenir une demande relative aux travaux de cette société, je répondis à celui-ci en date du 5 janvier :

« Comme je ne connais pas la manière dont le « Grand-Orient est composé, et que, d'ailleurs, je « pense qu'il ne doit y avoir aucun mystère ni « aucune assemblée secrète dans une république, « surtout au commencement de son établissement, « je ne veux plus me mêler du Grand-Orient ni des « assemblées des francs-maçons. »

Il signa cette lettre du nom qui lui avait été proposé par la Commune de Paris : *Philippe-Egalité.*

Les Maçons s'émurent, crièrent à la trahison. Plusieurs réunions furent tenues, pendant le mois de mars, pour discuter les mesures à prendre. Il était difficile d'accuser Philippe d'Orléans de pactiser avec la famille royale, puisque, peu de temps auparavant, il venait de voter la mort de Louis XVI avec les Montagnards de la Convention. On répandit donc le bruit qu'il préparait le retour de la royauté pour son propre compte. Il en avait très probablement l'intention ; mais, à coup sûr, il était trop avisé pour se compromettre en un pareil moment ; il comptait bien attendre l'occasion propice. En tout cas, il est certain qu'il n'accomplit aucun acte qui pût être relevé à sa charge.

Le 6 avril, le député franc-maçon Lahaye monta à la tribune et raconta que Philippe d'Orléans avait, dans les jours précédents, parcouru le département de l'Orne, sondant les populations pour savoir si son avènement serait bien accueilli. Cette assertion était fausse ; Philippe, à cette époque, n'avait pas quitté Paris.

Le duc d'Orléans n'était pas venu à la Convention, le 6 avril ; ce fut donc en profitant de son absence que Lahaye l'accusa. L'Assemblée, dont la grande majorité se composait de sectaires, — on pourrait dire la presque unanimité, — avait reçu un mot d'ordre : elle ne cita pas Philippe à comparaître devant elle ; mais elle décréta l'arrestation de tous les membres de la famille des Bourbons, indistinctement.

Le lendemain, Pache, autre franc-maçon, faisait, dès la première heure, arrêter le prince.

Voici la lettre écrite à ce sujet par Philippe à ses collègues de la Convention :

Paris, de la Mairie, le 7 avril.

Citoyens mes collègues,

Il est venu chez moi deux particuliers, l'un se disant officier de paix, l'autre inspecteur de police. Ils m'ont présenté un réquisitoire signé *Pache*, pour me rendre à la mairie. Je les ai suivis, on m'a exhibé un décret de la Convention, qui ordonne l'arrestation de la famille des Bourbons. Je les ai requis d'en suspendre l'effet à mon égard. Invinciblement attaché à la République, sûr de mon innocence, et désirant voir approcher le moment où ma conduite sera examinée et scrutée, je n'aurais pas retardé l'exécution de ce décret, si je n'eusse cru qu'il compromettait le caractère de député dont je suis revêtu.

PHILIPPE-EGALITÉ.

Cette lettre fut transmise le jour même à la Convention par le ministre de la justice Gohier, qui l'accompagna de la missive suivante :

Paris, le 7 avril.

Citoyen président de la Convention Nationale,

En exécution du décret rendu hier, qui ordonne de

mettre en état d'arrestation Louis-Philippe-Joseph-Egalité,
il a été conduit à la mairie, pour y faire la reconnaissance
de sa personne.

Ayant joint ici le procès-verbal, vous verrez qu'il regarde ce décret comme étranger à sa personne, vu sa qualité de représentant du peuple.

Mon respect pour son caractère ne me permet pas de
juger les difficultés ; j'en réfère à la Convention.

Le ministre de la justice : GOHIER.

Une discussion s'engagea. Les Girondins surtout
étaient très ardents. On sait qu'ils furent toujours
les ennemis les plus acharnés de Philippe-Egalité.
Déjà, dans les premiers jours de la Convention, ils
avaient tenté de le faire bannir de France ; mais ses
collègues de l'extrême-gauche avaient réussi à dé-
jouer cette tentative.

Cette fois, les Montagnards, obéissant aux ordres
secrets de la Maçonnerie, votèrent avec les Girondins.

Un seul député de la Montagne prit, le 7 avril, la
défense de Philippe. Or, savez-vous quel était ce
défenseur ? Marat ! Chose remarquable, tous les
adversaires du prince d'Orléans étaient francs-
maçons ; Marat, son seul défenseur, tout exalté
qu'il fût, n'appartenait pas à la secte.

Marat invoqua en faveur de Philippe-Egalité l'in-
violabilité parlementaire. La Convention ne voulut
rien entendre et rendit le décret suivant :

La Convention Nationale, après avoir entendu la lecture
d'une lettre du ministre de la justice, d'un procès-verbal
des administrateurs de la police, et d'une lettre de Louis-
Philippe-Egalité, relative à la réclamation faite par ce citoyen, contre son arrestation, sur le fondement qu'il n'est
pas compris nominativement dans le décret d'hier, et qu'il
se trouve dans un cas particulier comme député, passe à
l'ordre du jour, motivé sur ce qu'elle a bien entendu comprendre ledit Louis-Philippe-Egalité dans le décret qui ordonne l'arrestation des Bourbons.

Deux jours après, le 9 avril 1793, l'ex-Grand-
Maître était envoyé à Marseille, pour y subir sa
détention, en attendant son jugement.

Le 10 avril, c'est-à-dire après le départ du prisonnier, le franc-maçon Lahaye, au lieu du rapport circonstancié qu'il avait promis, lisait à la tribune, pour justifier les mesures prises contre Philippe, une lettre d'un nommé Anquelin, de Séez, lettre absurde rapportant quelques bavardages stupides de filles d'auberge.

D'ailleurs, voici cette lettre dans toute sa bêtise :

Le 5 avril 1793.

Si je ne vous ai pas fait un détail circonstancié relativement à Egalité, c'est que je ne vous instruisais de son passage que parce que je le crois homme dont il est prudent de se méfier, même de ces actions qui paraissent indifférentes ; d'ailleurs, je n'avais de certitude de son voyage en Bretagne, que par le bruit public qui, dans ce pays, ne paraît pas lui être favorable, puisqu'on le soupçonnait déjà d'être fomenteur des événements fâcheux qui s'y sont passés. Ces faits n'ont assurément pas lieu pour avoir été occasionnés par son passage à Séez, le 22 mars dernier, puisque je me suis assuré, par une des domestiques du citoyen Broquet, aubergiste à l'hôtel d'Angleterre à Séez, où il logea, qu'il avait dit qu'il allait à Alençon voir le département ; il se donna le nom du citoyen Fécamp, intendant d'Egalité. Par le détail qu'on m'a fait de sa taille, de sa figure rouge et bourgeonnée, que j'ai vue souvent à Eu, il n'y a pas de doute que c'est Egalité père lui-même. Il invita son aubergiste d'aller à Alençon avec lui, dans sa voiture, parce que, vraisemblablement, c'était pour l'annoncer auprès de son beau-frère Hommez, ci-devant procureur à Séez, *homme fait pour lui être utile*, vu qu'il est actuellement membre du département à Alençon ; mais ce particulier ne put l'y accompagner, à cause qu'il se trouva forcé de partir avec le détachement de volontaires destiné pour la Bretagne ; alors j'ignore ce qu'a pu faire notre homme en question.

Il logea à l'hôtel du Maure, chez Bussy, à Alençon, autre beau-frère de notre membre du département ; mais ce que je puis vous assurer, c'est qu'à son retour par Séez, le lundi 25, il logea au même hôtel qu'à son départ ; et passant sur la place, il fut arrêté par la garde ; alors, il montra un passeport sur lequel il était dénommé Philippe-Premier, Egalité. Quant à la conversation qu'il eut en passant par Séez avec l'aubergiste qu'il fit monter à sa chambre, et avec lequel il but du vin, il l'interrogea pour savoir ce que l'on disait de lui, s'il était aimé dans ce pays, et si le peuple serait fâché ou bien aise de l'avoir pour roi. A quoi il fut répliqué qu'il n'avait pas assez de connaissances pour lui répondre rien d'affirmatif.

Sans doute qu'Egalité n'aura pas manqué d'interroger les aubergistes par où il a passé, il n'avait avec lui qu'un jeune homme de 14 à 15 ans. Il voyageait en poste.

Signé : Anquelin.

Lahaye, après avoir lu cette lettre, déclara qu'il n'était pas besoin de plus grandes preuves de culpabilité et que celle-là suffisait amplement.

Les conventionnels francs-maçons savaient parfaitement que Philippe-Egalité, après avoir renié la secte, était à son tour rejeté par elle ; ils avaient la conviction que le prince n'avait pas mis les pieds à Séez, le 22 mars, et qu'il avait passé ce jour-là à Paris, et ils le condamnèrent pour obéir au mot d'ordre donné dans les Loges.

La Convention ordonna que les racontars contenus dans la lettre seraient communiqués au tribunal des Bouches-du-Rhône, puisque l'on avait décidé que l'accusé serait jugé à deux cents lieues de Paris. Dans la capitale, Philippe-Egalité était trop populaire, même après le régicide ; les francs-maçons espéraient qu'il le serait moins dans une ville aussi éloignée.

Marat se rendit compte de l'infâme comédie qui se jouait là, et, le 13 avril, il écrivit dans une lettre à la Convention :

« Cette conjuration imaginaire, dont le prétendu but serait de mettre Philippe d'Orléans sur le trône, n'est qu'une fable inventée pour donner le change au public. »

Cependant, depuis un certain temps, les francs-maçons haut-gradés, qui faisaient partie du Souverain Tribunal de l'Ordre, au Grand-Orient, se démenaient beaucoup. Un rapport avait été rédigé sur Philippe-Egalité et soumis successivement aux grands dignitaires pour qu'ils l'examinassent.

Philippe-Egalité condamné à mort par les francs-maçons. —
Le président du tribunal secret brise l'épée du grand-maître
et en jette les débris. « Amen! » s'écrient tous les assistants
(page 91).

Le 13 mai 1793, le Souverain Tribunal se réunit.

Le Président donna lecture de la lettre du prince insérée dans le *Journal de Paris* du 22 février.

Cette lecture fut entendue en silence.

Le président provoqua les observations, et le silence continua de régner.

Alors, les deux vice-présidents, portant les titres de Très Eclairés Inspecteurs, brûlèrent immédiatement, et dans la salle même de la réunion, le rapport qui avait circulé de mains en mains.

La parole fut ensuite donnée au Grand Orateur du Souverain Tribunal.

D'une voix grave et solennelle, il prononça ces paroles :

« — Je conclus à ce que l'ex-Frère Philippe-Egalité, soit déclaré démissionnaire, non seulement de son titre de Grand Maître, mais encore de celui de Député de la Loge, et qu'en outre, *il soit privé de la société des honnêtes gens.* »

Ces derniers mots sont la formule de condamnation à mort usitée dans les Loges.

Alors, le Très Parfait Président frappa sur l'autel trois coups avec le pommeau de l'épée flamboyante ; c'était le signal du vote.

Au troisième coup, tous les assistants, sans prononcer un mot, levèrent en l'air leur main gauche, indiquant par ce geste qu'ils votaient pour la mort.

Le Président compta d'un coup d'œil les mains levées et vit que la majorité des présents prononçait la condamnation à mort.

Les assistants étaient debout.

Le Très Parfait Président prit sur l'autel une épée de Maître, qui représentait symboliquement l'existence de Philippe-Egalité ; il prit cette épée, l'éleva en l'air, et dit d'une voix lente :

« — *Tsedakah !* » ce qui signifie : *Justice.*

Le Chancelier Grand Secrétaire et le Grand Orateur répondirent :

« — *Miskor !* » ce qui veut dire : *Equité.*

Enfin, le Très Parfait Président posa l'épée en

travers sur son genou, la brisa et en jeta les débris au milieu de l'Assemblée.

« — *Amen !* » répondirent tous les assistants.

Sur un signal du Président, tout le monde, avec ensemble, frappa de la main droite sur l'avant-bras gauche neuf coups espacés ainsi : un coup, trois coups, quatre coups, un coup. On appelle cela « *tirer une batterie de deuil.* »

Les Frères se retirèrent en silence ; le duc d'Orléans n'avait plus qu'à se préparer à la mort (1).

Cependant, les francs-maçons éprouvèrent d'abord un déboire.

Le jury révolutionnaire de Marseille acquitta Philippe-Égalité. Un rapport du député Ruhl déclara que, dans ses papiers, on n'avait rien trouvé qui pût le compromettre. On n'avait donc plus qu'une chose à faire, remettre en liberté l'accusé reconnu innocent des crimes qu'on lui imputait : c'était là un acte de justice ordinaire ; mais la justice des Frères Trois-Points ne ressemble nullement à la justice de tout le monde.

Malgré son acquittement, le duc d'Orléans fut retenu en prison, et, sur des ordres secrets émanés du Grand-Orient, l'acquitté fut ramené à Paris sous bonne escorte.

Pendant ces voyages de la victime, la secte avait eu le temps de choisir les juges qui devaient la condamner. Le Tribunal Révolutionnaire de Paris, devant lequel l'ancien Grand Maître comparut le 6 novembre 1792, était composé de brutes, incapables d'aucune idée de justice.

On accusa, pour la forme, Philippe-Égalité d'être l'allié des Girondins : on aurait aussi bien pu l'accuser d'avoir volé la lune ; les deux accusations n'eussent pas été plus absurdes l'une que l'autre.

-----

(1) Qu'on ne croie pas que nous inventions quelque chose. Cette séance est relatée dans l'*Histoire pittoresque de la Franc-Maçonnerie*, par le F.·. Clavel, deuxième édition (1843), pages 239 et 240.

Afin qu'il ne pût échapper, la secte avait préparé l'opinion publique, à Paris, à l'idée de l'assassinat, soi-disant juridique, du prince. On avait publié contre lui les accusations les plus stupides et, sans doute, on s'était servi pour payer les auteurs des pamphlets dirigés contre lui, d'une partie des 400,000 francs qu'il avait si sottement versés au *Club de la Propagande* pour solder les frais d'impression des *brochures incendiaires* rédigées par les francs-maçons, ses anciens frères.

Juste retour des choses d'ici-bas ! ou plutôt, terrible leçon de la Providence, qui permet que le crime fournisse lui-même les armes pour le châtier !

La condamnation de l'homme, voué à la mort par le Grand-Orient dès le 13 mai, était si bien décidée, que l'on ne prit pas même la peine de dresser contre lui un acte d'accusation quelconque.

Quand Voidel, son défenseur, demanda de quoi Philippe était accusé, Fouquier-Tinville, qui remplissait les fonctions de ministère public, ne sut que répondre, et, pour se tirer d'embarras, fit lire à la hâte par le greffier l'acte d'accusation d'une affaire antérieure, celle du procès de Vergniaud, Gensonné et autres, exécutés quelques jours auparavant.

Voidel protesta, mais le Tribunal passa outre ; il ne se mettait pas en peine pour si peu ! Les débats eurent lieu pour la forme.

Les questions qu'on posa à l'accusé ont l'air de sortir de la bouche d'hommes fous à lier.

On lui demanda, par exemple :

« — N'est-ce pas par suite d'une combinaison que vous, accusé, avez voté la mort du tyran, tandis que Sillery, le mari de l'institutrice de vos enfants, a voté simplement la détention ? »

Et ceci :

« — Quand vous avez été envoyé en détention à Marseille, n'était-ce point par le fait d'une entente avec la faction girondine ? »

Et encore :

« — Comment se fait-il que vous, qui étiez

prisonnier à Marseille aux mains des fédéralistes,
vous ayez été laissé tranquille par ces ennemis des
patriotes? Comment se fait-il qu'ils ne vous aient
pas supplicié? »

En se voyant la victime de cette sanglante parodie
de la justice, le duc de Chartres, prince d'Orléans,
dut se souvenir de la princesse de Lamballe, ancienne
Grande Maîtresse de la Maçonnerie féminine, comme
lui, Philippe-Egalité, était ancien Grand Maître de
la Maçonnerie masculine; de cette jeune femme, la
belle-sœur de sa femme, qu'il n'avait pas sauvée,
qu'il avait laissé massacrer en septembre et dont la
tête décapitée était venue lui rendre visite au Palais-
Royal, au moment où il se mettait à table avec sa
maîtresse!

L'accusateur public ne fit pas citer un seul témoin
contre lui. C'était inutile, puisque sa perte était
chose résolue.

Condamné à mort le matin, il demanda à être
exécuté séance tenante, allant ainsi de lui-même à
l'expiation la plus prompte de ses crimes.

Il avait eu le bonheur de trouver dans sa prison
un prêtre, incarcéré comme lui, l'abbé Lothringer,
auquel il s'était confessé. Réconcilié avec Dieu, et
repentant de ses erreurs dont il voyait les résultats
funestes, il mourut en homme courageux et en
chrétien, le 6 novembre 1793.

IV

Paul Ier, czar de Russie.

Pour se débarrasser de Philippe-Egalité, la Franc-
Maçonnerie avait employé une sorte de jugement;
en France, il faut toujours conserver certaines
formes; en Russie, pays des hommes plus habitués

aux actes qu'aux paroles, la secte ne fit pas tant de façons pour supprimer le czar Paul Ier, le 12 mars 1801. Ce prince était le fils de Catherine II, que les philosophes français, Voltaire en tête, avaient surnommée la nouvelle Sémiramis.

« C'est du Nord aujourd'hui que nous vient la lumière, » disait-on.

En France, la Pompadour, intelligente et débauchée, s'était montrée la protectrice des encyclopédistes; en Russie, Catherine II, qui était également des plus dissolues, ouvrit ses états aux francs-maçons. Mais, quand elle vit ce qui se passait en France, quand elle constata les résultats pratiques des doctrines de Voltaire et de ses amis, elle changea complètement d'opinion et envoya en Sibérie les sectaires qu'elle avait d'abord favorisés. Ce retour au bon sens eut lieu sur la fin de sa vie.

Son fils, Paul Ier, fut énergique à son tour, et dès son avènement. Ce prince était très intelligent et brave. Alors qu'il était jeune, Catherine avait permis qu'on l'initiât, voulant ainsi donner des gages aux philosophes ; mais, lui, clairvoyant, il avait compris ce qui se passait dans les Loges ; il contribua à éclairer sa mère sur les complots de la secte.

Quand il fut monté sur le trône, on essaya de le circonvenir ; on n'y réussit point. Paul Ier avait vu trop clairement dans le jeu de ces hommes fourbes qui ne flattent une monarchie que pour mieux la détruire. Il maintint les édits de sa mère, interdisant les Loges ; et même, non content de sévir contre ceux de ses sujets qui étaient reconnus coupables d'affiliation à la Maçonnerie, il prit des mesures visant les Français qui s'étaient fixés dans ses états.

En 1793, après la mort du roi de France, il les mit en demeure ou de partir ou de prêter par écrit le serment dont voici la teneur :

« Je, soussigné, jure devant Dieu tout-puissant et sur son saint Evangile, que n'ayant jamais adhéré, de fait ni de volonté, aux principes impies et séditieux introduits et professés maintenant en France, je regarde le gouvernement qui s'y est établi comme une usurpation et violation de toutes les lois, et la mort du roi très chrétien Louis XVI, comme un acte de scélératesse abominable et de trahison envers le légitime souverain. »

Le texte seul de cette déclaration indique les idées dans lesquelles se trouvait Paul Ier. Il les mit en pratique en pourchassant les Frères Trois-Points qui préparaient la chute de toutes les royautés et qui favorisaient de tout leur pouvoir, par leurs vœux, par leurs écrits et par la trahison, les succès des armées de la Révolution.

Il renouvela, avec plus d'énergie que jamais, ses décrets contre les francs-maçons. Quiconque tenterait de rétablir la Maçonnerie en Russie ou prendrait part à une réunion secrète, serait envoyé en Sibérie pour y finir ses jours.

A ces décrets, les sectaires répondirent par l'assassinat.

Ce fut alors que se forma, pour renverser Paul Ier, une conjuration à la tête de laquelle se trouvait un de ses favoris, le comte de Pahlen, gouverneur général de Saint-Pétersbourg, et dont les principaux membres étaient le comte Panine, les frères Zoubof, les généraux Benningsen et Ouvarof.

Des Français s'associèrent aussi à cette criminelle machination. On cite, notamment, un franc-maçon ayant le grade de Chevalier Kadosch et nommé Bazaine, lequel ne serait autre que le père du fameux maréchal du second empire dont la déchéance lamentable a été la capitulation de Metz. Le comte Louis-Philippe de Ségur, le célèbre diplomate, a été, de son côté, fortement soupçonné d'avoir coopéré au crime ; on sait que de Ségur était un des chefs de la Franc-Maçonnerie.

En ce moment, Paul Ier paraissait avoir le pressentiment des dangers qui le menaçaient ; il se sentait trahi de tous les côtés. De perfides conseillers lui avaient fait tenir à l'écart Rostopchine, qui lui était pourtant tout dévoué. Quand le czar comprit

Assassinat du czar Paul Ier. — La chambre de l'empereur de Russie est envahie, la nuit, par les conjurés. Paul Ier, mis dans l'impossibilité de se défendre, est transpercé par les épées des assassins (page 100).

qu'il était joué par les gens qui l'approchaient, et que la conspiration lui apparut comme certaine, il écrivit à Rostopchine : « Viens vite, je suis perdu, je n'ai plus confiance qu'en toi. »

Rostopchine partit pour Saint-Pétersbourg ; mais il arriva trop tard pour sauver son maître et ami.

Peu de jours avant sa mort, Paul se trouvait avec Pahlen, lorsque, le regardant fixement, il lui dit :

« — On veut recommencer aujourd'hui la révolution de 1762 ?

« — Je le sais, répondit Pahlen ; je connais le complot, j'en fais partie.

« — Quoi ! vous êtes du complot ?

« — Oui, sire, mais pour être mieux averti et plus en mesure de veiller sur vos jours. »

Grâce à son sang-froid, Pahlen détourna les soupçons qui pouvaient peser contre lui.

Le 12 mars 1801, Paul fit écrire à Berlin une dépêche dans laquelle il enjoignait au roi de Prusse de se déclarer immédiatement contre l'Angleterre.

Pahlen lut la dépêche et y ajouta ces mots :

« Sa Majesté est indisposée aujourd'hui. Cela pourrait avoir des suites. »

Ces mots, et l'audace avec lesquels ils furent écrits dans un document diplomatique destiné à être conservé, montrent que Pahlen, trahissant sa patrie, la Russie, était de connivence avec la Prusse, une des puissances maçonniques d'alors.

Le soir même, le chef des conjurés réunit ses complices chez lui. A minuit, divisés en deux bandes, ils se rendirent au palais Michel, sorte de forteresse qui était la résidence du Czar.

La bande de Benningsen entra la première et se dirigea vers l'appartement de l'empereur ; celle de Pahlen resta à l'arrière-garde, prête à marcher au premier appel.

Paul dormait, gardé par deux soldats de confiance, qui veillaient à la porte extérieure de sa chambre à coucher.

La troupe, conduite par Benningsen, arrive sans

bruit, surprend les factionnaires, tue l'un, blesse l'autre, qui s'enfuit, enfonce la porte et se précipite dans la chambre de l'Empereur.

Subitement réveillé au bruit de la lutte, Paul saute hors de son lit, se précipite sur son épée, et, résolu, héroïque, fait face à la multitude furieuse des francs-maçons qui envahissent l'appartement.

« — Misérables ! s'écrie-t-il. Vous vous êtes introduits ici pour m'assassiner. Vous êtes des lâches ! Vous aurez peut-être ma vie ; mais je la vendrai chèrement ! »

Et le voilà qui fond avec intrépidité sur ses ennemis, pareil à un lion qui aurait été surpris dans son antre par une bande de tigres.

Déconcertés d'abord par tant de courage, les conjurés reculent. Mais bientôt, constatant leur nombre contre cet homme seul, il resserrent leurs rangs, tendent en avant leurs longues épées à bout de bras, et forment comme une haie d'acier qui entoure l'empereur et qui s'avance en se rétrécissant. Cette manœuvre s'opère dans un silence terrible. Paul bondit, mais ne peut atteindre les assassins. Et toujours le cercle meurtrier se resserre infranchissable.

Il ne songe pas appeler du secours. A quoi bon ? Il sent bien qu'il est trahi. Il reconnaît, parmi les scélérats qui ont juré sa mort, des officiers et des courtisans sur qui il avait cru pouvoir compter.

Maintenant, tous ces glaives criminels sont à deux doigts de sa poitrine, comme dans ce jour mille fois regretté où il reçut, jeune homme, la néfaste initiation.

« — Lâches brigands ! » leur crie-t-il.

Son épée lui est inutile. Il ne peut plus la manier ; il n'a pas la liberté de ses mouvements ; il est condamné à l'impuissance. Et les armes des assassins l'atteignent, sans qu'il puisse résister. Il est transpercé de toutes parts, il succombe.

A peine s'est-il affaissé contre le mur où il a été acculé, que ces forcenés se jettent sur son cadavre palpitant. Paul Ier n'est plus, et ils craignent qu'il ressuscite. L'un lui serre le cou pour l'étrangler ; un autre lui plante son poignard en plein cœur; un troisième lui coupe l'artère carotide.

Le lendemain, on annonça dans Saint-Pétersbourg que le Czar était mort d'une attaque d'apoplexie foudroyante.

Son corps fut exposé, suivant l'usage, revêtu de son habit d'uniforme. Des gants recouvraient ses mains mutilées et son visage était presque entièrement caché par une large cravate qui montait jusqu'à la bouche et par son chapeau qui s'abaissait jusqu'à ses yeux.

Personne, ni en Russie, ni en Europe, ne se méprit sur le genre de sa mort.

Obéissant à un mot d'ordre, quelques écrivains francs-maçons, — contredits, du reste, par les historiens russes, — ont essayé de créer une légende sur la mort de Paul Ier. Le comte de Ségur, entre autres, a imaginé un récit, dénué de toute vraisemblance, où les assassins sont représentés comme étant venus tout simplement demander au czar son abdication. A minuit! en armes! après avoir fait couler le sang à la porte de l'appartement impérial! A son dire, Paul, effrayé, se serait caché dans une cheminée; on l'y aurait découvert; on l'en aurait tiré par les pieds. Alors, on l'aurait sommé d'abdiquer. Là-dessus, la lampe qui éclairait la scène serait tombée par terre et se serait éteinte, et, dans la bagarre, le czar aurait été frappé à mort. Cette légende est tellement absurde, qu'il faut être doué d'une prodigieuse naïveté pour la prendre au sérieux.

Les écrivains dévoués à la Franc-Maçonnerie ont essayé aussi de faire passer Paul Ier pour un souverain incapable et despote.

Les faits prouvent le degré de cynisme de leurs mensonges.

Il suffit d'ouvrir l'histoire pour constater que Paul fut, au point de vue militaire, l'arbitre des destinées de l'Europe dans plusieurs circonstances graves; il a fixé par une loi les conditions de la succession au trône de Russie; il a rendu un grand nombre de décrets fort sages. Au moment où toute l'Europe était ravagée par la guerre, il a trouvé moyen de faire exécuter dans ses états de grands travaux publics, tels que des canaux importants.

Enfin, — et c'est pour cela que la secte, après l'avoir assassiné, en veut à sa mémoire, — il a pris si bien ses mesures pour extirper la Franc-Maçonnerie de l'empire russe et pour empêcher son retour, que ce pays est, depuis lors, resté fermé aux Frères Trois-Points.

Il y a bon nombre de pays, sans compter la France, où un homme d'État à poigne comme le fut Paul Ier, pourrait donner un grand et salutaire coup de balai.

Espérons que cela viendra bientôt !

V

Saint-Blamont et le général Quesnel.

En 1815, la Franc-Maçonnerie française conspirait contre Louis XVIII et préparait soit la naissance d'une nouvelle République, soit plutôt le retour de Napoléon au pouvoir.

Celui-ci avait été, à ses débuts, l'instrument de la secte. Bien avant le 18 Brumaire, il avait donné des gages de ses sentiments maçonniques.

Homme de confiance du F∴ Robespierre, il lui avait dû le commencement de sa fortune en recevant, avec le commandement en chef de l'artillerie, la direction effective de l'armée qui faisait le siège de Toulon.

Placé ensuite à la tête de l'armée d'Italie avec Robespierre le jeune, il avait avec lui des liaisons si étroites, que ce conventionnel lui avait offert le commandement de l'armée de Paris, à la place d'Henriot, et qu'après le 9 thermidor, il fut enfermé pendant dix jours.

C'est Bonaparte qu'au 13 vendémiaire les régicides de la Convention, effrayés du soulèvement populaire, appelèrent à leur secours.

Sa conduite, comme général, avait toujours été conforme aux plans de la Maçonnerie.

Lors de la campagne d'Italie, il avait porté la première atteinte au pouvoir temporel du Pape.

« Mon opinion, écrivait-il au Directoire, après le traité qui démembrait les Etats Pontificaux, est que Rome, une fois privée de Bologne, Ferrare, la Romagne, et des trente millions que nous lui ôtons, ne peut plus exister ; cette vieille machine se détraquera toute seule. »

En Egypte, Bonaparte se vantait auprès des musulmans, d'avoir fait la guerre à la papauté.

« N'est-ce pas nous, écrivait-il dans sa proclamation, qui avons détruit le Pape qui disait qu'il fallait faire la guerre aux musulmans ? N'est-ce pas nous, qui avons détruit les chevaliers de Malte, parce que les insensés croyaient que Dieu voulait qu'ils fissent la guerre aux musulmans. »

Et tout cela n'était que de l'hypocrisie maçonnique. Ainsi que Napoléon le disait lui-même plus tard, à Sainte-Hélène : « C'était du charlatanisme, mais du plus haut... »

Les sectaires savaient donc bien qu'en élevant Bonaparte sur le trône, ils couronnaient l'exécuteur des hautes œuvres de la Maçonnerie contre les rois et les Pontifes.

D'ailleurs, au dernier moment, il avait donné aux Frères et Amis un gage décisif en assassinant le duc d'Enghien.

« On veut détruire la Révolution, disait-il à ses familiers, le soir du crime, en s'attaquant à ma personne. Je la défendrai, car je suis la Révolution, moi, moi ! On y regardera à partir d'aujourd'hui, car on saura de quoi nous sommes capables » (1).

---

(1) Thiers, *Histoire du Consulat et de l'Empire.*

Le règne de Napoléon fut l'époque la plus brillante de la Maçonnerie.

« Près de douze cents Loges, dit l'ancien secrétaire du Grand-Orient, le F∴ Bazot, existaient dans l'empire français ; à Paris, dans les départements, dans les colonies, dans les pays réunis, dans les armées, les plus hauts fonctionnaires publics, les maréchaux, les généraux, une foule d'officiers de tous grades, les magistrats, les savants, les artistes, le commerce, l'industrie, presque toute la France, dans ses notabilités, fraternisait maçonniquement avec les maçons simples citoyens ; c'était comme une initiation générale. »

« Ce que Napoléon faisait en France pour le soutien de la Révolution, il le faisait dans l'Europe entière, partout où ses armes s'étendaient.

« Renversement des dynasties nationales, égalité des cultes, expulsion des religieux, vente des biens ecclésiastiques, partage forcé des successions, abolition des corporations ouvrières, destruction des provinces et des libertés locales ; voilà ce qu'il faisait lui-même dans les pays qu'il réunissait directement à l'Empire, ou ce qu'il faisait faire par les royautés vassales créées en Espagne, à Naples, en Italie, en Hollande, en Westphalie, en Pologne.

« En 1809, il couronnait sa tâche en détruisant le pouvoir temporel du Pape et en cherchant à réduire partout l'Eglise catholique au rang misérable d'une Eglise russe, ce rêve toujours poursuivi par les habiles des sociétés secrètes » (1).

Devant les pas de Napoléon, durant toute la première partie de son règne, jusqu'en 1809, les Loges Maçonniques des pays en lutte contre la France aplanissaient par la trahison le chemin de la victoire.

« Le gouvernement impérial avait encouragé la formation de Loges militaires, dit le F∴ Clavel, et il y avait peu de régiments auxquels ne fût attaché

---

(1) *Les Sociétés Secrètes*, par le P. Deschamps et M. Claudio Jannet.

un Atelier maçonnique. Quand les troupes françaises prenaient possession d'une ville, leurs Loges y faisaient choix d'un local, et s'appliquaient à donner l'initiation à ceux des habitants qui leur paraissaient exercer le plus d'influence sur la population. Ceux-ci, à leur tour, ouvraient des Loges et les faisaient constituer par le Grand-Orient de France. Lorsque ensuite ces Loges devenaient assez nombreuses, elles formaient un Grand-Orient national qui s'affiliait à celui de Paris et recevait de lui l'impulsion. »

On voit donc quelle était l'utilité de ces Loges tant pour consolider la victoire que pour se réserver des intelligences chez l'ennemi, en cas de retraite.

La Franc-Maçonnerie considérait Napoléon comme son sergent, chargé de renverser toutes les nationalités de l'Europe. Une fois le terrain déblayé, la secte espérait fonder une république universelle.

A partir de 1809, elle s'aperçut que l'Empereur travaillait surtout pour satisfaire son ambition personnelle et s'était servi de l'Ordre comme d'un instrument de domination ; elle l'abandonna d'abord, le combattit ensuite, et, lorsqu'elle le vit sur le point de succomber, s'inclina servilement devant Louis XVIII, dans l'espérance que ce monarque se ferait, lui aussi, l'humble serviteur des Loges.

Il n'en fut pas ainsi, et la secte se remit à conspirer de plus belle, désirant établir en France soit une république, soit un nouvel empire de Napoléon, auquel on aurait imposé d'avance des conditions. C'est dans ces circonstances que fut commis l'assassinat mystérieux du général Quesnel. Ce crime fut un des épisodes de la lutte de la secte contre Louis XVIII, en faveur de Napoléon qui était alors à l'île d'Elbe.

Le général Quesnel était un brillant officier. Il avait de magnifiques états de service.

Fils d'un charron de la cour, qui avait quelque fortune et qui fut ruiné par la Révolution, il avait reçu une excellente instruction et avait d'abord voulu se faire comédien. Il joua au théâtre Molière, puis au théâtre Français, où il se lia intimement avec Talma ; ce qui fut pour lui une bonne recommandation, lorsqu'il se décida à entrer dans la carrière militaire.

Il servit d'abord dans la garde impériale et se distingua, durant les guerres d'Espagne, sous les généraux Soult et Suchet.

Nommé maréchal de camp, il passa, en 1812, à la Grande Armée et fut fait prisonnier dans la retraite de Russie. Conduit dans l'Ukraine, il y resta jusqu'à la paix générale de 1814.

Ayant obtenu de la générosité de l'empereur Alexandre l'autorisation de rentrer en France, il revint à Paris.

Là, il trouva toute sa famille ralliée à la cause des Bourbons. Cela le contraria vivement ; car, avec un grand nombre d'autres officiers, il était resté attaché à la cause de Napoléon. Comme la majorité des officiers d'alors, il était franc-maçon. Il fréquenta assidûment les Loges et prit part à leurs espérances et à leurs projets.

On le connaissait pour un homme plein de courage et de décision, et l'on comptait sur lui pour le jour où l'on aurait besoin d'exécuter un coup de force.

Sur ces entrefaites, le général se laissa présenter à Louis XVIII. Ce roi, qui était un profond politique, pensa qu'il lui serait utile de s'attacher Quesnel, dont la bravoure était notoire ; il lui fit donc un excellent accueil et le décora même de la croix de Saint-Louis. Dès lors, le général changea complètement d'opinion et devint royaliste fervent.

A quelques jours de là, il donna la preuve de son attachement au nouveau régime ; voici en quelles circonstances.

Une réunion avait lieu à Saint-Leu, chez la reine Hortense. Quesnel y assistait. On y but à la santé de l'empereur Napoléon. Le général s'y refusa, déclarant d'une façon très nette qu'il venait de prêter serment au roi Louis XVIII, et qu'il voulait lui rester fidèle.

Cette déclaration cavalière, faite dans un milieu essentiellement révolutionnaire, fut, on le pense bien, sue immédiatement des chefs de la Franc-Maçonnerie; ils décidèrent donc de se défaire au plus tôt d'un homme qui connaissait leurs secrets, leurs projets, et qui, avec sa bravoure, pouvait leur devenir un adversaire terrible. Cependant, on continua de lui faire bonne figure aux réunions de la secte, et le général continua de son côté à les fréquenter.

Tout à coup, dans les premiers jours de février 1815, Paris apprit un événement extraordinaire : on avait retiré de la Seine, au pont de Saint-Cloud, le cadavre d'un militaire criblé de coups de couteau. Ce cadavre était venu s'arrêter dans les filets qui barraient le fleuve à cet endroit. On le reconnut pour celui du général Quesnel, qui avait disparu huit jours avant d'une façon mystérieuse.

On avait retrouvé dans les vêtements de la victime une assez forte somme, sa montre, plusieurs bijoux; de plus, quarante mille francs en espèces étaient restés intacts dans son appartement. Il était donc démontré que le vol n'avait pas été le mobile du crime.

Le public fut grandement ému de cet assassinat, et les suppositions allèrent leur train.

L'opinion à laquelle on se rallia généralement, fut que le général, passant la nuit sur le pont des Arts, avait été attaqué par des ennemis politiques, lesquels, après l'avoir tué, l'avaient précipité dans le fleuve.

Les choses en étaient là, lorsque les révélations posthumes d'un mourant, vinrent faire le jour sur cette lugubre affaire, et montrer comment elle devait être imputée aux sectaires de la Franc-Maçonnerie, et comment ils l'avaient exécutée.

Deux ou trois mois après l'assassinat, au moment où la police perdait l'espérance de mettre la main sur les meurtriers, au moment où le public, après avoir été fortement intrigué, commençait à ne plus s'occuper de cette affaire, un homme mourait à Lausanne, en Suisse.

Cet homme était inconnu au pays ; il y était arrivé il y avait peu de temps, et il était en proie à une tristesse profonde. Il ne parlait à personne, passait son temps seul, maigrissait et pâlissait à vue d'œil. On supposait qu'il ne portait pas son vrai nom, mais un nom d'emprunt.

Toutes ces observations, et les bavardages auxquels elles donnaient lieu, commençaient à créer une légende autour de cet inconnu au caractère sombre, quand presque subitement il mourut, rongé, tué — c'était évident pour tout le monde — par un chagrin secret.

Cet homme laissait un manuscrit, sa confession, dans lequel il racontait les faits suivants :

Il habitait, peu de temps auparavant, Paris ; il s'était fait affilier à la Franc-Maçonnerie, et il fréquentait assidûment les Loges.

Il s'y rencontra avec le général Quesnel, dont les beaux antécédents militaires, la bravoure, enfin toutes les qualités lui plurent beaucoup. Ils se lièrent intimement et devinrent une paire d'amis, dînant même souvent l'un avec l'autre.

Or, le jour même où le général devait être assassiné, les deux amis prirent ensemble leur repas du soir.

Tout le temps du dîner, Quesnel expliquait comment il se trouvait fort ennuyé de la décision prise par la Franc-Maçonnerie de renverser le gouvernement de Louis XVIII. Il doutait que ce complot fût légitime.

Il était partagé entre son serment de fidélité au Roi et son serment d'obéissance fait à l'Ordre. Il se demandait si ce qu'il avait promis, juré à ses associés, était juste, et s'il n'était pas plus criminel en tenant son serment, qu'en l'accomplissant.

Il rappelait le souvenir de ce qui s'était passé

Assassinat de St-Blamont. — Le malheureux agent de police,
saisi, bâillonné et garrotté, est bâti, noyé dans le plâtre, muré vivant dans l'une des larges colonnes en construction (page 114).

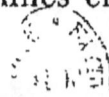

chez la reine Hortense; il y avait donné publiquement son adhésion au gouvernement de Louis XVIII;
dès lors, pouvait-il travailler avec les Frères et Amis
à le renverser?

En même temps, le général était triste et préoc-
cupé de funèbres pressentiments. Il voyait des étin-
celles devant ses yeux et entendait dans ses oreilles
un bruit particulier que, dans son pays, disait-il, le
peuple appelle *le glas des trépassés*.

Son ami s'indigna de le voir s'abandonner ainsi à
des craintes superstitieuses. Comment lui, un militaire, un brave, se laissait abattre par des craintes
chimériques, par des imaginations en l'air, par des
racontars stupides que des bonnes femmes à moitié
folles lui avaient rapportés quand il était enfant!

Et tout en lui disant cela, l'ami était obligé de
forcer sa voix à prendre le ton du badinage, de donner à ses traits l'expression de la gaieté; car il
savait que le général avait déjà été condamné par
le Suprême Conseil de la secte, et il avait plusieurs
raisons de craindre d'être choisi lui-même, lui l'ami
intime de ce vaillant soldat, pour l'assassiner lâche-
ment.

Le fanatisme maçonnique est une chose bien
étrange, puisqu'il peut ainsi transformer un ami
autrefois sincère, en un meurtrier vil et hypocrite!

Ce parfait franc-maçon n'eut pas le courage de
crier à Quesnel:

— Les Frères et Amis vous ont condamné; ils
veulent vous tuer; ils vont peut-être, ce soir même,
m'ordonner de vous assassiner; sauvez-vous, quittez
Paris, changez de nom; quittez la France, cherchez
un pays aux frontières duquel expire le pouvoir de
la secte, et faites vous oublier!

Cet homme n'eut pas ce courage-là; mais il tenta,
sans trop se compromettre, sans indiquer les motifs
qui le portaient à parler ainsi, il tenta d'empêcher le
général de sortir de chez lui, pour se rendre à la
séance de la loge à laquelle il était convoqué.

« — Je vous avoue, lui dit-il, qu'à votre place, et

souffrant comme vous paraissez l'être, j'irais me coucher. Une maladie vous menace.

« — J'en ai effectivement envie, répondit Quesnel, une voix intérieure m'y pousse; mais je n'en ferai rien. Je veux aller voir nos Frères, afin de leur faire mes adieux, car ce sera pour la dernière fois. »

Ces mots : « ce sera pour la dernière fois » furent prononcés d'un ton lugubre qui fit frémir le faux ami. C'était comme la prophétie de sa fin prochaine que le général venait de laisser tomber.

Là-dessus, ils sortirent pour se rendre au local de la loge. Les conjurés se rassemblaient alors dans une partie inexplorée des catacombes qui s'étendent sous Paris et sous la campagne qui l'environne, sur la rive gauche de la Seine. Ces souterrains sont vastes et composés de longs couloirs se croisant en tous sens dans un dédale inextricable, et de sortes de salles qui se sont trouvées formées dans les endroits où les carriers ont extrait de grands blocs de pierre.

On descendait dans la caverne qui servait de salle de réunion aux francs-maçons, par la cave d'une maison particulière.

Quesnel et son ami s'acheminèrent ensemble vers cette maison, et, sous un prétexte ou sous un autre, ils se trouvèrent séparés momentanément; ils devaient être réunis avant que la nuit ne s'achevât, on verra de quelle terrible manière.

Cette soirée-là, trois profanes devaient être admis à subir l'initiation au grade d'Apprenti.

Parmi ces trois postulants, se trouvait un agent de la police royale, qui, désireux de pénétrer les secrets des conspirateurs, avait demandé à être reçu franc-maçon. Il s'était présenté sous le nom de Saint-Blamont, qui était très probablement un nom d'emprunt.

Cet agent trop zélé commit-il quelque imprudence? laissa-t-il percer son dessein de prendre les sectaires en flagrant délit de conspiration? ou bien sa seule qualité lui valut-elle un arrêt de mort? On l'ignore. Toujours est-il que son assassinat fut décidé par les Frères de la Loge, dès qu'ils surent à qui ils avaient affaire, et avant même sa réception dans la secte.

On lui fit subir les preuves ordinaires du grade d'Apprenti, comme si de rien n'était, en compagnie de deux autres récipiendaires.

La lumière — c'est l'expression consacrée — fut donnée aux trois néophytes. Après quoi, les deux nouveaux maçons qui avaient été initiés en même temps que Saint-Blamont, furent invités à se retirer; l'agent resta seul, le Vénérable ayant déclaré que la Loge avait à lui faire une communication particulière.

Alors la scène changea.

On dit à Saint-Blamont qu'on savait qui il était, pourquoi il avait demandé son admission dans la Maçonnerie, qu'il n'y était entré qu'avec l'intention de trahir ses nouveaux Frères, et qu'en prononçant son serment d'obédience, il était parjure dans son cœur et traître à l'Ordre.

Quand on l'eut bien convaincu de son impuissance, quand on lui eut prouvé qu'il n'était qu'un espion et que la police ne le sauverait pas, on le condamna à mourir, en vertu du serment qu'il venait de prêter à l'instant même.

Aussitôt sa sentence prononcée, on se précipita sur lui, et, malgré sa résistance désespérée, on l'attacha avec des cordes solides, on le ficela, de façon qu'il ne pût plus faire un mouvement; puis on lui mit un bâillon sur la bouche.

La réception, comme il a été dit plus haut, avait lieu dans une grotte creusée dans les catacombes. Or, cette salle était en ce moment l'objet de travaux importants; sans doute, on la transformait en vue des initiations aux grades chapitraux de Royale-Arche et de Grand Écossais de la Voûte sacrée (1).

_____

(1) Voyez, pour plus amples détails, le volume intitulé : *les Mystères de la Franc-Maçonnerie*, par Léo Taxil, aux grades portant ces noms.

Cinq fûts de larges colonnes montaient du sol à la voûte, à des distances inégales, et çà et là on pouvait en voir d'autres inachevés, qui ne s'élevaient qu'à un mètre ou un mètre cinquante au-dessus du sol et qui étaient creux.

Saint-Blamont fut élevé et placé debout dans l'un de ces piliers creux.

Pendant que quelques Frères maintenaient le malheureux qui, s'accrochant des genoux et des coudes aux aspérités de son étroite prison, essayait d'en sortir, d'autres membres de la Loge apportèrent du mortier et des pierres et continuèrent d'élever la colonne autour de l'homme ligoté au milieu. Quand Saint-Blamont comprit à quelle mort épouvantable il était destiné, il redoubla d'efforts pour se hisser hors de sa gaîne.

Malgré le bâillon qui lui couvrait la bouche, on entendait sortir de sa gorge des cris étouffés, on devinait les imprécations qui lui montaient aux lèvres; des frémissements de fureur secouaient tout son corps.

Pierre par pierre, la colonne montait; bientôt, on ne vit plus que les épaules du malheureux; des gémissements, profonds comme des râles, s'étranglaient dans son gosier; au-dessus du bâillon, ses yeux agrandis par l'épouvante prenaient une fixité effrayante; son front était couvert d'une sueur froide, et ses cheveux se dressaient d'horreur.

Pierre par pierre, la colonne montait vers le plafond; bientôt, le visage de la victime disparut, et l'on n'entendit plus que des soupirs étouffés qui cessèrent presque aussitôt.

Le malheureux agent de police avait été bâti, noyé dans le mortier, muré vivant.

L'ami du général Quesnel avait assisté à cet épouvantable supplice. On l'appela.

Tout frissonnant de l'émotion que lui causait le châtiment de ce traître, il suivit celui qui venait le chercher.

On le conduisit dans une autre grotte des catacombes, où se trouvaient déjà deux autres francs-maçons et le président de l'un des Aréopages de Chevaliers Kadosch de Paris.

Ce dernier prit la parole et dit :

« — Frères, cette nuit sera sanglante. Deux victimes sont nécessaires à notre sécurité. L'une vient de subir les lois de notre justice inflexible, l'autre doit mourir sans avoir été avertie. Des motifs de haute politique ne permettent pas que celle-ci soit condamnée au même supplice. Une voiture vous attend ; vous y monterez avec le coupable. Vous le reconnaîtrez à son costume. Il porte un habit bleu, une décoration. Il sera le seul qui n'aura pas de masque. D'ailleurs, tous les trois, vous savez son nom, et on vous le dira lors du départ. Mes Frères, celui qui hésiterait à le mettre à mort doit s'attendre à périr à sa place. Si nous pardonnions, nous cesserions d'exister. Ce second traître a formé la résolution de nous dénoncer demain. Il l'exécuterait ; le prévenir n'est pas vengeance, mais nécessité. Allez, Frères, travaillez à l'intérêt commun de la société et de la Patrie. »

Pour donner des forces aux trois « ultionnistes », on apporta une bouteille de vin de Lunel.

Deux des assassins désignés burent chacun deux grands verres de ce vin ; le troisième, celui qui était l'ami du général Quesnel, se contenta d'y tremper ses lèvres.

Le président de l'Aréopage des Kadosch s'étonna de sa sobriété et l'engagea vivement à boire « pour se donner du cœur au ventre ».

En vérité, il en avait besoin. La criminelle besogne à laquelle il se préparait, lui donnait une fièvre atroce ; il se décida à prendre une limonade.

On courut la lui chercher, et on apporta le verre tout rempli.

Le meurtrier avala ce breuvage avec tant d'avidité qu'une goutte entrée dans le larynx provoqua chez lui une toux violente et lui fit rejeter, par un haut-le-cœur assez prompt, presque tout ce qu'il avait bu.

Au même moment, on vint annoncer que la voiture et le général Quesnel attendaient dans la rue. Par cette annonce, les trois meurtriers apprirent le nom de leur victime.

Le rebord du chapeau rabattu sur le visage, un couteau solide dissimulé sous leur manteau, les « ultionnistes » gravirent les escaliers qui les menèrent à la cave, puis à la porte de la maison par laquelle on sortait du local maçonnique.

Dans la rue stationnait une voiture dans l'intérieur de laquelle se trouvait le général Quesnel qui ne se doutait de rien. Les meurtriers montèrent auprès de lui et s'assirent, l'un à côté de lui, et deux en face.

Aussitôt, la voiture, dont le cocher était un conjuré, roula rapidement vers la Seine.

Le général pouvait croire qu'il rentrait chez lui; car la voiture avait pris la direction de son domicile. D'autre part, il avait tout lieu de supposer que ses compagnons, dont un était connu de lui, se rendaient également à leur logis, situé aussi sur la rive droite, et qu'on traverserait bientôt le fleuve sur le premier pont qu'on rencontrerait.

En route, on causa de choses indifférentes.

Quand on fut arrivé sur les quais, déserts à cette heure-là, les meurtriers se jetèrent tous ensemble sur le général et le criblèrent de coups de couteau. Il fut si surpris, qu'il n'eut ni le temps, ni même la pensée de se défendre. Il fit quelques mouvements instinctifs pour se débattre; mais les assassins y allaient d'un tel cœur, qu'en un instant il fut mort et que son corps s'affaissa immobile.

Aussitôt, sans perdre de temps, les meurtriers ouvrirent la portière de la voiture qui s'était arrêtée, non loin du pont des Arts, tirèrent le cadavre dehors et, le soulevant par les pieds et par les épaules, le descendirent sur la berge et le jetèrent dans la Seine.

Quand ils l'eurent vu disparaître sous l'eau, ils s'empressèrent de regagner leur domicile pour laver leurs mains couvertes de sang et se débarrasser de leurs vêtements tachés.

Ils s'en allèrent à pied, l'un tout seul, les deux autres ensemble. De ces deux derniers se trouvait l'ex-ami du général Quesnel, celui qui, avant l'expédition, avait bu de la limonade et l'avait rendue presque aussitôt.

Ils ne furent pas plus tôt entrés dans la chambre de cet homme, que son compagnon, — l'un de ceux qui avaient avalé deux verres pleins de vin de Lunel, — chancela et fut forcé de s'asseoir. Une sueur froide envahit tout son corps, un feu extraordinaire brilla dans ses yeux.

« — Je suis empoisonné, dit-il; celui qui nous a quitté l'est aussi, et vous l'êtes comme nous.

« — Quoi! tant de crimes!... Et pourquoi?...

« — Je ne le vois que trop à présent. Ces crimes sont nécessaires à la sûreté de nos chefs. Nous ne sommes que des instruments... Où allez-vous?

« — Chercher du secours.

« — C'est inutile. Ne vous préoccupez pas de moi, il est trop tard, pensez à vous. »

Le misérable expira quelque temps après.

Celui qui n'avait conservé dans l'estomac que quelques gouttes de limonade, en fut quitte pour des coliques.

Dès qu'il se sentit mieux, il comprit que ce qu'il avait de plus sage à faire était de quitter Paris et la France, pour se mettre à l'abri, non pas tant des recherches de la police que des atteintes des bons Frères Trois-Points qui, après avoir fait de lui l'assassin de son ami intime, avaient essayé de le supprimer par le poison.

Avant de donner suite à son projet de départ, il s'enquit de ce qu'était devenu le troisième complice, celui qui s'en était revenu tout seul chez lui. Il n'avait pas été bien loin. Une attaque d'apoplexie foudroyante (?) l'avait étendu raide mort à deux pas de son domicile.

Le survivant de cet horrible drame ne demanda

pas de plus amples détails ; il partit immédiatement pour la Suisse et s'en alla tout d'une traite jusqu'à Lausanne.

La police ne l'y découvrit point; mais le remords de son forfait exécrable se chargea de le punir, et le tua en quelques mois de la mort lente la plus épouvantable.

Il eut le temps de confier au papier la confession que l'on vient de lire, la destinant à servir de leçon à ceux qui ne savent point que la Franc-Maçonnerie est le plus cruel des despotes pour ceux qui ont le malheur de s'enrégimenter dans ses Loges.

VI

Le duc de Berry.

Les princes et les souverains se sont toujours fort mal trouvés, en fin de compte, de leur affiliation à la Franc-Maçonnerie. Ils ont voulu se servir d'elle pour aider à leur ambition et ils n'ont été que ses instruments et ses dupes; ou bien, ils ont cru dans leur jeunesse que le fait d'accepter, eux, l'affiliation ne tirait pas à conséquence, et ont pris un moment pour sincères les protestations de dévouement qui leur étaient prodiguées, et alors ils se sont créé des ennemis mortels le jour où, reconnaissant qu'ils avaient été trompés, ils ont retiré aux Loges la protection officielle. Philippe-Egalité, en France, et Paul Ier, en Russie, en sont des exemples frappants. Il en fut de même du duc de Berry qui s'était laissé enrôler dans la secte et qui tomba, le 13 février 1820, sous le poignard de Louvel.

Les Frères Trois-Points avaient tout fait pour empêcher la restauration en France d'un prince de la

maison de Bourbon. En 1815, aux heures doulou-
reuses de l'invasion, les chefs de l'Ordre allèrent au
camp des alliés envahisseurs et sollicitèrent d'eux
un roi qui n'appartînt pas à l'antique maison de
France. Ils demandèrent par deux fois pour souverain le prince d'Orange, un hollandais, proposant
d'appuyer cette usurpation sur les cent trente
mille baïonnettes étrangères qui occupaient la France.
L'auteur de cette démarche anti-nationale était le
F∴ Teste qui, pendant les Cent-Jours, avait arrêté
à Toulouse le duc d'Angoulême, et avait été investi
à Lyon, par Napoléon, de hautes fonctions de police (1).

Voyant qu'elle ne pouvait arriver à ses fins, la
Franc-Maçonnerie fit semblant de se rallier à la restauration d'un Bourbon en France, mais elle employa
tous ses efforts à diminuer le plus possible son autorité et à l'abaisser au niveau de commis principal de
la Nation. Par l'influence du F∴ de Talleyrand et
du F∴ Dallery, qui depuis quelques années s'étaient
écartés de Napoléon et s'étaient fait nommer tout à
point membres du gouvernement provisoire, la
secte agit sur les conseillers du czar Alexandre, et
ceux-ci imposèrent à Louis XVIII le régime constitutionnel et la Charte au moyen de laquelle se trouvèrent maintenus en France les principes maçonniques. L'égale protection de tous les cultes qui s'y
trouvait stipulée, abaissait l'Eglise catholique au
niveau de la secte des Théophilanthropes et la plaçait sous la domination de l'Etat. La Royauté était
limitée au pouvoir exécutif; la vraie puissance,
c'était la Chambre. Les vols commis pendant la Révolution étaient reconnus comme bases de la nouvelle propriété, cela au profit des francs-maçons,
spoliateurs des biens des nobles émigrés ou guillo-
tinés, et contre l'opinion de la majorité de la France.
Cette constitution, suivant l'expression de M. Thiers,
« était sortie des entrailles mêmes de la Révolution. »

_____

(1) Le P. Deschamps ; M. Claudio Jannet ; Eckert.

A l'abri de cette charte monarchico-républicaine, la Maçonnerie renouvela toutes les tactiques qui avaient produit la première révolution. « Les agitateurs se servirent de la presse, de la tribune, des assises et des associations pour attaquer et calomnier le gouvernement de la manière la plus audacieuse et la plus infâme, en un mot pour enseigner et organiser la révolution. Il devint évident que l'existence de cette monarchie de nom était une impossibilité. Un roi à la tête d'une constitution républicaine n'est qu'une contradiction insoutenable, ou l'assemblage de deux contraires, dont le plus osé doit tôt ou tard renverser l'autre » (1).

Telle était la situation en France pendant la Restauration : d'un côté, le parti national et monarchique dont le vrai représentant était, non pas Louis XVIII, mais le duc de Berry; de l'autre côté, le parti anti-national et révolutionnaire qui était la Franc-Maçonnerie ayant pour agent principal le duc Decazes.

La secte avait pour but immédiat de « conserver la monarchie, au moins pour la forme; créer par l'élection un roi constitutionnel qui, sortant ainsi des rangs du parti révolutionnaire ou de la Maçonnerie, lui servirait d'instrument dans le gouvernement qu'il aurait conquis » (2). Le duc de Berry était trop honnête homme, trop loyal français, trop brave soldat pour jouer un pareil rôle; il fut assassiné.

Les FF.·. de Talleyrand et Fouché, imposés comme ministres à Louis XVIII, avaient tout mis en œuvre pour réunir autour d'eux, en 1815, une assemblée composée de francs-maçons; mais la France avait déjoué leurs intrigues. Elle avait choisi, pour la représenter auprès de son roi, l'élite de ses citoyens et de ses propriétaires. Indépendants de position, de fortune et de caractère, dévoués à la monarchie, mais adversaires éclairés de la concentration et de l'omnipotence ministérielle, ces députés,

(1-2) Eckert.

vrais français de race, n'étaient point disposés à
courber l'échine devant les Frères Trois-Points. Les
vieux roués du ministère le virent et s'enfuirent.
« Ils avaient compris qu'avec une telle Chambre, la
religion, l'autorité, toutes les libertés publiques, la
patrie en un mot, rendues à elles-mêmes, allaient se
rasseoir sur leurs bases, et que c'en était fait,
si elle durait quelques années seulement, des plans
maçonniques et des triomphes révolutionnaires. Ils
s'étaient donc, en se retirant, choisi, pour sauver la
Révolution, un successeur éprouvé dans les Arrière-
Loges, moins connu qu'eux, et à qui il était plus facile de se déguiser et de prendre toutes les formes,
et que les Loges de tous les rites avaient projeté
d'établir leur Grand Maître ou suprême puissance,
Decazes, pour le nommer par son nom » (1).

C'était, en 1820, un homme d'environ quarante
ans. Il était né près de Libourne et avait été successivement avocat, employé au ministère de la justice
sous le Consulat, juge au tribunal de la Seine, conseiller à la Cour impériale en 1806, conseiller intime,
à La Haye, du roi Louis-Bonaparte, enfin, jusqu'à
la fin de l'Empire, secrétaire des commandements
de Madame-Mère. Sous la Restauration, obéissant
aux nécessités du moment, il endossa l'habit du
royaliste, et, après Waterloo, devint préfet de police de Louis XVIII. Le 24 septembre 1815, il entra
au ministère comme ministre de la police générale,
et, à partir de ce jour-là, il fut l'homme de confiance, l'*alter ego* du souverain.

Il était souple, flatteur, hypocrite, causeur habile.
Il était soutenu par les mille appuis secrets qu'il
trouvait dans les Loges. Sa fortune avait surtout
grandi depuis son mariage, en 1805, avec la fille du
comte Muraire, un des membres les plus influents
de la Franc-Maçonnerie sous l'Empire. C'est le comte
Muraire qui l'avait fait nommer juge au tribunal de

---

(1) Le P. Deschamps et Claudio Jannet.

la Seine (1). Comme premier gage de fidélité donné
à la secte, Decazes, arrivé au ministère, obtint de
Louis XVIII la célèbre ordonnance du 5 septembre
1816, par laquelle fut dissoute cette Chambre qui,
vivant plus longtemps, eût reconstitué la France.
Le F.·. Decazes monta de faveur en faveur, jusqu'à
l'assassinat du duc de Berry, où, suivant l'expression
de Chateaubriand, « les pieds lui glissèrent dans le
sang ».

Le représentant et le chef de la Révolution était
un légiste ; l'héritier des Bourbons était un soldat.
Jeté en 1789, alors qu'il était à peine âgé de douze
ans, dans les périls et les voyages de l'émigration, il
fit ses premières armes dans le corps d'armée qui
attaqua Thionville, en 1792. Plus tard, à l'armée du
prince de Condé, il commanda, depuis la fin de
1794 jusqu'en 1797, une petite troupe de cavalerie
et se battit très souvent, payant de sa personne,
comme un simple soldat. Il voyagea en Italie, en
Angleterre, en Écosse, en Suède, et, en 1814, rentra
en France par la Normandie. Instruit par le malheur, il chercha à gagner le cœur des soldats. Il se
mêlait à leurs groupes et leur causait familièrement.
Quelques-uns lui ayant franchement fait connaître
l'attachement qu'ils conservaient pour Napoléon, il
leur demanda la cause de cette affection fidèle après
les plus grands malheurs. « C'est, répondirent-ils,
parce qu'il nous faisait remporter des victoires. —
Je le crois bien, répliqua brusquement le prince,
avec des hommes comme vous, cela était bien difficile ! » La repartie eut du succès et contribua à sa

---

(1) Le comte Muraire était, depuis 1804, membre du
Suprême Conseil du Rite Écossais. Le duc Decazes était
alors Chevalier Kadosch ; il entra au Suprême Conseil et
fut bientôt élu Grand Maître (le 15 septembre 1818). Il
quitta la Grande Maîtrise, le 4 mai 1821 ; mais, dix-sept ans
plus tard, il fut réélu Grand Maître, le 24 juin 1838, et
cette fois garda ces fonctions jusqu'à sa mort (24 octobre
1860).

popularité qui grandissait de jour en jour, à la grande colère des révolutionnaires.

Il n'était pas moins affable avec le peuple qu'avec les soldats. On racontait de lui des traits charmants. Un jour se rendant à Bagatelle, il traversait le bois de Boulogne, quand il rencontra un petit enfant chargé d'un gros panier. Alors faisant arrêter son cabriolet : « — Petit bonhomme, dit-il, où vas-tu ? — A la Muette, pour porter ce panier. — Ce panier-là est trop lourd pour toi. Donne-le-moi, je le remettrai en passant. » Le panier fut placé dans le cabriolet, et le prince le déposa exactement à l'adresse indiquée. Il alla ensuite trouver le père de l'enfant et lui dit : « — J'ai rencontré votre petit garçon, vous lui faites porter des paniers trop lourds, vous détruirez sa santé et vous l'empêcherez de grandir. Achetez-lui un âne pour porter son panier. » Et il donna au père l'argent pour acheter l'âne (1).

Le duc de Berry s'était laissé affilier à la Franc-Maçonnerie : il fut même Grand Maître du Grand-Orient de France. Voici en quelles circonstances il reçut ce titre suprême :

« Pendant la Restauration, dit le F∴ Clavel, le Grand-Orient, n'osant espérer une reconnaissance officielle, s'efforça, du moins, d'obtenir l'acceptation de la Grande Maîtrise par un prince du sang. On pressentit, à cet égard, Louis XVIII, qui avait été reçu maçon à Versailles avec son frère, le comte d'Artois, quelques années avant la Révolution de 1789. Il ne manifesta aucune répugnance personnelle ; mais il objecta que la Franc-Maçonnerie était vue de mauvais œil par la Sainte-Alliance, qu'il fallait craindre, et par le clergé français, qu'il était prudent de ménager ; que, dans cet état de choses, il y aurait inconvénient à donner à la Franc-Maçonnerie une approbation formelle ; que le gouvernement ne l'inquiétait pas, et que cela devait lui suffire

---

(1) Imbert de Saint-Amand.

pour le moment ; qu'au reste, elle formait un contre-
poids utile qu'on avait intérêt à conserver ; et que
cette considération était assez puissante pour
dissiper les craintes qu'elle pourrait concevoir pour
l'avenir. Cette réponse ne satisfit pas le Frère à qui
elle était faite. Quelque temps après, il s'adressa
directement au duc de Berry et lui offrit la Grande
Maîtrise. On n'a jamais su précisément quelle déter-
mination prit le duc dans cette circonstance. Ce qu'il
y a de positif, c'est que depuis il fut généralement
considéré comme le Grand Maître de la Maçonnerie
française. Le Grand-Orient parut même l'avouer
pour chef en célébrant ses obsèques maçonniques
avec une pompe extraordinaire. » On remarquera
le langage embarrassé du F∴ Clavel qui, tout en
reconnaissant le duc de Berry comme Grand Maître
du Grand-Orient, se ménage une porte de derrière
pour le nier au besoin (1). Nous verrons tout à
l'heure pourquoi cette précaution.

Dans son *Histoire des Trois Grandes Loges*, le F∴
Rebold reconnaît la qualité maçonnique du duc de
Berry, par le passage suivant : « Le 24 mars 1820,
le Grand-Orient célébra une fête funèbre en mémoire
du F∴ duc de Berry, sous la présidence du F∴
Roëttiers de Montaleau, représentant particulier du
Grand Maître. L'oraison funèbre, composée par le
F∴ Langlois, fut lue par le F∴ Borie, Grand Ora-
teur. »

Il est à remarquer qu'aucun historien franc-maçon
ne donne le nom du Frère qui exerça les fonctions
de Grand Maître de 1815 à 1820. Or, au retour des
Bourbons, la Grande Maîtrise fut retirée au prince
de Cambacérès, qui l'exerçait, et il est évident qu'il

_____

(1) Il est matériellement impossible que le F∴ Clavel
n'ait pas su exactement à quoi s'en tenir. Quand il a écrit
son *Histoire Pittoresque de la Franc-Maçonnerie*, ouvrage
des plus complets, il était armé de tous les documents ; les
archives du Grand-Orient étaient à sa disposition ; le nom
du personnage qui fut Grand Maître de 1815 à 1820 y était
inscrit, et ce nom était celui du duc de Berry.

y eut bien un nouveau Grand Maître pour le remplacer, puisqu'au moment de la mort du duc de
Berry, il y avait un représentant particulier du dit
Grand Maître qui était le F∴ Roëttiers de Montaleau,
et un Grand Maître Adjoint, qui était le F∴ marquis
Beurnonville, maréchal de France. Il est bon aussi
de rappeler, que M. Decazes était Grand Maître du
Rite Écossais et qu'à l'époque de la Restauration les
Frères Trois-Points désiraient vivement une fusion
des deux rites, le Français et l'Ecossais, afin de
rendre la Franc-Maçonnerie plus puissante par la
réunion de toutes ses forces sous une même direction.

La situation étant clairement exposée, examinons
les faits qui ont accompagné et suivi l'assassinat du
duc de Berry, ainsi que les circonstances particulières dans lesquelles se trouvaient la victime et le
meurtrier.

Depuis un certain temps, chaque jour, le duc de
Berry recevait des lettres anonymes l'avertissant
qu'il se trouvait en danger de mort, ou contenant
des menaces horribles. Mais il avait une âme de
soldat français : il s'intéressait à un petit enfant portant un panier trop lourd, et il n'avait aucune
crainte pour sa propre personne.

« — Que voulez-vous, disait-il à ceux qui l'enga-
geaient à prendre des précautions, si quelqu'un a
fait le sacrifice de sa vie pour avoir la mienne, il
parviendra à exécuter son projet un jour ou l'autre,
quelques précautions qu'on prenne. Dans le cas
contraire, je me serais rendu malheureux inutilement. »

Il avait remarqué la présence fréquente sur son
passage d'un individu qu'il croyait être un policier
chargé de veiller à sa sûreté. Agacé de rencontrer
constamment cet homme devant ses pas, il chargea
le baron d'Haussez d'en parler à M. Decazes.
M. d'Haussez vint rendre compte au prince de son
entretien avec le ministre. Il en résultait que
l'homme en question, loin de faire partie de la

police, était un individu suspect, sur lequel on allait avoir les yeux fixés.

Le 13 février 1820, qui était le dernier dimanche de Carnaval, tout Paris était en gaieté. Le duc et la duchesse de Berry avaient résolu de terminer leur soirée à l'Opéra.

Ce théâtre était alors situé rue de Richelieu, sur l'emplacement occupé actuellement par le square Louvois, en face de la porte principale de la Bibliothèque Nationale. Le monument ne présentait pas extérieurement un aspect imposant ; mais, à l'intérieur, la salle était fort élégante. Elle était grande et contenait plus de seize cents places. Le théâtre avait une entrée spéciale réservée aux membres de la famille royale. Cette issue s'ouvrait sur l'un des côtés de l'édifice, juste en face de la rue Rameau.

A huit heures, le carrosse princier s'arrête devant cette porte ; le duc et la duchesse de Berry descendent et pénètrent dans la salle, tandis que, du vestibule, les domestiques crient au cocher :

« — Revenez à onze heures moins un quart. »

La représentation est, ce soir-là, plus brillante et plus élégante que les autres. Les loges sont pleines de femmes. Toilettes aux couleurs vives, beaucoup de diamants, joie animée sur tous les visages. On joue le *Rossignol* et les *Noces de Gamache* qui ont du succès. Le spectacle se terminera par le *Carnaval de Venise*. C'est un ballet dont Persuis et Lesueur ont écrit la musique. Les principaux rôles seront interprétés par Albert et par La Bigottini. On parle aussi dans le public d'un danseur nommé Elie, qui doit débuter dans le rôle de Polichinelle où il remplacera le fameux Mérante. On se raconte de l'un à l'autre que cet Elie, désireux de surpasser s'il était possible son célèbre prédécesseur, a été au théâtre des Marionnettes, de Séraphin, observer les mouvements artificiels de ses petits pantins de bois, et qu'il se propose de les imiter.

Pendant un entr'acte, le duc et la duchesse de Berry vont faire dans leur loge une visite au duc et à la duchesse d'Orléans avec lesquels ils causent gaiement. Le public applaudit les princes. En retournant à sa loge, la duchesse de Berry est heurtée assez violemment par la porte d'une autre loge. Ce que voyant, le duc lui conseille de se retirer ; la veille au soir, elle a assisté au grand bal donné chez le comte Greffuhle, elle s'est couchée fort tard, et, comme elle est enceinte, la sagesse l'engage à s'aller reposer. Son mari lui offre son bras qu'elle accepte, et descend avec elle l'escalier du théâtre pour l'accompagner jusqu'à son carrosse. Il n'est pas encore onze heures, il s'en faut de quelques minutes. Le duc laissera sa femme rentrer seule au palais de l'Elysée, et remontera lui-même dans la salle pour assister au ballet du *Carnaval de Venise* qu'il a grand désir de voir.

Les deux époux arrivent à l'entrée réservée à la famille royale, devant laquelle stationne le carrosse commandé pour onze heures moins un quart. Un homme, debout près de là, regarde et attend.

« Placé près d'un cabriolet qui suit la voiture du prince, et se tenant à la tête du cheval, il paraît être un domestique, et n'attire l'attention de personne. Les gardes sous le vestibule, et, au dehors, le factionnaire qui tourne le dos à la rue Richelieu, présentent les armes. Voici le duc et la duchesse sous l'auvent du portique. Le comte de Choiseul, aide-de-camp du prince, est à la droite du faction-naire, au coin de la porte d'entrée. Le comte de Mesnard, premier écuyer de la duchesse, donne la main gauche à elle d'abord, puis à sa dame de compagnie, la comtesse de Béthisy, afin de les aider à monter en voiture. Le duc leur présente la main droite. L'un des gens relève le marchepied.

« Encore sous l'auvent du portique, le prince fait signe de la main à sa femme, et lui dit : « Adieu, « Caroline ; nous nous reverrons bientôt. »

« Tout à coup, au moment où il va rentrer dans la salle, un homme, celui qui se tenait à la tête du cabriolet, se précipite, et, le saisissant d'une main

par l'épaule gauche, lui porte de l'autre un coup de
poignard sous le sein droit. Le comte de Choiseul,
croyant ou feignant de croire que cet homme a
involontairement heurté le prince en courant, le
repousse et lui dit : « Prenez donc garde à ce que
« vous faites » (1). Le meurtrier prend la fuite,
laissant le poignard dans la plaie.

« — Je suis assassiné ! » s'écrie le prince.

« Et comme ceux qui l'entourent, l'interrogent, il
s'écrie une seconde fois, d'une voix forte : « — Je
suis un homme mort, je tiens le poignard ! » Puis, il
arrache le couteau de sa blessure et le remet entre
les mains du comte de Mesnard.

« La princesse, dont la voiture n'est pas encore
partie, a entendu le cri de douleur de son époux, et,
pendant que l'on court après l'assassin, elle se précipite à la portière, qu'un valet de pied entr'ouvre.
Mme de Béthisy veut la retenir. Le duc de Berry,
rassemblant toutes ses forces, s'écrie : « — Ma
« femme, je t'en prie, ne descends pas. » Mais elle,
s'avançant par dessus le marchepied et repoussant
des deux mains Mme de Béthisy et le valet de pied :
« — Laissez-moi ! dit-elle, laissez-moi ! Je vous
« ordonne de me laisser ! » Descendue de voiture,
elle reçoit dans ses bras son mari, au moment même
où il vient de remettre dans la main de M. de Mesnard le couteau rouge de sang, et où il s'écrie :

---

(1) L'intervention du comte de Choiseul, qui, au premier
moment, a donné le change aux assistants, et qui, en
croyant ou en feignant de croire à un simple heurt brutal,
et non à un crime, a permis à Louvel de prendre la fuite,
cette intervention, maladroite en tout cas, et tout à fait
malencontreuse, laisse le champ libre à toutes les suppositions. — Un des proches parents du comte, le duc
Claude-Antoine-Gabriel de Choiseul était franc-maçon et
Chevalier Kadosch, au moment du crime : l'année suivante,
en 1821, il devenait membre du Suprême-Conseil du Rite
Ecossais, et le 29 juin 1825, il fut élu Grand-Maître du
Rite. Au surplus, les francs-maçons ont toujours été nombreux dans la famille de Choiseul.

« — Je suis mort! Un prêtre? Venez, ma femme, que « je meure dans vos bras! » La princesse se jette à ses genoux. On le fait asseoir sur une banquette dans le passage où se tient la garde, on l'adosse contre la muraille, et on entr'ouvre ses habits pour chercher la blessure. Le sang coule avec une telle abondance que la princesse fait de vains efforts pour l'étancher. Sa robe et celle de Mme de Béthisy en sont toutes couvertes » (1).

Le comte de Choiseul, le comte de Clermont-Lodève, le factionnaire, nommé Desbiès, un valet de pied et quelques autres personnes se sont lancés à la poursuite de l'assassin, qui déjà est bien loin; on sait tout au plus dans quelle direction il s'est enfui.

Cependant, le duc de Berry ne peut rester sur la banquette dans ce passage ouvert à tout venant; on le prend, on le soulève, on le monte avec précaution jusqu'au petit salon attenant à sa loge. Là, on le dépose sur un canapé. La duchesse de Berry tient la tête de son mari appuyée sur son épaule. On prévient dans leur loge le duc et la duchesse d'Orléans, ainsi que Mademoiselle d'Orléans. Ils accourent dans le petit salon.

« — Le comte de Clermont ne tarde pas à entrer. L'assassin est arrêté, dit-il. — Est-ce un étranger? » demande le prince. Le comte répond que non.

« — Il est bien cruel, s'écrie le duc, de mourir de la main d'un français ! »

On a couru chercher des médecins. MM. Lacroix, Caseneuve et Blancheton sont les premiers arrivés. Ils pratiquent des saignées aux bras, ils tentent d'élargir la plaie creusée par le poignard, pour donner passage au sang épanché.

La duchesse de Berry demande : « — La blessure est-elle mortelle? J'ai du courage, j'en ai beaucoup ; je saurai tout supporter, je vous demande la vérité. » Le docteur Blancheton n'ose pas se prononcer.

Cependant, dans la salle, continue la représenta-

(1) *La Duchesse de Berry*, par Imbert de Saint-Amand.

tion du *Carnaval de Venise*. Les flons-flons de l'orchestre accompagnant le ballet, parviennent jusqu'au petit salon où se meurt le prince, et les accords joyeux semblent railler le sang royal qui coule. Parfois des applaudissements éclatent — ironie lugubre ! — en guise de *De profundis*.

Le duc de Berry a demandé sa fille et l'évêque d'Amyclée. M. de Clermont court au palais des Tuileries pour chercher le prélat. Une autre personne se rend à l'Elysée pour prévenir Mme de Gontaut, la gouvernante de Mademoiselle de Berry. M. de Mesnard se charge d'avertir Monsieur, père du mourant, ainsi que le duc et la duchesse d'Angoulème, son frère et sa belle-sœur. Ils ne tardent pas à arriver, et trouvent le duc de Berry dans une salle de l'administration de l'Opéra, où on l'a transporté pour pouvoir le soigner plus facilement. On l'a couché sur un lit garni avec les matelas qui servent aux danseuses pour se jeter de haut. Ce sont les premiers qui se sont trouvés sous la main. Mme de Gontaut arrive à son tour avec la fille du duc de Berry. La duchesse la prend et la présente à son père. Il l'embrasse. « — Pauvre enfant! dit-il tristement, puisses-tu être moins malheureuse que ton père ! »

Les meilleurs chirurgiens de Paris, mandés en toute hâte, se sont joints aux premiers médecins. MM. Dupuytren et Dubois sont là; ils ne désespèrent pas encore de sauver le blessé et s'empressent autour de lui. Ils font appliquer de nombreuses sangsues et plusieurs ventouses. Le sang sort à peine, la poitrine est moins oppressée, la respiration plus facile. On se reprend à espérer un miracle ; le prince est dans toute la force de l'âge, il a quarante-deux ans, il est sain et de robuste constitution. Mais lui n'espère plus. Il dit aux chirurgiens : « — Vos soins, dont je vous remercie, ne sauraient prolonger mon existence; ma blessure est mortelle. »

La duchesse de Berry, très courageuse, s'obstine, malgré les avis contraires, au chevet de son mari.

M. Dupuytren, avant de commencer les opérations chirurgicales, engage Monsieur à prier la princesse de s'éloigner. Mais elle s'y refuse énergiquement. « — Mon père, dit-elle, ne me forcez pas à vous désobéir. » Et elle ajoute en s'adressant au chirurgien : « — Je ne vous interromprai point, Monsieur, agissez. » Elle s'agenouille sur le bord du lit et tient pendant l'opération la main gauche du prince. Cette femme a vraiment du sang d'héroïne dans les veines, et elle le prouvera plus tard en essayant de soulever la Vendée, à elle toute seule.

En ce moment, c'est elle qui redonne du courage à son mari. Quand, sentant s'enfoncer dans sa poitrine le fer du chirurgien, il se plaint et dit : « — Laissez-moi, puisque je dois mourir », elle lui répond : « — Mon ami, souffrez pour l'amour de moi ! » Et le mourant ne profère plus une seule plainte, et à son tour il encourage sa femme, la voyant pleurer : « — Mon amie, ne vous laissez pas accabler par la douleur ; ménagez-vous pour l'enfant que vous portez dans votre sein. »

A plusieurs reprises, il demande à voir son assassin, il cherche à s'expliquer pourquoi ce misérable l'a frappé. « — Qu'ai-je fait à cet homme ? Peut-être l'ai-je offensé sans le vouloir ? « — Non lui, répond Monsieur, vous ne l'avez jamais vu, et il n'a contre vous aucune haine personnelle. » — C'est donc un insensé ! » ajoute le duc sous forme de conclusion.

La bonté qu'il avait manifestée si souvent pour les petits et pour les misérables le porte alors à terminer son existence par un acte de charité à l'égard de l'inconnu qui l'a frappé. Il veut obtenir du roi le pardon de cet homme, et il s'impatiente parce que Louis XVIII n'arrive pas. Il sent que la vie lui échappe. « — Je n'aurai pas le temps de demander sa grâce, » répète-t-il plusieurs fois.

Cependant, ni les médecins Lacroix, Caseneuve et Blancheton, ni les chirurgiens Dubois et Dupuytren, malgré toute leur science, ne peuvent arrêter les progrès du mal. Le blessé conserve sa connaissance; mais ses forces diminuent à vue d'œil. Il va mourir, celui-là, comme un vrai français, comme un chrétien.

« Le premier mot du duc de Berry, dit Lamartine, a été pour demander non un médecin, mais un prêtre. Frappé au milieu du délire de la jeunesse et du plaisir, il n'y a eu dans son âme aucune transition entre les pensées du temps et les pensées de l'éternité. Il a passé, en une seconde, du spectacle d'une fête à la contemplation de sa fin, comme ces hommes que la froide immersion dans un vase d'eau arrache subitement aux brûlants délires de l'ivresse. Il a montré, dans ce ravivement instantané et sans faiblesse de ses pensées, le courage délibéré d'un soldat. Il montre maintenant la foi d'un chrétien et l'impatience inquiète d'un homme qui craint non pas de mourir, mais de mourir avant d'avoir confessé ses fautes et reçu les gages d'une seconde vie. Son éducation se retrouve au fond de son âme, à mesure que le bouillonnement de la vie se retire avec son sang. Il ne cesse de demander à voix basse si le prêtre demandé n'arrive pas. »

Il arrive enfin, mais c'est Mgr de Latil, évêque de Chartres, premier aumônier de Monsieur; et le duc de Berry éprouve pour lui une aversion instinctive. N'importe! Il surmonte cette aversion, ne considère plus l'homme, mais seulement le prêtre qui est dans l'homme, et se confesse. Après quoi, il demande pardon aux personnes qui l'entourent des scandales qu'il a pu leur donner.

Le curé de Saint-Roch arrive, apportant les saintes huiles, et administre le mourant.

La science s'est déclarée impuissante, la religion a fourni les suprêmes consolations; le duc de Berry attend la mort très calme et très résigné. En ce moment solennel, il s'oublie lui-même, et ne pense qu'à obtenir la grâce de son assassin.

A chaque bruit de roues dans la rue, il croit que c'est la voiture du roi qui arrive.

« — J'entends l'escorte », dit-il.

« Mais non, le roi est encore aux Tuileries. Il a reçu à minuit un premier avis; mais on lui a caché d'abord la gravité de l'état de son neveu. On lui a envoyé un second bulletin. Il voulait partir, on l'a retenu par crainte d'une conspiration qui pourrait éclater sous ses pas. Enfin, toutes les précautions étant prises pour surveiller le parcours des Tuileries à l'Opéra, il quitte le château et se rend auprès du mourant. Il est cinq heures du matin. « — Mon « père! mon père! s'écrie le prince, le roi n'arrive « point! Ne pouvez-vous point vous engager, en son « nom, à faire grâce de la vie à l'homme? » Au moment où il vient de prononcer cette phrase, il tressaille. Il entend de loin des pas de chevaux. « — Enfin, « dit-il, voilà le roi! Oh! qu'il vienne vite! Je me « meurs. » Louis XVIII entre. « — Grâce! s'écrie le « mourant, au milieu du râle de l'agonie, grâce pour « l'homme qui m'a frappé! » Et il répète d'une voix sourde et funèbre : « — Grâce au moins pour la vie « de l'homme! » Le roi embrasse son neveu et répond : « — Nous en reparlerons; calmez-vous, vous n'êtes « pas aussi malade que vous le croyez. » Puis, il s'assied près du lit » (1).

L'agonie de cet homme dans toute sa vigueur, et qu'une maladie n'a pas affaibli longuement, est effrayante. On écarte la duchesse ; mais elle n'y peut tenir, elle veut assister son mari jusqu'à son dernier soupir, remplir jusqu'au bout son devoir d'épouse aimante et courageuse. Elle veut revenir auprès de son lit, rentrer dans la salle où il se meurt. Monsieur lui barre la porte, elle le pousse violemment et pénètre de force.

Il est six heures trente-cinq minutes du matin. Le duc de Berry articule encore une fois les mots de : « — Grâce, grâce pour l'homme ! » et il expire (2).

---

(1) Imbert de Saint-Amand, *la Duchesse de Berry.*

(2) Cette insistance du duc de Berry à demander, jusqu'au moment d'expirer, la grâce de son assassin, est rapportée par tous les historiens. Non seulement elle prouve les sen-

Les courtisans pressent Louis XVIII de se retirer.
« — Je ne crains pas, dit-il, le spectacle de la mort;
j'ai un dernier devoir à rendre à mon neveu. » Et
appuyé sur le bras de M. Dupuytren, il s'approche
du lit, ferme les yeux et la bouche du prince, lui
baise la main, et se retire, retournant au château
des Tuileries.

Immédiatement après avoir frappé le duc de
Berry, l'assassin s'était enfui vers la rue de Richelieu. Le comte de Choiseul, le comte de Clermont-
Lodève, le factionnaire nommé Desbiès, d'autres
encore s'étaient lancés à sa poursuite. Ils ne l'auraient sans doute pas atteint, sans un petit accident
que le meurtrier causa dans sa fuite. Il heurta un
garçon limonadier, appelé Paulmier, qui passait
près de l'arcade Colbert et qui apportait à l'Opéra
des glaces sur un plateau. Le plateau tombe, les
glaces sont perdues; le garçon, furieux, court après
le fuyard pour lui réclamer le prix de sa marchan-
dise renversée. Il l'atteint, le saisit, et bientôt, les
gendarmes venant lui prêter main-forte, on s'empare
du meurtrier. On le ramène au théâtre, on le fait
entrer dans le corps-de-garde. On l'examine. C'est
un petit homme blond, maigre et pâle, aux membres
grêles. Son teint est bilieux, son regard dur, ses
lèvres pincées.

« — Monstre, lui dit le comte de Clermont, qui a
« pu te porter à commettre un pareil attentat? » Il
répond : « — Ce sont les plus cruels ennemis de la
« France. » (*Textuel*) Cette réponse extraordinaire
de Louvel, ces premiers mots qu'il laisse échapper
dans un moment de trouble, à l'instant où il est
saisi, arrêté, ont reçu diverses interprétations. A-t-il
répondu directement à l'interpellation du comte de

---

timents profondément chrétiens du duc; mais encore elle
indique que ce prince, qui s'était laissé un moment abuser
par la secte, comprenait bien que le meurtrier n'était qu'un
instrument inconscient des véritables chefs de la Franc-
Maçonnerie.

Clermont, et, par conséquent, a-t-il désigné ainsi, involontairement, ses complices, ennemis de la patrie et partisans de la Révolution universelle? ou bien, commençait-il seulement une phrase qu'il n'a pas achevée, visant les Bourbons que la Maçonnerie déteste et dont il venait de frapper un des princes?... Il est difficile de se prononcer.

Le gendarme Lavigne, un de ceux qui l'ont arrêté, trouve, en le fouillant, un poinçon. Il l'interroge sur l'emploi qu'il comptait faire de cet outil. Le meurtrier répond qu'il s'attendait à frapper le duc de Berry un jour ou l'autre, et que c'est pour ne pas manquer d'arme au moment voulu qu'il portait ce poinçon sur lui. « — Je savais, en faisant ce coup, ajoute-t-il, ce qui m'est réservé; mais je savais aussi que je faisais bien des heureux. » Cette pensée reviendra souvent dans ses réponses. Il ne dira pas clairement quels sont ces heureux; mais il répétera que son crime remplira de joie des patriotes nombreux, qu'il délivrera la nation, etc.

Cependant, le commissaire de police de service à l'Opéra cette nuit-là, M. Prince-Louis-Florent Ferté, commissaire de la ville de Paris et spécialement du quartier Feydeau, ainsi qu'il l'écrit lui-même dans son procès-verbal, commence l'interrogatoire de l'assassin. On apprend alors qu'il s'appelle Louvel, Pierre-Louis, qu'il est sellier et qu'il travaille dans les écuries du roi.

Le commissaire de police continuant son interrogatoire, demande :

« — Pourquoi avez-vous assassiné le prince?

« — Depuis 1814, répond Louvel, je méditais ce projet, parce que je regardais les Bourbons comme les plus grands ennemis de mon pays. »

Mais alors, le ministre d'État, préfet de police, juge que, l'interrogatoire commençant à prendre une tournure intéressante, c'est à lui de le continuer. M. Ferté le constate ainsi : « Le procès-verbal ayant été interrompu par l'intervention de son Excellence le ministre d'État, préfet de police, qui a lui-même

interrogé l'individu, nous nous sommes borné pour
le moment à recevoir le dépôt qui nous a été fait
par M. de Mesnard, et nous avons reconnu le poignard, etc... »

Dès le premier moment, l'action régulière de la
justice fut donc entravée. Mais il y eut un fait beaucoup plus grave et très significatif. Sur ordre spécial,
n'émanant pas du roi, mais venant du ministre
franc-maçon Decazes, le meurtrier, au lieu d'être
enfermé immédiatement sous bonne garde dans une
prison publique, fut conduit... Où?... Dans l'hôtel
même du Grand Maître du Rite Ecossais !... Il y demeura le restant de la nuit, le lendemain matin, et
jusqu'à la fin de l'après-midi du 14 février... Nous
reviendrons tout à l'heure sur cet incident important.

Louvel n'essaya pas d'égarer la justice sur son
identité et l'on sut bientôt son histoire. Il était né
en 1783 à Versailles. Il n'avait donc pas encore
trente-sept ans au moment du crime. Ses parents
étaient très pauvres et son père l'avait placé aux
Enfants-Abandonnés, ne pouvant pas le nourrir.
C'est à Montfort-l'Amaury qu'il fut mis en appren-
tissage et qu'il apprit l'état de sellier. A l'âge de
dix-huit ans, il s'affilia aux Compagnonnages et fit
son tour de France; puis, il fut sellier pendant six
mois dans un régiment du train d'artillerie de la
garde. Il obtint son renvoi en alléguant la faiblesse
de sa constitution.

Au cours de son procès, il dit avoir été doulou-
reusement ému par le spectacle des alliés entrant en
France, en 1814. A partir de cette époque, affirma-
t-il, il conçut le projet de frapper un membre de la
famille royale. Il voulait tuer Louis XVIII au moment où le roi débarquerait en France, et, dans ce
but, il se rendit à pied de Metz à Calais. De Calais
il vint à Paris; puis, il alla à l'Ile d'Elbe.

Comme on lui demandait dans quel but il accom-
plissait ce voyage, il répondit : « — Pour mon agrément ! » Ce qui paraît bien extraordinaire ; car un

ouvrier sellier ne passe point pour un millionnaire
et ne peut se payer des voyages d'agrément, surtout quand ils sont aussi longs que celui de Paris à
l'Ile d'Elbe, distance que la difficulté et le peu de
rapidité des communications rendaient alors considérable.

A l'Ile d'Elbe, Louvel fut employé du mois de septembre au mois de novembre 1814 par le maître
sellier des écuries impériales. L'ouvrage étant venu
à manquer, il fut congédié. Il se rendit alors à Li-
vourne et à Chambéry. Là, apprenant le débarque-
ment de Napoléon au golfe Juan, il le rejoignit à
Lyon et revint à sa suite à Paris. Etant rentré dans
les écuries de l'empereur, il le suivit de Paris à Waterloo. Il assista au grand désastre. Louvel, s'étant
arrêté à La Rochelle, où s'étaient arrêtés aussi les
équipages du vaincu, fit fabriquer, dit-il, dans cette
ville, le couteau avec lequel il se proposait de tuer
un Bourbon. C'était un couteau très solide et très
coupant, plus semblable à un poignard qu'aux
outils dont se servent les selliers; d'ailleurs, il eût
été trop large d'un centimètre pour l'usage de son
métier.

C'est le duc de Berry que Louvel, à son dire, s'était
décidé à frapper « parce qu'il faisait souche », et il
le répète dans ses interrogatoires. Quatre années de
suite, il le suivit, prétend-il, aux spectacles où il
présumait qu'il devait aller, aux chasses, aux promenades publiques, dans les églises.

« — J'ai trouvé plusieurs fois de bonnes occasions,
déclare-t-il ; mais le courage me manquait toujours.
En 1817, en 1818 et 1819, j'étais trop faible, et je
renonçai plus d'une fois à mon projet. Mais bientôt
j'étais dominé par un sentiment plus fort que moi.
Je me rappelle surtout mes pensées, un jour que je
me promenais au bois de Boulogne, en attendant le
prince. J'avais des frémissements de rage en songeant aux Bourbons; je les voyais revenant avec
l'étranger, et j'en avais horreur; puis, mes pensées
prenaient un autre cours; je me croyais injuste envers

eux, et je me reprochais mes desseins ; mais aussitôt ma colère revenait. Pendant plus d'une heure, je restai dans ces alternatives, et je n'étais pas encore fixé quand le prince vint à passer, et ce jour-là il fut sauvé. Le 13 février, non plus, je n'ai point été sans irrésolution, quoique deux ou trois jours auparavant, j'eusse été, pour me fortifier, voir au Père-Lachaise les tombeaux de Lannes, de Masséna et des autres guerriers. »

Le dimanche où il devait commettre son crime, Louvel regarda le cortège du bœuf gras ; puis il alla dîner sobrement dans le restaurant où il prenait d'habitude ses repas. En sortant de là, muni de son couteau, il s'achemina vers le théâtre.

« — A huit heures, dit-il, j'étais devant l'Opéra, et j'aurais tué le prince quand il entra ; mais le courage me manqua dans cet instant. J'entendis le rendez-vous donné pour onze heures moins un quart ; cependant, je me retirai, bien résolu à aller me coucher. Dans le Palais-Royal, mes pensées me revinrent plus fortes que jamais. Je songeai qu'à la fin du mois je devais retourner à Versailles, et qu'alors mon projet serait ajourné pour longtemps. Je me mis à réfléchir, et je me dis : « Si j'ai raison, pourquoi le « courage me manque-t-il ? Si j'ai tort, pourquoi ces « idées ne me quittent-elles pas ? » Je me décidai alors pour le soir même. Il n'était guère que neuf heures, et, en attendant l'heure indiquée, je me promenais du Palais-Royal à l'Opéra, sans que ma résolution faiblît, si ce n'est de loin en loin, et toujours pour peu d'instants. »

Nous avons raconté comment Louvel attendit le duc de Berry, debout devant un cabriolet et conservant l'attitude d'un domestique, comment il frappa le prince, comment il s'enfuit et fut arrêté. Nous venons de voir quel récit il a fait aux magistrats, récit tellement précis qu'il ressemble à une leçon apprise par cœur ; et nous rappelons au lecteur que l'assassin, avant de subir des interrogatoires complets, avait été emmené d'office chez M. Decazes, pre-

mier ministre du roi et en même temps Grand
Maître du Suprême Conseil de la Maçonnerie (rite
écossais) et qu'il y était resté dix-sept heures.

Le 15 février, dans la matinée, le meurtrier fut
confronté avec le cadavre de sa victime qu'on avait
ramené au Louvre. On l'adjura de dénoncer ses
complices, s'il en avait. Il affirma qu'il n'en avait
point. La Chambre des Pairs instruisit son procès
et le condamna à mort. Enfin, le 7 juin, près de
quatre mois après la scène de l'Opéra, Louvel porta
sa tête sur l'échafaud. Nous reviendrons tout à
l'heure sur quelques circonstances de ce procès et
de cette exécution. Il importe de chercher maintenant qui arma le bras de Louvel, qui le poussa au
meurtre et qui profita de son crime.

On a représenté Louvel comme un adorateur passionné de Napoléon Ier. C'est bien à tort. Si Louvel
avait aimé l'empereur, comme l'aimaient ces vieux
grenadiers qu'avant 1870 on voyait encore venir, au
15 août, se ranger sur la place Vendôme, dans leurs
uniformes aux couleurs ternies par la poudre des
batailles lointaines, pour saluer sur son haut piédestal de bronze l'image du Petit Caporal, si cet
assassin avait aimé véritablement le Génie de la
guerre, il se serait engagé comme soldat, il se fût
battu dans cette superbe campagne de France, la
plus belle de Napoléon ! Bien au contraire, ses con-
temporains nous le représentent comme un lâche
essayant de toutes les façons d'échapper au service
militaire, se plaignant constamment et fort heureux
d'être renvoyé dans ses foyers après six mois de
présence dans le train des équipages, poste pourtant
peu dangereux !

Il se rend à l'Ile d'Elbe et travaille pour les équipages impériaux ; une fois l'ouvrage terminé, il s'en
va. Quoi de plus simple ? Il est ouvrier sellier : il pré-
sume qu'il y a des harnais à réparer à l'Ile d'Elbe ; il se
présente pour faire cette besogne, qui est sans doute
mieux rétribuée là qu'ailleurs ; quand il n'y a plus de
travail, il s'en va chercher de l'occupation ailleurs.

Le même motif le pousse à rejoindre un des premiers l'escorte de Napoléon, et, s'il l'accompagne, c'est toujours en qualité de sellier. Si pourtant il l'avait aimé comme on l'a prétendu, il eût désiré, comme tous les soldats, se distinguer sous les yeux de son idole par quelque brillant fait d'armes. Un beau jour, il eût empoigné un sabre, un fusil, se fût jeté dans la mêlée, se fût battu comme un lion, et, le soir, en regagnant son poste dans les équipages, il eût été salué au passage d'un regard satisfait de l'Empereur. On n'a pas un seul fait de ce genre à enregistrer dans l'histoire de Louvel; la seule arme qu'il prit et sut manier, ce fut un poignard. Donc, le fanatisme de cet homme pour Napoléon doit être relégué dans le domaine des fables.

Il paraît avoir essayé de rejeter sur le vaincu de l'Ile d'Elbe, l'idée première de son crime. Comme on lui demandait pour quel motif il s'y était rendu, il se mit à défendre Napoléon du soupçon d'avoir été son inspirateur. On s'étonna de cette défense avant l'attaque. L'on ne semble pas d'ailleurs y avoir apporté grande attention. C'était une manœuvre inspirée à Louvel soit par quelque conseiller, soit simplement par sa vanité qui était excessive.

Ce n'est donc pas pour venger Napoléon que Louvel frappa le duc de Berry. D'ailleurs, il n'avait contre celui-ci aucun motif de haine personnelle; il l'assassina parce qu'il était un Bourbon, « parce qu'il faisait souche », et surtout parce que la Franc-Maçonnerie avait ordonné le meurtre.

Chose remarquable, cet homme du peuple, cet ouvrier s'attaqua précisément au prince de la famille royale qui était le plus populaire. Il fit précisément ce qu'eût fait un franc-maçon. La secte avait juré la destruction de tous les rois et particulièrement des Bourbons. Elle avait décidé de leur reprocher sans cesse d'être rentrés « dans les fourgons de l'étranger », oubliant qu'elle avait demandé pour souverain le prince d'Orange. C'est aussi le motif que donne Louvel pour expliquer sa haine. Cent fois il hésite avant de commettre son crime, et il ne dompte sa pusillanimité naturelle qu'après un long combat. On dirait qu'il sent la mort le menacer, au cas où il n'exécuterait pas le forfait nécessaire au parti de la Révolution; il semble que le poignard de quelque Chevalier Kadosch est suspendu sur sa tête, prêt à le frapper s'il n'accomplit pas la sentence portée par les Loges. Or, il est certain que le duc de Berry, ayant cru, comme beaucoup de princes, que le fait de s'affilier à la Franc-Maçonnerie ne tirait pas pour lui à conséquence, avait accepté l'initiation; il est certain que, ne voyant que des fonctions honorifiques dans la Grande Maîtrise qui lui fut offerte, il avait accepté d'être Grand-Maître du Grand-Orient de France: mais, selon toute probabilité, il dut donner sa démission le jour où il comprit qu'il avait été trompé; ou bien, ce qui est plus sûr encore, ce fut la Franc-Maçonnerie qui comprit, elle, qu'elle ne réussirait pas à pervertir un prince aussi chrétien; et dès lors il faisait obstacle à ses projets, il en savait déjà trop, il fallait le supprimer.

En vérité, un franc-maçon n'eût pas agi autrement que Louvel. Mais Louvel, qui avait d'abord passé par les Compagnonnages, n'était-il pas devenu ensuite franc-maçon? Interrogé sur sa religion, il répondit: «—J'étais tantôt catholique, tantôt théphilanthrope, surtout pendant la Révolution.» Or, il suffit d'ouvrir une histoire de la Franc-Maçonnerie pour constater que les Théophilanthropes formaient et forment encore une branche de la Maçonnerie. Dès lors, les idées, les hésitations et le crime de Louvel s'expliquent. On comprend aussi comment, malgré le petit nombre de journées de travail qu'il fournissait chaque année, il put exécuter des voyages coûteux «pour son agrément»; on voit d'où il tirait l'argent nécessaire pour les accomplir.

En commettant l'assassinat, il a donc agi suivant les désirs, les projets et les conseils de la Franc-Maçonnerie dont il était l'exécuteur. Le crime du

13 février fut l'œuvre du parti de la Révolution, dont le bras fut Louvel, et dont le chef secret fut Decazes. Le meurtre avait été décidé dans les Loges, depuis un certain temps. Parmi les Frères Trois-Points qui avaient connaissance de ce complot, quelques-uns, ayant de la sympathie pour le prince, essayèrent, sans doute, de le prévenir ; et c'est à eux qu'il est logique d'attribuer « cette multitude de lettres anonymes et de rapports qui lui causaient de si cruels et si justes pressentiments. »

Fait extraordinaire : l'annonce de l'attentat eut lieu en France sur des points éloignés du territoire et même à l'étranger, avant qu'il fût commis ! Cela serait-il explicable, si l'assassin avait été un homme isolé, agissant pour satisfaire une haine personnelle ? Non, il a agi pour le compte de la secte et avec la complicité du Grand Maître du Rite Ecossais, dont ce crime favorisait les projets secrets.

Il y avait autrefois une police particulière pour le Château ; le ministre l'avait fait supprimer. Il poursuivit avec un soin tout particulier les fidèles serviteurs de la Maison Royale capables de défendre les princes et de leur faire passer les avis nécessaires à leur sûreté ; pas un d'eux n'a conservé une place où il pût servir. Bien plus, les agents de police et la gendarmerie de Paris cessèrent de recevoir des ordres pour leur service autour des princes.

Le soir du 13 février, la surveillance de l'Opéra n'était pas confiée au préfet de police de Paris. L'officier de paix, qui avait la haute direction des agents, ce soir-là, qui donnait les ordres à tout le monde, ne recevait ses instructions que du ministre de la police générale, et ne devait aucun compte à la préfecture de police. Et cet officier travaillait tous les jours avec Decazes; il était chargé des mesures générales de sûreté politique. Il résultait de cet arrangement que le ministre avait sous sa direction personnelle la police du Château et celle qui concernait les princes. Or, le 13 février 1820, aucune des précautions ordinaires ne fut prise; c'est ce qui explique la tranquillité avec laquelle Louvel répondit que « s'il n'avait pas été arrêté au moment même, il serait aller se coucher bien tranquillement, sûr de ne pas être inquiété. »

Decazes était donc coupable, devant le public tout entier, d'avoir négligé à dessein toutes les précautions commandées par les bruits alarmants qui prenaient de jour en jour plus de consistance. Aux yeux de ceux qui savaient démêler les motifs secrets de sa conduite fourbe, il apparut comme le conseiller du meurtrier. A qui d'ailleurs profitait le crime, si ce n'est à la Franc-Maçonnerie dont le ministre était le chef suprême? Les royalistes fidèles le comprirent bien ; et dès le 14 février, l'un d'eux, M. Clausel de Coussergues, député, monta à la tribune de la Chambre et s'écria : « — Messieurs, il n'y a pas de loi qui fixe le mode d'accusation des ministres ; mais il est de la nature d'une telle délibération qu'elle aît lieu en séance publique. Je propose à la Chambre de porter un acte d'accusation contre M. Decazes, ministre de l'intérieur, comme complice de l'assassinat de Mgr le duc de Berry, et je demande à développer ma proposition. » Aussitôt, les députés francs-maçons protestèrent, et le débat ne put être porté à la tribune de la Chambre ; mais M. Clausel de Coussergues fit paraître sous le titre de *Projet d'accusation contre le duc Decazes*, un réquisitoire fortement motivé où il prouve la participation du ministre au crime du 13 février.

Ce courageux député ne fut pas le seul à proclamer la culpabilité du Grand Maître du Rite Ecossais. La *Gazette de France* et le *Drapeau Blanc* le désignaient, le 15 février, comme ayant armé le bras de Louvel. Le président Séguier, homme de poids et de mesure, vint, au nom des magistrats de la Cour royale de Paris, trouver Louis XVIII et lui dit ceci : « — Il existe une conspiration permanente contre les Bourbons, et, dans la consternation générale, on a vu des joies féroces. Le sang si pur qui a coulé, n'aurait-il fait qu'irriter la soif? »

Ceux qui manifestaient cette joie féroce, c'étaient les francs-maçons, ceux que l'acte infâme du meurtrier devait, suivant son expression, rendre « heureux ».

Louis XVIII, — qui, il ne faut pas l'oublier, avait eu la faiblesse d'accepter l'initiation maçonnique avant la Révolution, — était fort perplexe. Il ne voulait pas paraître aux royalistes fervents protéger le complice de Louvel ; d'un autre côté, il désirait ne pas susciter contre lui-même la Franc-Maçonnerie, en frappant le Grand Maître du Rite Ecossais. Il se trouvait donc dans un cruel embarras, quand le 18 février, dans la soirée, se passa le fait suivant. Monsieur et ses enfants, le duc et la duchesse d'Angoulême, qui venaient de dîner avec le roi, se jetèrent à ses pieds et le supplièrent d'éloigner M. Decazes. Voyant qu'il persistait, malgré l'évidence, à défendre son favori, Monsieur lui donna à choisir entre lui-même et le ministre.

« — Sire, lui dit-il avec fermeté, je ne puis rester aux Tuileries, si M. Decazes, publiquement accusé par M. Clausel de Coussergues de complicité dans la mort de mon fils, y paraît encore comme ministre. Que Votre Majesté me permette de me retirer à l'Élysée-Bourbon. »

Devant cette mise en demeure, Louis XVIII céda, et, huit jours après le crime, le *Moniteur* (nº du 21 février) apprit aux Parisiens que M. Decazes avait cessé d'être ministre. Pendant les quarante années que cet homme vécut encore, jamais il ne remonta au pouvoir ; ce qui, mieux que toutes les accusations, prouve qu'un cadavre lui barrait le chemin qui mène au ministère.

Ce qui précède montre que, dans tous les mondes, à la Chambre, dans les journaux, dans la magistrature, dans la famille royale elle-même (1), on appré-

(1) Le comte de Villèle, dans une de ses lettres, raconte qu'un jour que la duchesse de Berry se promenait au bras du comte d'Artois, au jardin des Tuileries, Decazes vint à

La duchesse de Berry, rencontrant le duc Decazes au jardin des Tuileries, se jette dans les bras du comte d'Artois, et s'écrie, en montrant du doigt le grand maître des francs-maçons : — « Le voilà, l'assassin ! c'est lui ! » (page 147).

ciait la conduite de M. Decazes à sa juste valeur.

D'ailleurs, l'attentat de Louvel fut loin d'être un fait isolé. Il se rattache au contraire à la campagne menée à cette époque par la Franc-Maçonnerie, dans tous les pays de l'Europe, contre les rois et en particulier contre ceux de la famille des Bourbons. Les événements qui s'accomplirent ensuite à Paris le prouvèrent amplement.

La duchesse de Berry était enceinte, au moment de la mort de son mari. Depuis son deuil, elle habitait le palais des Tuileries, où elle occupait, au premier étage, un appartement dont les fenêtres s'ouvraient sur la rue de Rivoli en face de la rue de l'Echelle, et au-dessus d'un des passages voûtés qui, traversant le palais, mettaient en communication la place du Palais-Royal et la rue Richelieu avec la place du Carrousel. Or, le 28 avril 1820, c'est-à-dire un peu plus de deux mois après le crime de Louvel, à onze heures du soir, un pétard dont la mèche était allumée, fut jeté dans l'un de ces passages. Le pétard éclata et le bruit fut violent. On espérait causer à la duchesse de Berry une brusque secousse et provoquer ainsi une fausse couche. Il n'en fut rien. La princesse était une femme courageuse, et ne perdait pas facilement son sang-froid. Elle se contenta de dire : « — Ils voudraient bien m'effrayer ; mais ils n'y parviendront pas. » Les francs-maçons, après avoir tué le père, attentaient à la vie de son enfant, même avant sa naissance. L'auteur de cette tentative criminelle ne fut pas découvert immédiatement. Dans la nuit du 6 au 7 mai, il apporta au même endroit que la première fois, c'est-à-dire toujours sous les

passer et eut l'audace de saluer le père et la veuve du duc de Berry. Ne pouvant maîtriser son indignation, ni en même temps retenir ses larmes, l'illustre veuve, se jetant dans les bras de son beau-père et montrant du doigt Decazes à la foule des courtisans, s'écria, dans une explosion de colère et de douleur : « — Le voilà, l'assassin ! c'est lui ! c'est lui ! »

appartements de la duchesse, une pièce explosible plus forte que celle qu'il avait déjà fait éclater. Il mettait le feu à la mèche, quand il fut arrêté. C'était un ancien officier qui se nommait Gravier, et qui avait un complice nommé Bouton. C'était bien, comme on le voit, le plan de la Franc-Maçonnerie, qui continuait de s'accomplir.

Pendant ce temps, le procès de Louvel s'instruisait. Bien stylé par le Grand Maître du Rite Ecossais, durant les dix-sept heures qu'il avait passées dans son hôtel, immédiatement après son arrestatation, le meurtrier niait avec énergie avoir eu des complices. Il le faisait en des phrases pompeuses et déclamatoires, si extraordinaires dans la bouche d'un ouvrier sellier sans éducation et sans grande instruction, qu'elles avaient été évidemment préparées par d'autres que par lui, et qu'elles prouvaient seulement l'excellence de sa mémoire. En outre, selon toute probabilité, le Grand Maître Decazes lui avait fait espérer la liberté, s'il taisait les inspirateurs de son crime; car il se conduisit comme un homme qui compte être délivré d'un moment à l'autre.

La secte, d'ailleurs, s'agitait et préparait une insurrection.

La discussion de la loi sur la réforme électorale s'était ouverte, le 15 mai, à la Chambre des députés. Sur ce terrain, les réactionnaires, c'est-à-dire les patriotes royalistes, et les libéraux, c'est-à-dire les francs-maçons et leurs amis, se disputaient à grand bruit. Le F∴ général de La Fayette avait menacé le gouvernement d'une révolution. L'effervescence descendait du Palais Bourbon, où siégeait la Chambre, jusque dans la rue. Des collisions eurent lieu. Les journaux de la secte poussaient à l'émeute. Les cuirassiers et les gendarmes chargeaient des troupes de manifestants qui se dispersaient pour se reformer aussitôt.

Le 5 juin, des milliers d'étudiants, en cravates blanches, armés de grosses cannes, se réunissaient au quai d'Orsay devant la Chambre des députés.

Repoussés par la gendarmerie, ils ne cédèrent que parce qu'il tomba une pluie diluvienne. Le lendemain 6 juin, les manifestants devinrent plus menaçants encore. C'est ce jour-là que la Chambre des Pairs allait porter son jugement contre Louvel.

Or, tandis que l'émeute grondait aux boulevards et au faubourg Saint-Antoine, le meurtrier du duc de Berry, qui se croyait sûr d'être délivré par les Frères et Amis, lisait devant ses juges un mémoire, non pas pour se défendre, mais pour exposer les principes de la Franc-Maçonnerie. De la voix hautaine d'un homme qui parle au nom d'une société puissante, il disait : « J'ai la consolation de croire, en mourant, que je n'ai déshonoré ni ma nation, ni ma famille... Suivant moi et suivant mon système, la mort de Louis XVI était nécessaire, parce que la nation y avait consenti. Si c'était une poignée d'intrigants qui se fût portée aux Tuileries et qui lui eût ôté la vie sur le moment, c'eût été différent; mais, comme Louis XVI et sa famille sont restés longtemps en arrestation, on ne peut pas concevoir que ce ne soit pas de l'aveu de la nation... Aujourd'hui, les Bourbons prétendent être les maîtres; mais, suivant moi, ils sont coupables, et la nation serait déshonorée, si elle se laissait gouverner par eux. »

Au dehors, les Loges ne disaient pas autre chose par la voix des manifestants.

La Chambre des Pairs, à l'unanimité, condamna Louvel à mort.

Le lendemain, 7 juin, à six heures du soir, il fut conduit sur la place de Grève où se dressait la guillotine et qu'encombrait une immense multitude. Le gouvernement avait mis sur pied toute une armée pour parer aux événements. Louvel regardait à droite, à gauche, tendait l'oreille. Le parti de la Révolution dont il avait épousé si ardemment la cause, la Franc-Maçonnerie dont il avait exécuté les projets en exposant sa vie, les Frères et Amis dont il avait obstinément refusé de révéler les noms, le

Grand Maître Decazes dont il avait aveuglément
suivi les instructions, n'allaient-ils pas accourir
pour le délivrer ?

Il était là, anxieux, sur l'échafaud. Les promesses
de salut que le Grand Maître lui avaient faites,
allait-elles ne pas être tenues ?... Terrible moment
pour le criminel dont on a armé le bras, qu'on a
fanatisé, à qui on a dit : « Frappe, et sois dévoué
à notre cause ! Frappe, et nous disposerons tout de
telle façon que, une fois le coup donné, tu pourras
prendre la fuite ! Frappe, et si, par impossible, par
l'effet de quelque circonstance imprévue, tu es arrêté, nous serons là derrière toi dans l'ombre,
veillant sur toi ! Frappe, et dans le procès qu'on
instruira alors, ne dénonce que toi seul, sacrifie-
toi en apparence, et compte sur nous ! Frappe, et
sois bien convaincu que nous ne t'abandonnerons
pas, que nos mesures seront bien prises pour faire
éclater, à l'heure suprême, la Révolution dont tu
auras été le préparateur, pour soulever l'émeute
populaire qui t'arrachera au bourreau et te portera
en triomphe ! Frappe, frappe, vaillant Chevalier
Kadosch, héros des Arrière-Loges ; à la minute décisive, tes Frères te sauveront ! »

Et le fou, qui a été à la fois l'instrument scélérat
et l'abominable dupe de la secte, le Kadosch fanatique et insensé attend. Il compte les secondes, il
promène ses regards sur cette multitude qui l'entoure. Il n'a pas compris encore que la Maçonnerie
tue ceux dont la main coupable lui a servi à tuer.
Il sonde, de son œil égaré, cette foule, espérant qu'à
un cri de ralliement des groupes se formeront, sor-
tiront leurs armes et s'élanceront sur l'échafaud.

Vain espoir. Il n'a autour de lui que la multitude
des passionnés de la guillotine, que la foule ordinaire et bestiale qui se délecte aux spectacles de mort.
Aucun mouvement ne se produit, aucun signal n'est
donné, si ce n'est celui de l'exécuteur à ses aides.
Et le F∴ Louvel est saisi par les bourreaux ; il est
jeté tout à coup sur la planche fatale, à l'instant où

il murmure : « Ils ne viennent donc pas me déli..... »
Il n'a pas le temps d'achever ; son cou est pris dans
la sinistre lunette ; le couperet tombe ; la tête du
F∴ Louvel roule dans le lugubre panier. C'est fini,
le Grand Maître duc Decazes peut maintenant dormir
en paix.

Eh bien, non ! la paix ne sera pas laissée à cet
homme.

Chaque fois que la duchesse de Berry rencontrera
Decazes, elle le désignera du doigt, et, au milieu
d'un sanglot, elle criera :

« — Le voilà, l'assassin ! c'est lui ! l'assassin, c'est
lui ! »

VII

William Morgan.

On sait combien la Franc-Maçonnerie est jalouse
de ses secrets. Ce n'est pas, comme on pourrait le
penser, et comme elle l'affirme elle-même, par mo-
destie, non ; c'est parce qu'elle craint, ses fameux
mystères étant dévoilés, de succomber sous l'odieux
et le ridicule.

Longtemps, elle réussit à vivre dans l'ombre, à
l'abri des indiscrétions. Quand quelques écrivains
indépendants et courageux dévoilaient ses manœuvres et son but, comme le fit en France le P. Le
Franc dans ses ouvrages intitulés : *Le Voile Levé* et
*La Conjuration contre l'Eglise Catholique et les Souve-
rains*, elle prenait ses mesures pour acquérir tous
les volumes, — tirés, du reste, en petit nombre, à
cette époque, — et les faisait promptement disparaître.

En Amérique, aucune révélation sur la secte n'a-
vait encore paru, ou du moins, grâce aux efforts des

Francs-Maçons, n'avait attiré l'attention du public, quand, en 1826, fut mis en vente, à New-York, un livre intitulé : *Freemasonry exposed and explained* (la Franc-Maçonnerie exposée et expliquée), par William Morgan.

L'ouvrage ne ressemblait à aucun de ceux que l'on avait coutume de voir ; il révélait les secrets de la Société, jusque-là mystérieuse, et reproduisait au complet les Rituels maçonniques du Rite Ecossais, qui était alors celui généralement pratiqué en Amérique. L'auteur était un journaliste de New-York, qui avait fait partie de la Loge *la Branche d'Olivier*, établie à Batavia, comté de Genesee.

Un beau jour, écœuré de tout ce qu'il voyait et entendait dans les Loges, il sentit se réveiller en lui les sentiments d'honnêteté et de loyauté que la secte s'était efforcé d'étouffer sans y parvenir complètement. Epouvanté du mal qu'il avait contribué à faire, il voulut le réparer dans la mesure de ses moyens ; et, très courageusement, car il prévoyait parfaitement qu'il allait se désigner par là-même à la vengeance des Frères et Amis, il écrivit et publia son livre.

L'ouvrage eut un grand retentissement, et, par la simple exposition de la vérité, contribua, naturellement, à discréditer la secte. Il y eut alors une véritable explosion de rage dans les Loges. On décida qu'il fallait punir « le traître » et par sa mort effrayer ceux qui seraient tentés de l'imiter. Les Chevaliers Kadosch se demandaient quand ils recevraient l'ordre de frapper le parjure et les Grands Inspecteurs Généraux préparaient les détails de l'exécution.

Les Frères haut-gradés firent rédiger par les Kadosch de Batavia des rapports détaillés sur la vie et les habitudes de William Morgan ; ils réunirent tous les renseignements recueillis en une notice unique qui circula de main en main avec les plus grandes précautions parmi les grands dignitaires chargés de la suprématie judiciaire.

Les rapports des Kadosch de Batavia présentaient

William Morgan comme un homme courageux, déterminé et perspicace, qui, s'attendant à quelque attaque, se tenait sur ses gardes. D'un autre côté, un public nombreux s'étant montré favorable à l'auteur de la *Franc-Maçonnerie exposée et expliquée*, il serait nécessaire d'user d'une grande adresse pour le faire disparaître sans esclandre. La notice générale, résumant les rapports particuliers, insistait sur cette circonstance, que le journaliste ne possédait aucune fortune personnelle, et indiquait que c'était sans doute par là que l'on pourrait s'en emparer.

Le Souverain Tribunal s'étant réuni, le Grand Orateur conclut à ce que l'ex-Frère William Morgan fût « privé de la société des honnêtes gens », c'est-à-dire condamné à mort. Tous les juges votèrent cette sentence, et le Très Parfait Président brisa l'épée qui représentait la vie du courageux auteur et en jeta les débris au milieu de l'assemblée. Le jugement était porté, il ne restait plus qu'à l'exécuter; ce qui n'était pas à la vérité fort commode.

Un certain jour, un maître d'hôtel, nommé Kinsley, franc-maçon fervent, vint trouver le juge de son canton et lui dit : « On m'a dérobé du linge et des bijoux. L'auteur du vol est William Morgan; je demande son arrestation. » Le juge, qui était lui aussi franc-maçon, avait reçu, de son côté, les instructions nécessaires; obéissant aux ordres du Suprême-Conseil, il donna immédiatement l'ordre d'arrêter le journaliste, là où on le trouverait.

Morgan était en ce moment à Canandaigua; la police mit la main sur lui. Mais Kinsley, plus zélé qu'habile, avait mal pris ses mesures, et Morgan n'eut pas de peine à prouver son innocence. On fut obligé de le relâcher au bout de peu de temps.

Toutefois, cet événement désagréable dans lequel il avait facilement reconnu l'inspiration de la secte, l'avait rendu encore plus défiant qu'avant. Pendant sa détention, il avait eu le temps de faire des réflexions, et il s'était tenu à lui-même ce raisonnement : « Mes anciens collègues m'ont fait incarcérer

9.

pour m'enlever la possibilité de choisir mes aliments. Un beau jour, on m'administrera quelque poudre, mélangée dans un ragoût, ou l'on versera dans ma boisson quelques gouttes d'*Aqua Tofana*, et je serai empoisonné. » Morgan examina donc les mets qu'on lui servait, en goûtant une petite quantité avant d'en manger à sa faim, et se contenta du strict nécessaire comme boisson et comme nourriture. On comprend que ces précautions continuelles ne lui rendaient pas son séjour en prison fort gai ; aussi, dès qu'il en fut sorti, se promit-il bien de faire tout ce qui dépendrait de lui pour n'y jamais rentrer.

Cependant, son ouvrage faisait grand tapage aux Etats-Unis, et de nombreuses personnes venaient le féliciter de son courage. Parmi les visiteurs, se présenta un certain Loton Lawson. C'était un homme de bonnes manières, qui paraissait jouir d'une certaine fortune et se montrait, dans ses discours, très opposé à la Franc-Maçonnerie. Il venait voir souvent Morgan et lui répétait d'une voix émue, en lui secouant cordialement les mains :

« — Ah ! mon cher ami, vous ne pouvez vous imaginer le bien produit par votre ouvrage et le plaisir que j'ai ressenti à le lire. J'admire votre vaillance. Franchement, je désirerais que vous pussiez mettre mon amitié à l'épreuve ; vous verriez qu'il n'est pas au monde quelqu'un qui vous soit plus dévoué que moi. »

« — Bien ! bien ! pensait Morgan, qui était quelque peu blasé sur la question des amitiés ; tous ces compliments ne sont que des mots en l'air. Avant de croire à ce beau dévouement, attendons que les circonstances me permettent de l'éprouver. »

Ces circonstances ne tardèrent pas à se produire. Un Frère de la Loge de Rochester, nommé David Jackson, présenta aux magistrats du comté de Genesee, qui appartenaient tous à la secte, divers titres de créance, par lesquels Morgan lui devait mille dollars. A cette époque, la prison pour dettes existait aux Etats-Unis; David Jackson requit l'incarcération de son débiteur. Le journaliste qui craignait de rentrer en prison, se défendit énergiquement : « — Les titres de créance qu'on produit contre moi, disait-il, sont faux! Je ne dois rien à David Jackson. » « — Cela ne nous regarde pas, pour le moment, répondirent les juges. La loi est formelle sur votre cas ; votre créancier requiert votre emprisonnement, et ses titres ont toutes les apparences de l'authenticité. Nous devons donc, d'abord, vous empêcher de vous soustraire par la fuite au paiement de votre dette. Etablissez tout de suite la fausseté des pièces produites contre vous ; ou bien, si vous tenez à être libre, versez au tribunal une caution de mille dollars, qui assurera le paiement de la dette au cas où vous seriez reconnu la devoir. » « — Eh! comment verserais-je mille dollars? s'écria Morgan ; je ne les possède pas. » « — Il vous faut donc entrer en prison. » Et ce fut fait.

« — Allons! disait tristement le journaliste à Loton Lawson qui avait obtenu la permission de lui rendre visite; décidément, c'est en prison que les Loges me feront mon affaire. Je me défie de tous les aliments qui me sont présentés ; mais comment éviter le poison, puisque je n'ai pas le choix de ma nourriture et de ma boisson?... Je suis convaincu qu'il me faut sortir d'ici au plus tôt, sauf, à discuter une fois libre, la validité de la mesure prise contre moi... Et, parmi les admirateurs qui m'ont comblé de louanges, et qui m'ont assuré de leur dévouement, qui mettrait ses paroles en actions? qui voudrait me servir de caution? Personne assurément! »

Loton Lawson posa amicalement sa main sur le bras de Morgan :

« — Personne! Vous vous trompez; celui qui vous servira de caution, ce sera moi.

« — Vous! mais savez-vous bien que les juges exigent que cette caution soit de mille dollars?

« — Je le sais, et j'apporterai cette somme pas plus tard que demain.

« — Ah ! vous êtes mon sauveur ! s'écria Morgan ; vous tenez ce que vous promettez, vous ! »

Le lendemain, 13 septembre 1826, à l'heure convenue, Loton Lawson revint à la maison d'arrêt avec une voiture et quelques camarades. Il consigna au greffe de la prison les mille dollars ; puis il dit au journaliste tout joyeux de sa délivrance :

« — Vous savez que je vous emmène chez moi. Pour fêter votre retour à la liberté, j'ai invité quelques-uns de mes amis à venir passer une huitaine de jours dans une propriété que je possède auprès du lac Ontario. Nous y chasserons, nous y pêcherons, nous y ferons bonne chère et nous boirons sec ; enfin, vous vous remettrez des privations que vous avez endurées en prison, et surtout vous y serez à l'abri de vos persécuteurs et entouré d'amis qui vous défendraient au besoin contre les poignards de la secte. Ma femme, qui a lu votre livre, en est enthousiasmée ; elle désire vivement faire votre connaissance, et elle m'a bien recommandé de vous amener aussitôt délivré. »

On ne refuse rien à l'homme qui vient de se porter caution pour vous, et William Morgan, sans défiance, monta dans la voiture qui attendait à la porte de la maison d'arrêt et qui partit dans la direction de Rochester.

La conversation fut gaie et animée tant que l'on fut en vue des habitations ; mais dès que l'on fut arrivé dans la campagne déserte, les compagnons de Morgan, qui n'étaient autres que des Kadosch de l'Aréopage de Rochester, se jetèrent sur lui à l'improviste. Tandis que les uns lui attachaient solidement les mains et les pieds avec des cordes, un autre le bâillonnait avec un mouchoir fortement serré.

La voiture roula jusqu'au soir et conduisit les uns et les autres près du Fort-Niagara. Là elle s'arrêta, et les Chevaliers Kadosch mirent pied à terre. Le Vénérable de la Loge *la Branche d'Olivier*, de Batavia, dont Morgan avait fait partie, les attendait. Ils

Supplice de William Morgan. — Pendant deux jours et trois nuits, le courageux journaliste fut horriblement torturé, dans une cave, par les membres de la Loge de Rochester, à qui il avait été livré par trahison (page 160).

débarrassèrent les jambes de leur prisonnier de
leurs entraves ; et, le tenant par les bras et par les
épaules, ils l'entraînèrent vers une maison isolée,
située près du lac Ontario.

Ils le frappaient de coups de poing et de coups de
pied pour le faire avancer, et, quand il tardait trop,
ou qu'il essayait de se défendre, l'un d'eux avec un
poignard le piquait dans le dos ; quand le prisonnier tressaillait et poussait un cri de douleur étouffé
par le bâillon, ses bourreaux ricanaient. Tout en
marchant, ils l'insultaient.

« — Traître, disaient-ils, tu n'as pas craint de vio-
ler tes serments en publiant les rituels de l'Ordre ;
tu vas être châtié. Le jugement qui a été porté
contre toi, parjure, sera exécuté dans toute sa rigueur. Te rappelles-tu les tourments auxquels tu
t'es soumis, si tu venais à divulguer les secrets de
la Franc-Maçonnerie ? Ils te seront appliqués ! Tu
n'as point de pardon à espérer. Il faut que, si l'on
découvre ton cadavre, la vue de tes blessures épouvante les profanes qui voudraient pénétrer nos mystères et fasse rentrer dans le devoir les faux-frères
qui seraient tentés de t'imiter ! »

Cette nuit de septembre était claire, et la lune se
montrait de temps en temps. Le garde-magasin du
Fort-Niagara, nommé Edward Giddins, aperçut très
distinctement les francs-maçons entourant et mal-
traitant leur victime ; il entendit leurs reproches et
leurs menaces. Pensant que c'était une bande de
brigands qui infligeait un châtiment à l'un des siens,
il n'eut pas le courage d'intervenir.

Les bourreaux et la victime entrèrent dans la
aison isolée, dont la porte fut exactement fermée.
mLe lendemain, à la nuit tombante, une négresse
venue pour puiser de l'eau auprès de cette maison
qu'elle croyait inhabitée, se redressa soudain ; elle
avait entendu des gémissements et des cris sauvages.
Partagée entre l'effroi et la curiosité, elle se hissa le
long du mur jusqu'à une petite fenêtre éclairée.

Le spectacle qu'elle vit à l'intérieur l'épouvanta.

En face d'elle, bien éclairé par la lumière de plusieurs torches, un homme, dépouillé de ses vêtements, était fixé contre le mur, les bras et les jambes écartés formait une vivante croix de Saint-André. Autour des poignets et des chevilles, s'enroulaient par un bout quatre cordes qui, violemment tendues, se nouaient par leur extrémité à quatre gros clous enfoncés dans la muraille. Elles maintenaient ainsi le supplicié dans une douloureuse position verticale, à un demi-mètre au-dessus du sol sur lequel ses pieds ne posaient pas. Sa poitrine n'était qu'une plaie saignante. Autour de lui, des hommes, ivres de sang et d'eau-de-vie, ricanaient et l'insultaient. Sur un brasier de charbons ardents, une tige de fer rougissait. C'était une scène digne de l'enfer.

« — C'est à ton tour, Henri Brown », dit celui qui paraissait commander aux meurtriers et qui n'était autre que Loton Lawson, président du Souverain Tribunal maçonnique de Boston, organisateur de l'assassinat. (C'est à Boston qu'avait été fondée, en 1733, la première Loge des Etats-Unis de l'Amérique du Nord.)

L'homme interpellé se leva du banc sur lequel il était assis, prit la tige de fer rougie, et s'approcha en titubant du supplicié. Il éleva le tisonnier à la hauteur de la figure de Morgan et lui brûla les yeux. Mais, comme l'exécuteur était ivre, il balafra de sillons douloureux les joues du patient. La chair grésilla et la victime poussa un cri si terrible que la négresse, témoin de cette scène épouvantable, s'enfuit, les cheveux dressés d'horreur sur la tête.

Le lendemain soir, étant encore revenue puiser de l'eau et entendant des gémissements partir de la maison lugubre, mais plus affaiblis que la veille, elle se hissa de nouveau à la fenêtre. Le corps de William Morgan n'était plus qu'une plaie. Parplaces, les chairs, qui avaient été tailladées, avaient pris des teintes violacées : on avait sans doute versé dessus quelque liquide pour rendre la douleur plus vive.

« — Allons, Monroë, te décideras-tu à en finir? dit Loton Lawson, voici la troisième nuit que nous passons ici. Donne-lui le coup de grâce, le coup de l'artère carotide, et que nous partions ! »

Monroë se leva, tira un poignard, et, visant bien la place, le planta dans le côté gauche du cou de la victime. Elle tressaillit et pencha la tête : son supplice était terminé.

Dans la nuit, le cadavre fut transporté dans une barque et porté à Pembrocke, dans la province d'Ontario, Haut-Canada, où il fut enterré clandestinement.

Ce n'est que bien plus tard que les détails de l'assassinat furent connus ; car ni Edward Giddins ni la négresse n'avaient osé parler, sur le premier moment.

L'enlèvement du journaliste avait produit une profonde sensation dans toute l'étendue des Etats-Unis. Une Ligue Anti-Maçonnique se forma pour aider les magistrats dans leurs recherches. Mais ceux-ci, qui étaient francs-maçons, de même que Clinton, le gouverneur de l'Etat de New-York, ne se pressaient pas de faire aboutir l'enquête.

Cependant Giddins et la négresse se décidèrent à déclarer ce qu'ils avaient vu ; les magistrats ne tinrent aucun compte de leurs dépositions. Henri Brown, dans un moment d'ivresse, avait laissé échapper quelques paroles compromettantes ; il était considéré par le public comme l'un des principaux meurtriers ; les juges ne le firent même pas comparaître devant eux à titre d'information.

Alors, les citoyens du pays s'indignèrent. On cria au déni de justice. Le crime était indiscutable ; pourquoi les magistrats se renfermaient-ils dans une scandaleuse abstention ? Sur tous les points des Etats-Unis des meetings s'organisèrent. Partout on déclarait que les francs-maçons devaient être exclus de toutes les fonctions publiques. Des mères jurèrent publiquement de ne jamais donner leurs filles à des francs-maçons ; des filles jurèrent à leur tour, de ne jamais accepter des francs-maçons pour maris. L'indignation populaire s'étendait de province en province.

Deux ans après l'assassinat de William Morgan, une assemblée solennelle d'Anti-Maçons se réunit à Leroy, le 4 juillet 1828. Là, trois cents Frères renièrent publiquement la Maçonnerie, et, aux applaudissements d'une foule immense, déclarèrent que l'infortuné Morgan, dans ses révélations, causes de sa mort, n'avait rien publié qui ne fût scrupuleusement vrai.

Pour se disculper, la secte fit publier par ses journaux que le journaliste disparu était un ivrogne et que, s'il avait été se promener du côté du lac Ontario, il y était tombé et s'était noyé accidentellement. Les amis de Morgan protestèrent, prouvant qu'il était très sobre. Les francs-maçons apportèrent alors un cadavre repêché dans le lac Ontario; mais on le reconnut, c'était celui de Monroë, assassiné, lui aussi, pour avoir sans doute manifesté quelque remords. Le public se dit avec raison que c'était là un nouveau méfait de la secte et les colères s'exaltèrent.

Les Loges, devant l'explosion de l'indignation publique, cessèrent leurs tenues dans toute l'étendue des États-Unis, au Canada et dans les autres colonies anglaises de l'Amérique.

Toutefois, tout a une fin; peu à peu, la colère populaire s'apaisa. Pour en finir, en 1832, les journaux à la solde de la Franc-Maçonnerie insinuèrent que Morgan n'était pas mort, que le tapage fait autour de son nom était l'œuvre intéressée des ennemis de la société, et que des voyageurs l'avaient rencontré à Smyrne, où il vivait tranquillement, enrôlé parmi les disciples de Mahomet. Comme Smyrne, situé en Asie, à l'extrémité de la Méditerranée, est à plusieurs milliers de lieues de New-York, qui est sur les bords de l'Océan Atlantique, la vérification du racontar maçonnique était difficile à faire. L'opinion publique, du reste, était lassée. Aussi tout en resta là.

Ce n'est qu'en août 1875 que le *New-York Hérald*, le plus important journal des Etats-Unis, reprit l'enquête et découvrit, en juillet 1881, la sépulture du malheureux Morgan, à Pembroke, comme nous l'avons déjà dit. Les membres de la Loge de Rochester furent reconnus officiellement pour les assassins. Dans la fosse de leur victime, on retrouva quelques débris de papier portant le nom du franc-maçon Henri Brown, l'un des principaux meurtriers. Quant à Loton Lawson, on ne sut jamais ce qu'il était devenu.

Aujourd'hui, la statue de William Morgan s'élève sur l'une des places publiques de Batavia, état de New-York. Elle a été inaugurée solennellement en 1882. Il va sans dire que les journaux européens rédigés par des francs-maçons se sont bien gardés de dire un mot de cette cérémonie, à la gloire du courageux écrivain qui avait payé de sa vie son amour de la vérité.

VIII

Les Carbonari de Marseille.

En 1834, un triple assassinat, commis avec une audace inouïe, épouvanta la ville de Rodez, située dans le Midi de la France. Les investigations de la police prouvèrent que ce crime avait été accompli en exécution d'un jugement porté par une « Vente de Carbonari ».

Avant d'aller plus loin, quelques explications sont nécessaires.

Dans toutes les révolutions qui ont eu lieu, soit en France, soit dans les autres pays, depuis la chute de Napoléon Ier, est apparue une association secrète appelée « Carbonara » en italien, et, en français,

« Charbonnerie » ou « Maçonnerie Forestière ».

Qu'est-ce que la Carbonara ? Que sont les hommes qui en font partie, les carbonari ?

La Carbonara est la fille active de la Franc-Maçonnerie.

Elle a pour dogmes principaux, pour règles de conduite, les articles suivants du règlement de l'une des plus importantes Arrière-Loges d'Europe : nous voulons parler de la Haute Vente *la Jeune Italie*, fondée par le célèbre Mazzini.

« Art. 2. — Ayant reconnu les horribles maux du pouvoir absolu et ceux plus grands encore des monarchies constitutionnelles, nous devons travailler à fonder une république une et indivisible.

« Art. 30. — Ceux qui n'obéiront point aux ordres de la Société, ou qui en dévoileront les mystères, seront poignardés sans rémission. Même châtiment pour les traîtres.

« Art. 31. — Le Tribunal Secret prononcera la sentence et désignera un ou deux affiliés pour son exécution immédiate.

« Art. 32. — Quiconque refusera d'exécuter l'arrêt sera déclaré parjure et, comme tel, mis à mort sur-le-champ.

« Art. 33. — Si le coupable s'échappe, il sera poursuivi sans trêve ni merci, en tout lieu, et il devra être frappé, fût-il sur le sein de sa mère ou dans le Sanctuaire du Christ.

« Art. 34. — Chaque Tribunal Secret sera compétent, non seulement pour juger les adeptes coupables, mais encore pour faire mettre à mort toute personne qu'il aura frappé d'anathème. »

Or, la Haute Vente *la Jeune Italie*, qui possède et suit de semblables règlements, est considérée par les francs-maçons haut-gradés comme la Haute Vente modèle. Jugez par là quel est l'esprit de la Carbonara ou Maçonnerie Forestière.

Elle forme l'avant-garde de la secte, organise les révolutions, et prend part à toutes les émeutes qui peuvent être utiles au but que poursuit la Maçonnerie.

Voici comment se recrutent les carbonari :

Parmi les Frères Trois-Points, il y a des hommes de tous les caractères. Les uns sont satisfaits des discours qu'ils entendent dans les Loges, des cérémonies auxquelles ils assistent, ils s'en contentent et ne veulent point sortir de leurs occupations habituelles autrement qu'à jour fixe et à heure déterminée ; les autres sont de tempérament ardent et ne conçoivent pas une association politique sans l'action publique soit par la parole soit par les armes.

Ce sont ces derniers qui sont appelés par les dignitaires de la secte à faire partie de la Maçonnerie Forestière.

Pour être affilié à cette avant-garde, il faut remplir les conditions suivantes : avoir reçu le grade de Maître, être membre actif et assidu de sa loge, et avoir assisté au moins aux quatre dernières tenues de maîtrise de son Atelier.

La Maçonnerie Forestière n'est pas organisée de la même façon que la Maçonnerie ordinaire. Les Loges de celle-ci peuvent compter un nombre illimité de membres ; il n'en est pas ainsi dans la Charbonnerie.

D'ailleurs, voici le tableau complet et résumé de son organisation :

Au sommet, se trouve la Vente Suprême. Elle compte autant de membres qu'il est nécessaire ; ils ne sont jamais nombreux, on va voir tout à l'heure pourquoi. Ils ont tous reçu le grade de 32e dans la Franc-Maçonnerie ; par conséquent, ils sont classés parmi les chefs de l'ordre.

Chacun des carbonari de cette Vente Suprême réunit autour de lui dix-neuf Frères Trois-Points dont il est sûr. Cette réunion prend le titre de Haute Vente ; elle ne peut pas compter plus de vingt membres, le président compris. Celui-ci la représente seul auprès de la Vente Suprême. Chacun des dix-neuf conjurés qui obéissent à ce chef, ne connaissent que lui, et personne autre des membres de la Vente Suprême.

Chacun des carbonari de la Haute Vente groupe à son tour dix-neuf associés. Le groupe ainsi formé s'appelle Vente Centrale.

Il se forme un quatrième groupement sous le nom de Vente Particulière, c'est le dernier échelon de l'échelle. Ce groupement, composé de vingt conjurés, obéit à l'un d'eux qui le représente à la Vente Centrale dont il est membre.

Donc, chaque 32e faisant partie de la Vente Suprême, commande directement à vingt Frères d'une Haute Vente, et indirectement, à quatre cents Frères des Ventes Centrales, et à huit mille Frères des Ventes Particulières.

Il existe dans la Vente Suprême autant de membres qu'il y a de fois huit mille carbonari dans toute l'association.

Grâce à cette hiérarchie, les carbonari obéissent donc à des chefs suprêmes qu'ils ne connaissent pas, puisqu'ils ont seulement affaire à leur commandant immédiat.

De plus, il est expressément défendu aux Frères de fréquenter une autre Vente que celle dont ils font partie. C'est le contraire de ce qui se pratique dans la Maçonnerie ordinaire, où les initiés sont admis dans toutes les Loges non seulement de leur rite, mais même d'un rite étranger.

De l'organisation de la Maçonnerie Forestière et du secret auquel sont tenus les membres, il résulte que la Haute Maçonnerie des grades dits administratifs dispose d'une armée d'esclaves aveugles et d'une force politique non seulement considérable, mais surtout ayant une puissance inouïe, vu l'unité d'action, et la promptitude avec laquelle les ordres partis d'en haut sont transmis et exécutés, le cas échéant.

Il convient de dire aussi que la Maçonnerie Forestière ne fonctionne pas d'une manière permanente. Les hauts grades l'organisent et la font manœuvrer seulement quand les besoins de la politique l'exigent, c'est-à-dire lorsque la Maçonnerie n'occupe pas le pouvoir ou qu'elle voit sa puissance menacée par quelque danger.

En France, elle a fonctionné surtout à la fin du

règne de Napoléon Ier; sous celui de Louis XVIII, où elle prépara les Cent-Jours; sous Charles X et Louis-Philippe.

Sous la deuxième République, la Maçonnerie organisa aussi de nombreuses Ventes, pour entretenir l'agitation et conserver un pouvoir qu'elle sentait lui échapper.

Enfin, l'époque la plus récente du fonctionnement du Carbonarisme en France est le septennat du maréchal de Mac-Mahon ; depuis la chute de la Commune jusqu'à l'élection de M. Grévy, la Maçonnerie Forestière a fait de la conspiration latente, sans cesse sur le qui-vive, toujours prête à un coup de main, manœuvrant dans l'ombre avec un effectif d'environ huit cents Ventes, c'est-à-dire de seize mille Frères résolus à tout.

Le carbonaro est le soldat de l'émeute, comme le Chevalier Kadosch est l'exécuteur secret des vengeances maçonniques. Le bijou du Kadosch est le poignard; celui du carbonaro est le fusil. Tout membre d'une Vente doit avoir constamment chez lui une carabine et cinquante cartouches, et se tenir prêt à descendre dans la rue au premier signal.

Ces explications étaient nécessaires pour l'intelligence de ce qui va suivre. Il fallait connaître les principes de la Maçonnerie Forestière, son organisation et son fanatisme pour s'expliquer la rage avec laquelle furent frappés à Rodez, en 1834, M. et Mme Emiliani et leur ami Lazzoneschi.

Les victimes avaient été condamnées par jugement secret, rendu à Marseille dans le local de la loge la *Parfaite Union*. Cette loge, fondée le 18 avril 1828 par le Grand-Orient de France, existe encore. Ses membres se réunissent régulièrement, tous les lundis à huit heures du soir; le local est situé à Marseille, rue Piscatoris, n° 24.

Sur tout le littoral français de la Méditerranée, dans la Provence et dans le Languedoc, habitent beaucoup d'émigrés Italiens. Dans le département des Bouches-du-Rhône principalement, de nombreux

Maçons étrangers fréquentent les Loges du pays et finissent par s'y faire affilier quand ils se sont résolus à s'établir définitivement en France.

Tel était le cas, en 1833, de quatre Italiens, MM. Emiliani, Scuriatti, Lazzoneschi et Adriani. Ils avaient le grade de Maître, se montraient assidus aux tenues de la loge et paraissaient des hommes énergiques. Les chefs de la secte les remarquèrent et les firent entrer dans la Maçonnerie Forestière.

Quand ils virent qu'il ne s'agissait plus d'entendre des conférences et d'assister à des initiations remplies d'incidents comiques, mais qu'il était bel et bien question de se tenir prêts au premier signal à faire le coup de feu derrière une barricade, ils se ravisèrent et donnèrent leur démission.

Malheureusement pour eux, ils en savaient trop long; de plus, Emiliani, en se retirant, avait exprimé d'une façon très catégorique sa réprobation pour les menées révolutionnaires des carbonari.

Aussitôt, grand émoi dans la Vente. On craignait que les démissionnaires ne fissent quelque révélation compromettante pour la secte.

Quelle conduite fallait-il tenir à leur égard?

Dans ces conjonctures difficiles, on écrivit à Mazzini qui était à Genève et qui dirigeait l'action des Arrière-Loges et des Ventes.

Le grand chef de la Maçonnerie Forestière estima que l'affaire méritait qu'il se dérangeât. Il vint donc à Marseille, réunit dans le local de la loge la *Parfaite Union*, les Frères qui avaient les plus hauts grades et les constitua en tribunal secret.

Il présida la séance, ayant pour secrétaire le F∴ La Cécilia, père du révolutionnaire qui fut plus tard général de la Commune de Paris, en 1871.

La Franc-Maçonnerie avait ouvert une enquête sur les quatre Italiens, et par les espions qu'elle possède à son service, elle avait appris que les carbonari démissionnaires s'étaient rendus à Rodez.

Le Tribunal secret décida qu'Emiliani, celui qui

Le crime de Rodez. — Deux carbonari italiens, Emiliani et Lazzoneschi, ayant démissionné en laissant comprendre leur horreur pour la secte, sont poignardés à Rodez, ainsi que Mme Emiliani, par le F∴ Gaviol (page 172).

avait manifesté hautement des sentiments hostiles, serait assassiné.

Ordinairement, quand la secte rend un semblable jugement, elle a bien soin, non seulement de ne pas le coucher par écrit sur une feuille de papier, mais même de détruire toutes les pièces de l'enquête qui a motivé son arrêt; dans le cas présent, il n'en fut pas de même.

Suivant son habitude, Mazzini, très prodigue de sa signature, fit rédiger tout au long l'abominable sentence. Il eut l'audace de la signer avec le titre de T∴ P∴ P∴ (Très Parfait Président) et de la faire contresigner par La Cécilia avec le titre de C∴ G∴ S∴ (Chancelier Grand Secrétaire).

Cet arrêt de condamnation se terminait ainsi : « Le Président de la Vente de Rodez fera choix des exécuteurs de la présente sentence, qui en demeureront chargés dans le délai de rigueur de vingt jours; celui qui s'y refuserait, encourrait la mort *ipso facto.* »

Cependant la Franc-Maçonnerie résolut d'agir avec prudence et de cacher le vrai motif du crime. Il fut convenu qu'Emiliani serait frappé par des Italiens, afin de faire croire à une vengeance particulière. Il fallait prévoir le cas où les meurtriers ne parviendraient pas à s'esquiver à temps et seraient capturés par la police.

A quelque temps de là, Emiliani, passant par les rues de Rodez, fut assailli par six de ses compatriotes qui lui cherchèrent une mauvaise querelle, et, dans la bagarre, il reçut plusieurs coups de couteau. Les assassins le laissèrent pour mort sur la place et s'enfuirent.

Pendant quelque temps, ils réussirent à se soustraire aux investigations de la police, mais ils finirent par être découverts et arrêtés.

Quant à Emiliani, il eut le bonheur de survivre à ses blessures, qui cependant le laissèrent très affaibli. La justice intruisit l'affaire; mais, trompée par certaines apparences que la secte avait habilement créées, elle ne soupçonna pas le vrai motif de

l'agression, et se crut en présence de simples batailleurs trop prompts à jouer du couteau.

A l'audience de la cour d'assises, les coupables ne
furent condamnés qu'à cinq ans de réclusion, la préméditation du crime n'ayant pu être prouvée.

Emiliani, tout pâle encore du sang qu'il avait
perdu, avait assisté au procès, accompagné de sa
femme, qui l'entourait des soins réclamés par son
état de faiblesse.

Au sortir de l'audience, se sentant fatigué, il entra
dans un café, au bras de sa femme et accompagné
de son ami Lazzoneschi. Ils se félicitaient d'être
débarrassés de leurs ennemis et de pouvoir mener
une vie tranquille, au moins pendant les cinq ans
que les meurtriers seraient sous les verrous ; mais
leurs projets ne devaient pas se réaliser.

A peine sont-ils assis, qu'un homme, qu'ils ne
connaissent nullement, fait irruption dans le café.
Sans dire un mot, il fond sur Emiliani et lui plonge
un poignard dans la poitrine ; d'un deuxième coup,
il étend par terre Lazzoneschi ; puis, comme madame Emiliani se précipite au secours de son mari,
il la renverse à son tour, en la frappant par deux
fois de son arme.

Cette scène dure quelques secondes à peine.
L'assassin n'a prononcé aucune parole, n'a proféré
aucun cri. Il s'enfuit. Des jeunes gens courent après
lui, le rejoignent, le saisissent. Il se défend en dé-
sespéré ; on parvient pourtant à s'en rendre maître.
La police accourt et entraîne le meurtrier.

Alors, la justice se rend compte qu'il y a dans
cette affaire autre chose qu'une vengeance particulière. Le parquet se livre à une enquête minutieuse
et parvient à mettre la main sur le fameux jugement du tribunal secret de Marseille, signé par
Mazzini et contresigné par La Cécilia.

Emiliani et sa femme, ainsi que Lazzoneschi, suc-
combèrent à leurs blessures, peu de temps après.
Leurs obsèques eurent lieu avec une certaine solen-
nité ; néanmoins la terreur était si grande dans la

ville que les personnes qui assistèrent aux funérailles, pour protester contre le crime, demandèrent ensuite à l'autorité de porter constamment des armes sur elles, afin de pouvoir se défendre, en cas d'attaque.

Le meurtrier fut guillotiné. Il s'appelait le F∴ Gaviol. Il avait gravi tous les degrés de l'échelle de l'assassinat de la Franc-Maçonnerie; il était Chevalier Kadosch.

Les victimes et les coupables dans cette horrible affaire sont connus par leurs noms; les motifs du crime ont été dévoilés en plein jour; la sentence rendue par la Vente de Marseille a été publiée avec les signatures (cette pièce existait encore, il y a peu d'années, aux archives de la Cour d'appel de Montpellier, qui compte Rodez dans sa circonscription judiciaire); les journaux de l'époque ont raconté les faits tout au long; aucun crime n'a donc jamais été mieux prouvé, mieux établi, que ce triple assassinat commis par un Chevalier Kadosch, exécuteur des vengeances de la Franc-Maçonnerie.

On voit donc que nous n'exagérions nullement, lorsque, dans le préambule de cet ouvrage, nous disions que la secte façonnait dans ses Arrière-Loges ses initiés à la pratique du meurtre.

Elle commence par leur faire poignarder des mannequins, des têtes de mort et des moutons, et, une fois qu'elle les a accoutumés à la pensée du crime, elle dirige leur bras homicide contre des Emiliani et des Lazzoneschi.

~~~~~~~~~~~~~~~~~~~~~~~~~~~~~~~~~~~~~~

I X

Le comte Rossi.

Nous avons exposé, dans le chapitre qu'on vient de lire, l'organisation de la Maçonnerie Forestière ou Charbonnerie. Nous avons vu les carbonari de

Marseille condamner quatre des leurs, coupables
d'avoir démissionné pour ne pas s'associer aux
crimes de la secte, et, sur l'ordre de Mazzini, poursuivre deux des condamnés jusqu'à Rodez et jouer
du poignard avec une rage inouïe.

Avant d'aborder une étude nécessaire sur le rôle
considérable joué dans ce siècle par Mazzini et par
le Carbonarisme, avant d'expliquer, en nous appuyant sur les faits historiques, quel est le vrai but
de l'unité italienne, œuvre capitale de la Franc-Maçonnerie, nous voulons relater un assassinat qui a
dépassé en audace tous ceux dont nous avons parlé
jusqu'à présent, un assassinat dans l'exécution duquel la secte n'a pas pris la peine de se cacher, sur
les motifs duquel elle n'a pas essayé de donner le
change au public, comme elle l'a fait pour le meurtre
du duc de Berry, et dont elle s'est même glorifiée.

Il s'agit de l'assassinat du comte Pellegrino Rossi.
Il s'agit d'un homme dont la secte s'était emparée dès
sa jeunesse, qu'elle avait formé, élevé dans le but
de combattre en tête-à-tête la Papauté, et qui, carbonaro déchaîné contre le Souverain Pontife, subis-
sant la bienfaisante influence du Pape, eut un magnifique retour sur lui-même, vit tout à coup la lumière
de la foi luire en son âme, l'éclairer, dissiper les
ténèbres accumulées dans sa conscience par une
haine irréfléchie de l'Eglise, et, rendu à la liberté,
se convertit, en donnant les marques les plus écla-
tantes de sa sincérité et de son abnégation. C'est cette
courageuse conversion que le comte Rossi paya de
sa vie.

Il avait été partisan passionné de l'unité de l'Italie. Mazzini voulait l'Italie une, mais républicaine;
d'autres avaient formé le projet d'unifier la péninsule sous la domination de la monarchie de Savoie.
Rossi, rompant, après sa conversion, avec le programme de la secte, estima que son pays trouverait
la puissance nationale, à l'établissement de laquelle
il s'était voué, en groupant tous les princes italiens
dans une confédération sous la présidence du Pape.

C'était là une idée nouvelle, patriotique, qu'il n'était pas impossible de réaliser, mais qui mettait obstacle aux sombres desseins de la Franc-Maçonnerie. Aussi, les carbonari assassinèrent le promoteur de cette idée à la fois patriotique et chrétienne.

Rossi, né en 1787 à Carrare, en Italie, avocat du barreau de Bologne, et déjà célèbre à vingt ans, s'était affilié de bonne heure à la Maçonnerie, qui l'avait bientôt fait passer des Loges dans les Ventes. Il avait combattu, sous les ordres de Murat, contre les Bourbons de Naples. Après le rétablissement des Bourbons, il fut obligé de s'expatrier, vint à Genève, fut nommé en 1820 député au Grand Conseil de ce canton, et devint en peu de temps, en Suisse, le chef reconnu du parti anti-clérical.

Guizot, qui l'appréciait fort, et qui avait, comme lui, la haine du catholicisme, réussit à le décider à venir s'établir en France, lorsque Louis-Philippe occupa le trône. Rossi, dès 1833, fut naturalisé français. De 1833 à 1837, il professa au collège de France le cours d'économie politique, avec clarté, avec éloquence, mais sans oublier de propager les doctrines qu'on appelait alors libérales ; où, pour parler plus exactement, il ne négligea aucune occasion de préparer les esprits de ses auditeurs à recevoir et admettre la doctrine maçonnique. Il serait trop long et hors de propos, dans cet ouvrage, de nous étendre sur ce sujet; peut-être y reviendrons-nous quelque jour.

En 1845, Rossi fut envoyé à Rome, comme plénipotentiaire, venant, de la part de Guizot, demander au Pape « la répression de l'ordre des jésuites ». Cette mission, donnée dans son propre pays à un Frère qui en avait été proscrit comme carbonaro, combla de joie la Maçonnerie italienne, qui y vit un défi à la Papauté. Mais cette joie fut de courte durée. Après la mort de Grégoire XVI, l'anti-clérical Rossi, éclairé comme un nouveau Saul par la grâce de Dieu, s'affranchissait du joug honteux de la secte et devenait le principal conseiller du nouveau pontife Pie IX.

« Je veux redevenir italien, non émigré, écrivait-il à un ami, à la veille de son entrée au pouvoir. Le Pape a levé tous mes doutes. Je sais quelle difficile entreprise j'accepte; je sais que je trouverai des obstacles et des empêchements, là où je devrais trouver encouragement et secours. Je ferai néanmoins ce que je pourrai pour satisfaire ma conscience d'homme, de citoyen et d'italien, laissant, comme toujours j'ai fait, les misérables et les fous clabauder à leur aise... »

Ce fut le R. P. Vaures, religieux français établi à Rome, qui décida l'ex-F∴ Rossi à accepter le pouvoir. « C'est pour vous un devoir de conscience », lui dit-il. Alors, l'éminent homme d'Etat prit son héroïque résolution et répondit : « Que la volonté de Dieu soit faite ! »

Le 16 septembre 1848, il accepta d'entrer dans le gouvernement en qualité de ministre de l'intérieur, chargé en même temps de la police et des finances. Il voulait relever l'autorité papale en la faisant le centre du patriotisme italien et lui soumettre moralement toute la péninsule. Les carbonari, guidés par Mazzini, comprirent aussitôt que, si le comte restait au pouvoir, c'en était fait de la révolution en Italie. Ils jurèrent donc sa perte et préludèrent à son assassinat par des attaques dans la presse. Aux insultes Rossi, se contenta de répondre dans la *Gazette de Rome* : « Il y a des louanges qui offensent et des insultes qui honorent. »

Peu s'en fallut que le crime ne fût commis en octobre 1848, au lieu de l'être en novembre, comme il eut lieu en effet. Les carbonari se proposaient, pendant une nuit désignée, d'occuper en force la place du Peuple et le Forum de Trajan, de s'emparer des portes de Rome, d'envahir le Quirinal et de forcer le Pape à renoncer à son autorité temporelle; après quoi, on aurait proclamé la république. Le complot, révélé à Rossi par l'un des conjurés saisi de remords, ne put éclater grâce aux mesures prises par le ministre.

Assassinat du comte Rossi, franc-maçon converti. — Le ministre de Pie IX est entouré par les conjurés, à son entrée au
palais législatif, et l'un d'eux lui tranche avec son poignard
l'artère carotide (page 181).

C'était le 15 novembre 1848 que devait avoir lieu l'ouverture du parlement romain. Le ministre y devait prononcer un discours qui, en établissant nettement le programme qu'il comptait suivre, porterait le dernier coup à la révolution. Les francs-maçons résolurent donc de le tuer avant qu'il entrât dans la salle des séances. Déjà, le 28 octobre, le journal satirique, *Don Pirlone*, avait désigné la date du crime, le 15 novembre. Le 14, *l'Epoca* prédisait la chute du ministère en termes positifs. D'ailleurs, les Loges de Paris connaissaient d'avance la date de l'assassinat. Elle leur avait été communiquée par les Frères d'Italie qui, le 10 octobre, dans un conseil réuni à Turin, l'avaient fixée. Mazzini, dans une lettre qui a été publiée, avait déclaré que « cette mort était indispensable ».

Rossi, loin de se laisser abattre, demeurait inaccessible à la peur. Il disait fièrement dans la *Gazette de Rome*, du 11 octobre, « qu'il arriverait malheur à quiconque tenterait d'exécuter certains projets ».

Dans la nuit du 13 au 14, il fit arrêter deux des conjurés, Gennaro Bomba et Vincent Carbonelli. On les conduisit au bagne de Civita-Vecchia. Pendant le trajet, ils ne cessèrent de menacer le ministre. « Il nous le paiera cher ! disait Carbonelli; nous ne serons pas à Civita-Vecchia que nous aurons de ses nouvelles ! » Et, en effet, la chose se réalisa.

Le 14, les carbonari se réunirent au théâtre Capranica. On décida de frapper Rossi, au moment où il entrerait au palais de la Chancellerie. On tira au sort le nom des assassins. Cinq ou sept furent désignés. Sante-Costantini devait porter le premier coup. Les conjurés s'étaient procuré, dit-on, à l'hôpital de San-Giacomo, un cadavre de la taille de Rossi. Ils l'apportèrent dans la salle du théâtre Capranica, le dressèrent contre un portant, et Sante-Costantini, pour se faire la main, s'exerça sur lui, au coup de l'artère carotide. Ce coup est enseigné dans les Arrière-Loges : on verra plus loin, par le récit détaillé de l'assassinat, en quoi il consiste. Pour prévenir les troubles que pouvait occasionner l'ouverture du parlement, Rossi eût voulu confier aux carabiniers, sur la fidélité desquels on pouvait compter, la garde du palais de la Chancellerie ; mais il ne put amener à son opinion la majorité des ministres qui croyaient que la garde civique pouvait suffire au maintien de l'ordre.

Dans la matinée du 15 novembre, Rossi à quatre ou cinq reprises, reçut de toutes parts des avertissements. Il répondait avec dédain : « — Ils n'oseront pas ! » La duchesse de Rignano, entre autres, femme du ministre des travaux publics, lui écrivit : « — Ne sortez pas, car vous seriez assassiné. » En vain, la comtesse Rossi essaya de le retenir chez lui, en vain Pie IX qu'il était allé voir au Quirinal, lui dit : « —Votre vie est menacée ! » « —Ils n'oseront pas », répondit encore le comte. — « Dieu le veuille ! Mais recevez la bénédiction que je vous donne de toute mon âme. » Et le Pontife étendit la main sur celui qui marchait à la mort avec tant d'héroïsme.

Comme il sortait des appartements du Saint-Père, il reçut encore un avertissement pressant de Mgr Morini. Il y répondit par ces mots : « — *La causa del Papa è la causa di Dio ; andiamo !* La cause du Pape est la cause de Dieu, marchons ! »

La séance de la Chambre était fixée à une heure de l'après-midi. Depuis neuf heures du matin, les conjurés arrivaient par groupes sur la place qui s'étend devant le palais de la Chancellerie. Ils finirent bientôt par la remplir presque tout entière. Leur chef, le F.·. Grandoni, en tenue d'officier et l'épée au côté, allait de droite et de gauche, veillant à ce que chaque Frère prît son poste. Les francs-maçons ne cachaient point leur projet sinistre. Ils parcouraient la place, causaient à voix haute, et regardaient à chaque instant vers le côté par où devait arriver la voiture du ministre, « comme s'ils eussent attendu quelque bête à l'affût ou quelque ennemi en embuscade. » Aucun d'eux ne perdait de vue Grandoni, prêt à exécuter ses ordres. A l'intérieur du

palais, un grand nombre de députés occupaient déjà
leur siège, et les tribunes regorgeaient d'auditeurs,
avides d'entendre l'éminent homme d'Etat prononcer
ce discours dont il avait dit lui-même deux jours
avant : « Si l'on me laisse parler, si l'on me donne
le temps de prononcer le discours que j'ai préparé
et qui renferme peut-être le salut de l'Italie, c'en
est fait de la démagogie dans la péninsule. »

En route, le cocher, Joseph Decque, ayant entendu
des sifflets et vu courir des hommes aux visages
sinistres, arrêta ses chevaux, mais son maître lui
fit signe de continuer.

Arrivé sur la place, le carrosse traversa lentement
la foule, franchit la porte du palais et vint s'arrêter
au milieu du vestibule. Les conjurés, au nombre de
soixante, faisaient la haie de chaque côté du passage qui séparait la voiture de l'escalier, sur les
premiers degrés duquel se tenait le F.·. Grandoni.
Quand le carrosse s'arrêta, une voix cria : « Chut ! »
Il se fit un silence de mort. Le laquais ouvrit la portière, abaissa le marchepied. Righetti, substitut
de Rossi au ministère des finances, descendit le
premier.

Quand le ministre parut, descendant à son tour
du carrosse, les carbonari éclatèrent en sifflements
et en cris de : « Massacrez Rossi ! A bas Rossi !
Mort à Rossi ! »

Le ministre intrépide, suivi de Righetti, s'avança,
la tête haute, au milieu de ses insulteurs ; mais il
avait à peine fait quelques pas, que les carbonari,
par un mouvement combiné, rejoignirent leurs rangs
derrière lui pour lui couper la retraite et le séparer
de Righetti. Alors, les « ultionnistes » qui avaient
été désignés pour le meurtre, exécutèrent « le coup
de l'artère carotide ». L'un d'eux frappa légèrement
le ministre avec une canne sur le côté droit. Rossi
tourna la tête vers l'insolent, tendant, par ce mouvement, le côté gauche de son cou et faisant saillir
l'artère carotide. Au même instant, Sante-Costantini lui enfonça son poignard dans le côté gauche du
cou, tranchant ainsi l'artère net.

11

A peine Rossi a-t-il senti pénétrer dans ses chairs
la lame froide, qu'il porte la main à sa blessure et
murmure entre ses dents : « Assassins ! » Il essaie
de continuer son chemin, mais ses forces l'abandon-
nent ; il chancelle, se traîne vers le mur pour y
trouver un appui, et tombe en défaillance, pendant
qu'un large ruisseau de sang s'échappe de sa blessure.

« — Rossi est frappé ! Il meurt ! » hurlent les assassins, qui, debout en cercle autour de leur victime,
se repaissent de son agonie.

Cependant, Righetti, perçant la foule, arrive auprès de Rossi et cherche à le relever. Le valet de
pied vient l'aider. Le ministre peut encore monter
sept ou huit marches qu'il arrose de son sang ; mais
bientôt il s'affaisse. On le transporte au premier
étage dans les appartements du cardinal Gazzolli.
On le dépose sur un canapé ; on lui enlève sa cravate, et on constate qu'il a l'artère carotide tranchée.
A cela, il n'y a aucun remède. Un prêtre, appelé en
toute hâte, lui donne l'absolution, et le défenseur de
la Papauté n'est plus qu'un cadavre.

Dans la salle où se tenait l'assemblée, dont la
majorité se composait malheureusement de francs-
maçons, la séance ne fut même pas levée. Quelques
députés, plus décents que leurs collègues, engageant le président Sturbinetti à délibérer au moins
à huis-clos, en signe de deuil, celui-ci répondit
froidement : « Messieurs, passons à l'ordre du jour »,
et les Frères Trois-Points, présents dans la salle,
approuvèrent ces paroles cyniques. Alors, les am-
bassadeurs des diverses puissances sortirent, indi-
gnés ; ce fut l'ambassadeur de France qui donna le
signal de cette haute protestation.

Les révolutionnaires étaient maîtres de Rome, le
Pape dut s'enfuir à Gaëte, et ce ne fut que beaucoup
plus tard, en 1854, que les meurtriers furent châtiés.
Grandoni et Sante-Costantini furent condamnés à
mort. Le premier se pendit dans sa prison, le second
fut exécuté sans s'être repenti.

Pie IX fit élever à Rossi, dans la basilique de Saint-Laurent de Damas, un mausolée portant comme épitaphe ces simples mots, que le courageux ministre avait prononcés peu de temps avant son assassinat : « *Mihi optimam causam tuendam assumpsi, miserebitur Deus.* Je me suis chargé de la défense de la plus grande des causes, Dieu me prendra en pitié. »

~~~~~~

X

Mazzini et l'affaire Orsini.

Dans les deux précédents chapitres, nous avons quelque peu laissé de côté la Maçonnerie ordinaire pour ne nous occuper que de la Charbonnerie ou Maçonnerie Forestière ; c'est qu'en effet cette branche de la secte a joué, depuis la Restauration jusqu'au second Empire, un rôle des plus importants. De même, nous avons parlé de Mazzini, l'audacieux conspirateur qui ordonna le meurtre d'Emiliani et de Lazzoneschi, et qui a été certainement l'inspirateur de l'assassinat du comte Rossi ; l'action de Mazzini fut, en vérité, considérable dans la Franc-Maçonnerie, et elle mérite une étude toute particulière, sans laquelle, au surplus, il serait impossible de comprendre divers attentats qui ont marqué le règne de Napoléon III.

Emiliani et Lazzoneschi furent voués au poignard de leurs Frères, parce qu'ils avaient pensé qu'on voulait les pousser trop loin dans la voie où ils s'étaient engagés : libéraux, ils avaient rêvé l'établissement de la République universelle, et c'est pour travailler à cette œuvre qu'ils étaient entrés dans les Loges ; mais ils avaient reculé, épouvantés, quand, passés aux Arrière-Loges, ils avaient compris que c'était par les moyens les plus criminels que l'Ordre

entendait se débarrasser des princes et des rois. Rossi,
lui, converti par l'influence bienfaisante de Pie IX,
avait payé de sa vie sa conversion. Car la secte veut
détruire les monarchies et la Papauté ; c'est là son
unique but, on ne saurait trop le redire.

En 1821, les groupes de la Maçonnerie Forestière
étaient organisés partout d'une manière formidable ;
c'est en cette année que les complots éclatent à la
fois sur tous les points ; les carbonari furent bien
près d'arriver à leurs fins. Néanmoins, l'immense
conjuration échoua, grâce à l'énergie des gouvernements monarchiques. Mais, si les révolutionnaires
essuyèrent cette fois un insuccès complet, la secousse
qu'ils donnèrent à cette époque laissa après elle,
principalement en France, en Espagne et en Italie,
une longue et terrible agitation.

En Italie, les membres des Loges et des Ventes ne
se tinrent pas pour battus, malgré l'échec du mouvement qu'ils avaient tenté au Piémont et à Naples,
avant d'essayer de soulever la France.

On trouve les preuves de leurs espérances et l'on
apprend leur manière de procéder dans la curieuse
circulaire que la Haute Vente de Turin fit distribuer,
le 20 octobre 1821, à tous les groupes de carbonari.

Nous en détachons les passages suivants :

« Dans la lutte maintenant engagée entre le despotisme
sacerdotal ou monarchique et le principe de liberté, il y a
des conséquences qu'il faut subir, des principes qu'avant
tout il importe de faire triompher. Un échec était dans les
événements prévus ; nous ne devons pas nous en attrister
outre mesure ; mais si cet échec ne décourage personne, il
devra, dans un temps donné, nous faciliter les moyens
d'attaquer le fanatisme avec plus de fruit. Il ne s'agit que
de toujours exalter les esprits et de mettre à profit toutes
les circonstances. L'intervention étrangère dans des questions pour ainsi dire de police extérieure, est une arme
effective et puissante qu'il faut savoir manier avec dextérité.
En France, on viendra facilement à bout de la branche
aînée des Bourbons en lui reprochant sans cesse d'être
revenue dans les fourgons des cosaques ; en Italie, il faut
rendre aussi impopulaire le nom de l'étranger, de sorte que,

lorsque Rome sera sérieusement assiégée par la Révolution, un secours étranger soit d'abord un affront, même pour les indigènes fidèles.

« Nous ne pouvons plus marcher à l'ennemi avec l'audace de nos pères de 1793, nous sommes gênés par des lois et plus encore par les mœurs ; mais, avec le temps, il nous sera permis d'atteindre peut-être le but qu'ils ont manqué. Nos pères mirent trop de précipitation à tout, et ils ont perdu la partie ; nous la gagnerons, si, en contenant les témérités, nous parvenons à fortifier les faiblesses.

« C'est d'insuccès en insuccès qu'on arrive à la victoire. Ayez donc l'œil toujours ouvert sur ce qui se passe à Rome. Dépopularisez la prêtraille par toute espèce de moyens ; faites au centre de la catholicité ce que tous, individuellement ou en corps, nous faisons sur les ailes. Agitez, jetez sur la rue, sans motifs ou avec motifs, peu importe ; mais agitez. Dans ces mots sont renfermés tous les éléments du succès. La conspiration la mieux ourdie est celle qui se remue le plus et qui compromet le plus de monde ; ayez des martyrs, ayez des victimes, nous trouverons toujours des gens qui sauront donner à cela les couleurs nécessaires. »

On le voit, c'est la Papauté qui est surtout visée. Il fallait de l'agitation, et cela principalement au centre de la catholicité.

En 1825, le 4 juin, un assassinat maçonnique, commis en plein jour sur les marches de l'église Saint-André-della-Valle, jetait l'épouvante dans Rome. La victime était un ancien carbonaro et franc-maçon, Joseph Pontini, que les sectaires avaient voulu punir de son repentir. Ses meurtriers furent arrêtés et convaincus après un long procès. Les plus coupables, Targhini et Montanari, furent condamnés à la peine capitale. Ils la subirent, en vrais fanfarons du crime et de l'impiété, repoussant les secours de la religion. Targhini s'écria du haut de l'échafaud :

« — Peuple, je meurs sans reproche ! je meurs comme doit mourir un franc-maçon ! »

La secte transforma ces deux assassins en martyrs. On se livra, à l'occasion de leur supplice, à une propagande effrénée. Un poète français, franc-maçon, composa, par ordre du Grand-Orient, une élégie sur

Targhini et Montanari, « victimes de la papauté ».
Les conseils donnés par la Haute Vente de Turin
étaient fidèlement suivis.

Au surplus, les assassinats exécutés par la Maçonnerie Forestière furent nombreux. Nous ne pouvons
les raconter tous; un volume ne suffirait pas à cette
tâche. Citons, de mémoire, quelques victimes des
carbonari : le directeur de la police de Modène; le
préfet de police de Naples; le légat de Ravenne;
l'étudiant Lessling, de Zurich, coupable d'avoir
pénétré trop avant les secrets de Mazzini; les généraux de Latour, d'Auerswald, de Lemberg, de Li-
gnowski, et beaucoup d'autres moins connus furent
condamnés à mort et frappés par les mystérieuses
assemblées. En Suisse même, l'illustre patriote
Joseph Leu, ayant osé élever sa voix puissante et
pure contre les ombres rabougries de Robespierre et
de Saint-Just, tomba lui-même, vrai martyr, lui,
sous les coups des infâmes sectaires.

Du reste, Mazzini, qui, pendant tant d'années, a
su s'imposer comme chef suprême à toutes les
Hautes Ventes et à tous les Grands-Orients d'Europe,
Mazzini ne se gênait en aucune façon pour prêcher
ouvertement l'assassinat. Tous les actes de sa vie
sont inspirés par les principes exécrables exposés
dans la circulaire que nous avons citée plus haut.

Nous avons dit, tout à l'heure, quel était, quel est
encore le but final de la secte. Après l'échec de 1821,
elle ourdit de nouveaux complots. La Maçonnerie se
créa des intelligences partout. Dès 1825, elle avait
réussi à s'assurer des complices au sein même de
chaque cabinet européen. Elle méditait d'établir la
République universelle, fondée sur le renversement des
trônes et la destruction des autels. Toutefois, en 1830,
les chefs furent obligés de reconnaître que les peuples n'étaient pas encore mûrs pour leur œuvre de mal.

Mais voici la révolution française de juillet; le
levain anti-religieux fermente. En 1831, Bologne
secoue l'autorité pontificale et établit un gouvernement provisoire. Les deux fils de la reine Hortense,

Louis et Napoléon Bonaparte, fidèles aux traditions
maçonniques du chef de leur famille, viennent rejoindre l'armée des insurgés. Enrôlés de bonne heure
dans le Carbonarisme, à la Vente de Césène, par le
père du fameux Orsini, et ayant juré entre ses
mains, a dit Orsini le fils dans son interrogatoire,
de détruire la Papauté et même l'Eglise catholique,
ils avaient répondu au comité directeur, qui leur
avait fait demander si l'on pouvait compter sur eux
et sur leur nom dans l'insurrection qui se préparait, qu'on pouvait compter sur eux, mais qu'ils ne
voulaient paraître que lorsque la Romagne serait
soulevée. Cette lettre, « dont nous avons eu l'origi-
nal entre nos mains », dit le P. Deschamps, était en
français et signée : *Louis Bonaparte*. On sait que
l'insurrection fut vaincue et que l'aîné des deux
frères Bonaparte, le prince Louis, mourut à Forli.

C'est à ce moment que l'on voit paraître Mazzini,
qui, ainsi que nous l'avons dit dans un précédent
chapitre, fonda la Haute Vente *la Jeune Italie*, la
« Vente modèle », disent les carbonari, et devint
bientôt l'inspirateur des sociétés secrètes.

Mazzini était né à Gênes, en 1808. Son père, professeur à l'école de médecine, lui avait fait donner l'éducation la plus soignée. De bonne heure, il se montra
tel qu'il devait être, sachant prendre un ascendant
très grand sur les jeunes gens qui l'approchaient. Il
affectait une tenue sévère. Très sobre de sa nature,
il vivait à peu près seul, peu communicatif avec ses
compagnons de jeunesse, se tenant à l'écart d'eux,
et pourtant les dominant par une sorte de fascina-
tion. Actif, laborieux, énergique, opiniâtre, il parut
à tous ceux qui purent l'étudier un de ces hommes
qu'on ne confond pas avec la foule et qui transfor-
ment leurs compagnons et leurs amis en fanatiques
admirateurs.

Après s'être occupé quelque temps de littérature,
il se lança dans la politique. C'était un tempérament
de feu qui ne pouvait être que tout pour le bien ou
tout pour le mal. Ce fut à la Révolution qu'il se

donna. A vingt-deux ans, il se fit affilier au Carbonarisme ; mais il ne tarda pas à trouver que les chefs étaient trop mous. Il déclarait leurs manifestations puériles, disant qu'elles n'aboutissaient à aucun résultat sérieux. Ses violences de langage le signalèrent à la police. Il fut arrêté pour complot contre la sûreté de l'Etat. Néanmoins, à raison de sa jeunesse, le gouvernement de Charles-Félix, usant de clémence, ne voulut pas le retenir dans ses prisons et se contenta de l'expulser.

Réfugié à Marseille, il réunit ses compagnons d'exil dans une petite auberge, et là furent jetées les bases de la nouvelle organisation du Carbonarisme.

Son système était celui de « la propagande par le fait » ; selon lui, il fallait agir, agir quand même.

Il s'adressa même à Charles-Albert, espérant que ce souverain, qui s'était laissé séduire un moment par la secte, au temps de sa jeunesse, mais qui depuis était revenu au bien, retomberait dans ses premières erreurs. Il fit miroiter à ses yeux la gloire de fonder l'unité italienne, afin de l'entraîner à devenir en réalité l'apôtre de la Révolution.

Dans sa lettre à Charles-Albert il disait :

« Toute l'Italie n'attend qu'une parole de vous, une seule pour se faire vôtre. Prononcez-la, cette parole ! Placez-vous à la tête de la nation, et inscrivez sur votre bannière : *Union, liberté, indépendance.* Proclamez la liberté de pensée. Déclarez-vous vengeur, interprète des droits populaires, régénérateur de toute l'Italie. Délivrez-la des barbares. Edifiez l'avenir. Donnez votre nom à un siècle. L'humanité tout entière a prononcé : « Les rois ne m'appartiennent point » ; l'histoire a consacré cette sentence par des faits. Donnez un démenti à l'histoire et à l'humanité. Contraignez-la à écrire sous les noms de Washington et de Kozciusko, nés citoyens : « Il y eut un nom plus grand « que ceux-là ; ce fut un trône érigé par vingt millions « d'hommes libres, qui écrivirent sur sa base : *A Charles-* « *Albert, né roi, l'Italie ressuscitée par lui.* »

Charles-Albert ne répondit pas à cette audacieuse

excitation. Il connaissait le vrai but des sectes. L'unité de l'Italie a toujours été pour la Franc-Maçonnerie un prétexte; et la preuve, c'est qu'aujourd'hui cette œuvre d'unité a été accomplie et au delà, et pourtant les sectes ne désarment point.

Malheureusement, les excitations de Mazzini éveillèrent les mauvaises passions de beaucoup d'hommes, esprits rêveurs de république. Bientôt, le gouvernement piémontais sut que des conspirations se tramaient contre lui. Il créa une commission criminelle extraordinaire pour rechercher et faire juger les coupables par les tribunaux militaires. L'instruction démontra que les conjurés faisaient profession de « n'être ni catholiques, ni protestants, ni juifs, ni musulmans, ni sectateurs de Brahma »; qu'ils étaient déterminés « à adopter le feu, le couteau, le poison » et toutes les armes des assassins; qu'ils avaient formé le projet de faire sauter la poudrière de Chambéry, de brûler Turin, Gênes et Alexandrie, etc.

En présence d'un tel complot, les tribunaux exceptionnels durent sévir avec vigueur. Le caporal Giuseppe Tamburelli fut passé par les armes à Chambéry; Giambattista Degubernati, condamné à mort avec lui, vit sa peine commuée en vingt ans de galères. Parmi les principaux conspirateurs mazziniens qui furent aussi fusillés, il convient de citer: le lieutenant Tola; Francesco Miglio, sergent du génie; Biglia; Gavotti; Luciano Piacenza; Luigi Tuffi; Domenico Ferrari; Giuseppe Menardi; Giuseppe Rigasso; Amando Costa; Andrea Vachieri, etc. Le médecin Giacomo Rufini, de Gênes, se suicida à l'aide d'un clou pour échapper au supplice, lorsqu'il vit rassemblées contre lui toutes les preuves de sa participation au complot.

Quant à Mazzini, il s'était tenu à l'abri, sur le sol étranger; il fut condamné à mort, mais par contumace.

Les carbonari de *la Jeune Italie* ne se tinrent pas pour domptés. Mazzini réunit en Suisse les conspi-

rateurs qui avaient échappé à la police de Charles-
Albert, leur adjoignit des proscrits polonais et alle-
mands, et cette petite armée insurrectionnelle, dont
le général Ramorino avait pris la direction militaire,
opéra une descente en Savoie (février 1834). La tentative avorta et coûta la vie à Volonteri et à Borel,
qui furent fusillés à Chambéry. Un grand nombre
d'individus furent emprisonnés, d'autres prirent la
fuite ; parmi ceux-ci était Garibaldi, alors officier
dans la marine sarde.

Après l'écrasement de l'insurrection de 1834,
Mazzini passa encore deux années en Suisse. C'est
de là qu'il se rendit à Marseille, en cette même
année 1835, pour ordonner l'assassinat d'Emiliani et
de Lazzoneschi, que nous avons raconté tout au
long. En 1836, il passa en Angleterre, entra en relations avec les comités révolutionnaires établis à
Malte et à Paris. Puis, il fonda, à Londres, en 1842,
l'*Apostolato Popolare*, journal de propagande insurrectionnelle. A cette période de son existence, Mazzini
s'occupa surtout de Maçonnerie occulte ; il concentrait
toute son activité à organiser les Arrière-Loges.
L'assassinat est toujours sa règle ; il ordonne aux
Grands-Orients et aux Suprêmes Conseils de multi-
plier les Aréopages de Chevaliers Kadosch, de former
le plus grand nombre possible d'assassins ; il devient,
en quelque sorte, le Souverain Grand Maître de tous
les Orients et de tous les Rites. En Angleterre, il
prêchait publiquement le meurtre. En 1843, il fut
l'instigateur de la tentative des frères Bandiera.
Chaque fois qu'un crime est commis ou tenté, on
trouve toujours sa main dans la préparation du
forfait.

Un document assez curieux, parmi ceux émanant
de Mazzini, c'est celui, daté du 1er novembre 1846,
dans lequel il résume la tactique que doivent suivre
en politique les sociétés secrètes. Voici un extrait de
ces instructions :

« En Italie, le peuple est encore à créer ; mais il est prêt à déchirer l'enveloppe qui le retient. Parlez souvent, beaucoup et partout, de ses misères et de ses besoins. Le peuple ne s'entend pas ; mais la partie agissante de la société se pénètre de ces sentiments de compassion pour le peuple, et tôt ou tard elle agit. Des discussions savantes ne sont ni nécessaires ni opportunes. Il y a des mots régénérateurs qui contiennent tout, et qu'il est habile de répéter souvent au peuple. *Liberté, droits de l'homme, progrès, égalité, fraternité,* voilà ce que le peuple comprendra, surtout quand on lui opposera les mots de *despotisme, privilèges, tyrannie, esclavage,* etc. Le difficile n'est pas de convaincre le peuple, c'est de le réunir. Le jour où il sera réuni sera le jour de l'ère nouvelle.

« L'échelle du progrès est longue ; il faut du temps et de la patience pour arriver au sommet. Le moyen d'aller plus vite, c'est de ne franchir qu'un degré à la fois. Vouloir prendre son vol vers le dernier, c'est exposer l'œuvre à plus d'un danger.

« Dans certains pays, c'est par le peuple qu'il faut aller à la régénération ; dans certains autres, c'est par les princes, il faut absolument qu'on les mette de la partie. Le concours des grands est indispensable pour faire la Révolution dans un pays de féodalité. Si vous n'avez que le peuple, la défiance naîtra du premier coup, et on l'écrasera ; s'il est conduit par quelques grands, les grands serviront de passeport au peuple. L'Italie est encore ce qu'était la France avant 1789 ; il lui faut donc des Mirabeau, des Lafayette et tant d'autres. Un grand seigneur peut être amené à nous et retenu par des intérêts matériels, mais on peut le prendre aussi par la vanité ; laissez-lui le premier rôle, tant qu'il voudra marcher avec nous. Il en est peu qui veuillent aller jusqu'au bout. L'essentiel est que le terme de la grande Révolution leur soit inconnu ; ne laissons jamais voir que le premier pas à faire.

« Acceptez donc tous les concours qu'on vous offrira, sans jamais les regarder comme peu importants. Le globe terrestre est formé de grains de sable ; quiconque voudra faire en avant un seul pas doit être des vôtres, jusqu'à ce qu'il s'arrête. Un roi donne une loi plus libérale ; applaudissez, en demandant celle qui doit suivre. Tel ministre ne montre que des intentions progressives ; donnez-le pour modèle. Voici un grand seigneur qui affecte de bouder ses privilèges ; empressez-vous de vous mettre sous sa direction. Si ce roi, ce ministre ou ce grand seigneur veut s'arrêter, vous serez toujours à temps de le quitter ; il restera isolé et sans force contre vous ; et vous aurez mille moyens de rendre impopulaire quiconque sera opposé à nos projets.

« Tous les mécontentements personnels, toutes les déceptions, toutes les ambitions froissées peuvent servir la cause du progrès, à la condition de leur donner une bonne direction. »

Quel cynisme ! et, en même temps, quelle science consommée de la fourberie ! On le voit, Mazzini savait allier la duplicité à la violence. Et ce qu'il conseillait à ses séides, il le faisait lui-même. A l'avènement de Charles-Albert, qu'il crut capable de retomber dans les erreurs du libéralisme de sa jeunesse, il avait écrit à ce prince l'inqualifiable lettre que nous avons reproduite. De même, quand Pie IX fut élu pape, Mazzini, prenant la mansuétude, la clémence du pontife pour de la faiblesse et de la naïveté, eut l'impudence de lui adresser un appel, qui est un monument d'hypocrisie. Lui, le sectaire fanatique, dont le dieu était le Grand Architecte des Arrière-Loges, il osa concevoir l'espérance d'intéresser le pape à ses projets, il osa s'imaginer qu'en jouant du mot *patrie* il pourrait tromper le vicaire de Jésus-Christ.

Voici les principaux passages de la lettre de Mazzini à Pie IX (8 septembre 1847) :

« Je crois profondément à un principe religieux supérieur à toutes les institutions sociales, à un ordre divin que nous devons essayer de réaliser sur la terre, à une loi et à des vues providentielles que nous devons tous, dans la mesure de nos forces, étudier et développer. J'ai foi dans les aspirations de mon âme immortelle et dans la tradition de l'humanité... Je vous crois bon. Nul homme, je ne dirai pas en Italie, mais en Europe, n'est plus puissant que vous. Au nom de la puissance que Dieu vous a donnée, et qu'il ne vous a pas donnée sans motif, je vous convie à accomplir une œuvre bonne, rénovatrice, européenne... Faites l'unité de l'Italie, votre patrie. Pour cela, vous n'avez pas besoin d'agir, mais seulement de bénir ceux qui agiront pour vous et en votre nom. Nous vous susciterons d'actifs soutiens dans les peuples de l'Europe ; nous vous trouverons des amis jusqu'en Autriche. »

Point n'est besoin de dire que cette lettre demeura sans réponse. Il fallait à Mazzini une rare audace pour oser ainsi écrire à Pie IX, qui, dans son encyclique *Qui Pluribus* (du 9 novembre 1846), avait parlé des sociétés secrètes dans le même sens que ses prédécesseurs, y compris Pie VIII (encyclique *Traditi*, du 24 mai 1829) et Grégoire XVI (encyclique *Mirari*, du 15 août 1832).

Nous n'avons point à écrire l'histoire trop connue de la révolution de 1848, qui éclata presque simultanément chez les principaux peuples de l'Europe. Ce n'est un mystère pour personne qu'elle fut l'œuvre de la Franc-Maçonnerie. Il y avait longtemps que le feu couvait sous la cendre; Mazzini était un de ceux qui avaient le plus contribué à attiser l'incendie. Aussi, lorsque Pie IX fut contraint de quitter Rome et de se réfugier à Gaëte, les révolutionnaires s'empressèrent d'appeler le chef de la *Jeune Italie* au parlement insurrectionnel de la République que la violence des sectes imposa aux populations des États Pontificaux.

On sait que, d'autre part, toute l'Italie du nord s'était soulevée contre la domination autrichienne. Nul n'ignore la lutte fameuse du Piémont et l'abdication de Charles-Albert, à la suite du désastre de Novare (23 mars 1849). C'est à ce moment que Mazzini fit partie du triumvirat de la République romaine avec Armellini et Aurelio Saffi.

Le grand conspirateur était désormais le chef reconnu de la Révolution, non seulement en Italie, mais en Europe. C'est lui qui, l'année précédente, avait déclaré « indispensable » l'assassinat du comte Pellegrino Rossi, ministre de Pie IX.

En France, les désordres de juin avaient éclairé le peuple, un instant trompé, et lui avaient fait comprendre que la démagogie sectaire voulait renouveler les horreurs de 1793. L'Assemblée Constituante, élue par la nation, était en majorité catholique. Elle avait frémi en voyant les hordes mazziniennes menacer la Papauté, et elle n'avait pu maîtriser son indignation, lorsque parvint à Paris la nouvelle de l'assassinat de Rossi, que M. Guizot avait naturalisé français et que la France avait eu comme ambassadeur.

Ce fut cet horrible attentat qui décida le gouvernement français à intervenir. A peine l'assassinat avait-il été connu, que l'ordre avait été expédié par le télégraphe à Toulon de réunir une escadre, d'embarquer 3,500 soldats d'élite avec une compagnie de génie et une batterie. Le crime commis par ordre de Mazzini fut donc la première cause de l'intervention française, il ne faut pas l'oublier. On sait la suite. L'armée expéditionnaire du général Oudinot, d'accord avec les troupes napolitaines et espagnoles, rétablit le pouvoir pontifical.

Cependant, après le désastre de Novare, Victor-Emmanuel II avait succédé à son père Charles-Albert. Le jeune roi, — il avait alors vingt-neuf ans, — confia la direction des affaires à Massimo d'Azeglio; mais ce fut en réalité Cavour, membre des sociétés secrètes, qui inspira le nouveau cabinet. Toutefois, il est juste de dire que Cavour n'appartenait pas à la masse radicalement révolutionnaire de la Franc-Maçonnerie : c'était un homme qui tenait à garder vis-à-vis de la Papauté certains ménagements; il eût voulu obtenir de bon gré du pape la renonciation au pouvoir temporel.

Un des hommes les plus néfastes dans les conseils du roi de Piémont, ce fut Rattazzi, carbonaro militant, ancien ministre profondément anti-clérical de Charles-Albert, chef de l'opposition dans la Chambre. Ce personnage sut acquérir une réelle influence, dont il fit usage dans le sens le plus mauvais. Dès qu'il eut l'oreille du roi, les mesures persécutrices contre l'Eglise s'accentuèrent. Le vénérable archevêque de Turin, Mgr Franzoni, ayant protesté et dénoncé courageusement les attaches que Rattazzi avait avec la Franc-Maçonnerie, se vit en butte aux plus indignes traitements. Il fut arrêté, condamné à l'amende et à la prison; puis, sur les instances des sectaires, il fut envoyé en exil. Il en arriva autant à l'archevêque de Cagliari.

Ratazzi était un mazzinien déterminé; il avait appartenu à la *Jeune Italie*. En se ralliant à la royauté, il lui apportait l'appoint du parti d'action, tout en entraînant Victor-Emmanuel dans une voie nette-ment anti-religieuse. Elu président de la Chambre en 1852, il entra au ministère en 1854 et proposa aussitôt une loi pour confisquer les biens des corpo-rations religieuses. Une crise ministérielle s'en étant suivie, Victor-Emmanuel usa de sa prérogative royale pour maintenir Rattazzi au pouvoir et faire voter la loi (28 mai 1855) par la Chambre menacée d'une dissolution.

Dès lors, il y eut une scission dans les sociétés secrètes, en Italie. Mazzini avait pour objectif la ré-publique fédérative; Rattazzi et Cavour voulaient créer l'unité de l'Italie sous la dynastie de Savoie. Une des plus importantes adhésions aux idées de ces deux hommes d'Etat fut celle de Manin, qui avait été président de la République de Venise en 1848; il apporta son influence et celle des Loges françaises et italiennes, dont il était un des chefs, au service de l'idée unitaire sous la monarchie piémontaise. On laissa Mazzini s'agiter, on le renia officiellement, tout en profitant de ses intrigues, et on concentra les forces. Mais, quelque importance qu'eût cette concentration des éléments révolutionnaires italiens sous la direction de Cavour et de Rattazzi, elle n'eût pas suffi à préserver Victor-Emmanuel d'un second Novare, s'il n'eût trouvé en Napoléon III un coopé-rateur des plus actifs.

Ce coopérateur, pourtant, ne se voua pas de bonne grâce à l'œuvre unitaire. Napoléon III, ancien carbonaro, avait un plan secret. Tout en voulant exécuter le programme de la Révolution et rabaisser la Papauté, il poursuivait un but d'ambition person-nelle. Son cerveau, dit le P. Deschamps, était hanté par le rêve de reprendre l'œuvre de Napoléon Ier. De l'Italie, affranchie de l'Autriche, il espérait faire une vassale de son empire. Le prince Napoléon, qui le gênait à Paris, aurait été établi dans l'Italie centrale, en Toscane et dans les Romagnes; Murat eût régné à Naples. Voilà l'explication de sa conduite, pleine de contradictions en apparence. Quand, effrayé par les menaces de ses anciens complices carbonari, il se décida à entrer en Italie, il promit de la rendre libre jusqu'à l'Adriatique; et pourtant on le vit bientôt s'arrêter brusquement à Villafranca et mettre en avant un projet de confédération italienne dirigé contre l'ambition du Piémont. De 1856 à 1859, il mina par tous les moyens possibles le gouvernement des Bourbons à Naples; il répandit dans l'armée napolitaine des proclamations excitant au soulèvement contre les Bourbons et rappelant les souvenirs du roi Joachim; un comité muratiste, établi à Paris, fonctionnait activement; puis, quand Garibaldi fut arrêté devant Gaëte, on vit l'empereur donner un certain appui à François II, pour faire échec à Victor-Emmanuel. Il fallut l'influence de Palmerston, l'homme d'Etat anglais, qui, lui aussi se servait des sociétés secrètes, il fallut encore la force acquise par la révolution pour le faire acquiescer définitivement à l'unité italienne sous la monarchie piémontaise.

Mais, afin de bien comprendre à quelles menaces Napoléon III dut céder pour entreprendre la campagne d'Italie après celle de Crimée, il faut raconter ici l'histoire de Félix Orsini.

Un des passages de l'allocution papale, du 25 septembre 1866, contre lesquels la Franc-Maçonnerie s'est le plus récriée, est celui où Pie IX avertit les fidèles de fuir les sociétés secrètes. Mais le Saint-Père, sans égard pour les réclamations de la secte, insista de nouveau sur ce point dans une allocution qu'il prononça l'année suivante en l'église desStigmates. Il y rapporta un trait frappant, que tous les journaux, hormis ceux qui appartiennent au parti révolutionnaire, ont reproduit d'après l'*Osservatore Romano* :

L'attentat d'Orsini. — Les francs-maçons italiens, embusqués sous le péristyle, jettent leurs bombes fulminantes sous le carosse dans lequel se trouvent l'empereur Napoléon III et l'impératrice (page 202).

« — O mes fils ! s'écria le Pontife en s'adressant aux jeunes gens qui se trouvaient dans l'auditoire, considérez les périls qui vous entourent, et attachez-vous au précieux trésor de la foi. Les pervers vous feront des avances, rejetez-les ; ils vous offriront des conseils, fuyez-les ; ils vous entraîneront, arrachez-vous de leurs mains. Combien n'y en a-t-il pas, qui, jeunes comme vous, croyaient et pratiquaient la foi, et qu'on a vus depuis, séduits par les méchants, tomber dans l'erreur et dans le vice ! Moi-même, j'ai connu une de ces tristes célébrités de nos jours, un homme qui, à vingt ans, s'entretenait avec moi de perfection et de sainteté, et méditait de se faire religieux dans un cloître ; je l'ai vu ensuite, entraîné par ses compagnons, se précipiter d'abîme en abîme, laisser en définitive une renommée d'Erostrate en Europe et dans le monde, et porter sa tête sur l'échafaud.

« Gardez cet exemple devant vos yeux, ajouta le pape, et priez pour vous maintenir dans le bien. »

La victime des mauvaises compagnies et des sociétés secrètes, dont parlait Pie IX, c'était Félix Orsini.

Orsini était né en 1819 à Meldola, petite ville de la province de Forli, dans les Etats Romains. À l'âge de neuf ans, il fut envoyé à Imola chez son oncle Orso Orsini. En 1838, après avoir fait d'excellentes études et montré les meilleures dispositions, il suivit les cours de droit à l'université de Bologne ; ce fut à ce moment qu'il se perdit, par la fréquentation de camarades déjà corrompus. Les idées prônées par Mazzini lui tournèrent bientôt complètement la tête, et il ne tarda pas à s'affilier à la *Jeune Italie*.

Dès ce moment, sa vie ne fut plus qu'une lutte incessante contre les gouvernements établis dans la Péninsule. Il prit, notamment, une part active au soulèvement qui éclata en 1843 dans la légation de Bologne. Traduit devant les tribunaux de Rome, il fut condamné aux travaux forcés à perpétuité. L'avènement de Pie IX, qui proclama l'amnistie, vint le tirer du bagne de Civita-Castellana, où il était depuis dix-huit mois et d'où il avait tenté inutilement de s'évader. A sa sortie, il signa une déclaration par laquelle il s'engageait sur l'honneur « à ne plus troubler l'ordre public et à ne rien faire contre le gouvernement légitime. »

A peine rendu à la liberté, il se jeta de nouveau dans le mouvement révolutionnaire, cette fois en Toscane où il s'était retiré. Là, à Florence, il avait établi une imprimerie clandestine, où les sociétés secrètes faisaient imprimer leurs manifestes. Cette imprimerie fut cependant découverte par le gouvernement du grand-duc Léopold II et fermée à la suite d'une descente de gendarmerie. Quant à Orsini, il fut conduit à la frontière et expulsé du territoire toscan; mais il ne tarda pas à rentrer et continua de conspirer avec Ribotti et Nicolas Fabrizzi; il servait de secrétaire à ce dernier pour la correspondance qu'il entretenait avec Mazzini. Découvert et arrêté de nouveau, il fut envoyé à Forli, dans les états du Pape, et emprisonné; mais, étant parvenu à s'échapper, il retourna une troisième fois à Florence. C'est là qu'il apprit la nouvelle de la révolution française de février 1848.

Toute la Péninsule fut en feu. Orsini s'engagea au service de la nouvelle république vénitienne, et, après les combats de Vicence et de Trévise, on le trouve à Venise capitaine dans un bataillon chargé de la défense de la lunette n° 12 du fort de Marghera. Dans la nuit du 27 au 28 octobre, il contribua à la prise de Mestre contre les Autrichiens.

La révolution romaine ayant éclaté, il se rendit à Bologne avec son bataillon. En février 1849, il fut nommé député à l'Assemblée constituante de Rome par les collèges électoraux de Bologne et de Forli; il opta pour Forli. Au mois de mars suivant, le comité exécutif siégeant à Rome l'envoya en qualité de commissaire extraordinaire, chargé de pleins pouvoirs, à Terracine, puis à Ancône, et enfin à Ascoli.

Après la prise d'Ancône par les Autrichiens, il regagna Rome et combattit aux côtés de Garibaldi, pendant le siège de cette ville par l'armée française. A la chute de la république, il se cacha et put se réfugier à Gênes, qu'il quitta bientôt pour aller habiter Nice. Là, conspirant plus que jamais avec ses camarades carbonari, il voulut fomenter une nouvelle insurrection dans les Apennins (1853). Arrêté par les gendarmes piémontais, il fut emprisonné à Sarzanna, puis conduit à Gênes et enfermé dans un fort, d'où il ne sortit que pour être embarqué à destination de l'Angleterre. Il reprit à Londres le cours de ses menées conspiratrices et partit de nouveau pour l'Italie, afin de porter l'insurrection dans la Lunigiana. Ses espérances ayant été encore déçues, il se réfugia à Genève, où, à la suite d'une entrevue avec Mazzini, il fut décidé qu'il porterait ses efforts sur la Valteline.

Le 14 juin 1854, Orsini partait, sous le nom de Tito Celsi, pour Coire, où il resta près d'un mois. Il y travaillait à faire éclater à Côme des troubles qui devaient s'étendre dans toute la Valteline. Cette expédition dont Mazzini lui-même prit le commandement, échoua comme les précédentes. Sur deux cents hommes enrôlés pour cette entreprise, dix à peine vinrent rejoindre Orsini à Coire, lieu du rendez-vous. La police du canton des Grisons découvrit tout, saisit les fusils, les munitions, et arrêta Orsini, qui parvint néanmoins à s'échapper des mains des gendarmes suisses.

Après un court séjour à Zurich, l'enragé conspirateur se rendit à Milan et communiqua au comité révolutionnaire de cette ville des instructions de Mazzini tendant à une insurrection prochaine ; cette insurrection devait commencer par le massacre de tous les officiers de la garnison. De Milan, Orsini remonta en Autriche et parcourut la Hongrie, sous le nom de Georges Hernagh, dans le but d'organiser un soulèvement qui aurait concordé avec celui de la Lombardie.

Il fut arrêté en Transylvanie, à Hermanstadt, par la police autrichienne qui le ramena à Vienne. Transféré à Mantoue, il fut condamné pour crime de haute trahison, le 20 août 1855, à la peine de mort. Il était alors renfermé dans le château Saint-Georges, forteresse d'où nul prisonnier jusque-là n'avait pu s'évader. Cependant, une femme dévouée réussit à lui faire passer une lime. Il avait huit barreaux à scier. Dans le courant de février 1856, il commença ce travail, qui ne lui demanda pas moins de 24 jours. En même temps, il parvint à force de ruse à conserver plusieurs paires de drap, dont il forma une sorte de corde. Sa cellule était au troisième étage ; il en sort dans la nuit du 29 au 30 mars ; mais la corde est trop courte, il tombe dans le fossé d'une hauteur de six mètres et se blesse assez grièvement au pied et au genou. Il se traîne jusqu'au bas des fortifications qui entourent le château, et, au point du jour, au moment où il se croit perdu, il est retiré de ce tombeau par des passants qui ont pitié de lui. Après s'être mis pendant quelques jours chez des amis sûrs à l'abri des recherches de la police autrichienne, il parvint à fuir en Angleterre et arriva à Londres le 26 mai 1856. Il y publia des *Mémoires politiques*, sorte d'autobiographie, et un livre sur *les Prisons de l'Autriche en Italie.*

Tels étaient les précédents d'Orsini, quand un attentat épouvantable vint attacher à son nom une effrayante célébrité.

Le jeudi 14 janvier 1858, à Paris, l'empereur Napoléon III et l'impératrice devaient assister à une représentation donnée à l'Opéra. L'édifice était brillamment illuminé, et il y avait une foule compacte dans la rue. Vers huit heures, arrivèrent les voitures de la cour ; il y en avait trois ; le souverain et son épouse étaient dans la seconde. Au moment où la voiture impériale s'engageait, en ralentissant le pas, dans le passage réservé à l'extrémité du péristyle, trois détonations terribles, provenant de l'explosion de bombes fulminantes, éclatèrent coup sur coup ; en même temps, un nombre considérable de projectiles de toutes formes, de toutes grosseurs, étaient lancés dans tous les sens. La commotion fut si violente que tous les becs de gaz s'éteignirent simultanément ; au milieu des ténèbres, pendant de longues minutes, on n'entendit plus que les cris d'effroi et les gémissements des blessés. Par un hasard providentiel, ni l'empereur ni l'impératrice ne furent atteints. Cependant, la voiture n'avait pas reçu moins de soixante-seize projectiles dans ses diverses parties. Des deux chevaux de l'attelage, l'un mourut sur le coup, l'autre dut être abattu. Le cocher, les valets de pied avaient été plus ou moins frappés. Le général Roguet, qui accompagnait les souverains dans leur voiture, avait reçu à la tête un coup violent qui avait déterminé un grave épanchement de sang.

Les abords du théâtre présentaient l'aspect d'un champ de bataille, la confusion était extrême ; les blessés, les mourants jonchaient le sol. Les constatations judiciaires établirent que cent cinquante-six personnes avaient été atteintes, et que le nombre des blessures reconnues par l'expertise médicale ne s'élevait pas à moins de cinq cent onze. Dans la liste des victimes, on remarquait vingt-et-une femmes, onze enfants, treize lanciers de l'escorte, onze gardes de Paris et trente-et-un agents de police. Plusieurs moururent de leurs blessures.

La justice fut bientôt sur la trace des coupables. Quatre italiens, Orsini, Pieri, Rudio et Gomez furent saisis. Le 12 février, l'instruction judiciaire étant terminée, la chambre des mises en accusation les renvoya devant la cour d'assises de Paris. Pieri voulut nier les charges qui s'élevaient contre lui. Orsini avoua ; il fut établi que c'était lui qui avait confectionné les bombes ; les autres n'avaient été que ses instruments. Les trois premiers furent condamnés à subir la peine capitale ; Gomez, ayant obtenu des circonstances atténuantes, fut condamné aux travaux forcés à perpétuité.

Ce n'était pas la première fois que les carbonari attentaient à la vie de leur ancien complice, qu'ils accusaient d'avoir déserté leur cause. Nous nous bornerons à citer pour mémoire les complots de l'Hippodrome (7 juin 1853), de l'Opéra-Comique (9 juillet 1853) et celui de Pianori (28 avril 1854). L'attentat d'Orsini donna à réfléchir à l'empereur, et, avec la réflexion, vint cette frayeur rétrospective qui s'empare souvent des âmes les mieux trempées: le prince impérial n'était qu'un petit enfant ; que deviendrait l'empire et que deviendrait ce prince héritier, si la secte, qui avait juré la mort de Napoléon, parvenait à réaliser son dessein ?

Le *Journal de Florence,* en 1874, a fait la lumière sur certains faits qui se relient directement au crime de l'Opéra et qui étaient restés jusqu'alors mystérieux.

« L'empereur, dit ce journal, était en proie à des perplexités terribles ; il se souvint alors d'un conseil que lui avait donné sa mère, la reine Hortense : « Si vous vous trouvez jamais dans un grand péril, « si vous avez jamais besoin d'un conseil extrême, « adressez-vous en toute confiance à l'avocat X***. Il « vous tirera du péril et vous conduira sûrement. »

« Cet avocat était un exilé romain que Napoléon lui-même avait connu dans les Romagnes pendant le mouvement insurrectionnel de 1831 contre le Saint-Siège. Il vivait près de Paris dans un état qui n'était ni la fortune ni la médiocrité, cet état de mystérieuse aisance que la Franc-Maçonnerie assure à ses capitaines.

« Napoléon chargea un de ses confidents les plus sûrs d'aller le trouver et de l'inviter à venir aux Tuileries. Il y consentit, et rendez-vous fut pris pour e lendemain matin.

« Quand il entra dans le cabinet de l'empereur, celui-ci se leva, lui prit les mains et s'écria :

« — On veut donc me tuer? Qu'ai-je fait ?

« — Vous avez oublié que vous êtes italien et que « des serments vous lient au service de la grandeur « et de l'indépendance de notre pays. »

« Napoléon objecta que son amour de l'Italie était resté inaltérable dans son cœur, mais que, empereur des Français, il se devait aussi et avant tout à la grandeur de la France. Et l'avocat répondit que l'on n'empêchait nullement l'empereur de s'occuper des affaires de la France, mais qu'il pouvait et devait travailler aux affaires de l'Italie et unir la cause des deux pays, en leur donnant une égale liberté et un même avenir. Faute de quoi, on était parfaitement décidé à employer tous les moyens pour supprimer tous les obstacles, pour délivrer la Péninsule du joug de l'Autriche et pour fonder l'unité italienne.

« — Que faut-il que je fasse? que me veut-on? » demandait Napoléon.

« L'avocat promit de consulter ses amis et de donner dans peu de jours une décision. Cette décision ne se fit pas longtemps attendre. La secte demandait à Napoléon trois choses : 1º la grâce d'Orsini, de Pieri et de Rudio ; 2º la proclamation de l'indépendance de l'Italie ; 3º la participation de la France à une guerre de l'Italie contre l'Autriche. On accordait un délai de quinze mois à Napoléon pour préparer les événements, et il pouvait, durant ces quinze mois, jouir d'une sécurité absolue. Les attentats ne se renouvelleraient pas, et les patriotes italiens attendraient l'effet des promesses impériales.»

Ici, le *Journal de Florence* rappelle les événements connus qui marquèrent le revirement si brusque de la politique impériale et relièrent cette politique à la lettre fameuse d'Edgard Ney. Le fait est que l'empereur multiplia ses efforts pour réaliser la première demande de la secte. Il fit implorer la grâce d'Orsini par l'impératrice, consulter ses ministres, le corps diplomatique étranger, et ne trouva de résistance que dans un seul personnage; mais ce personnage, le plus porté à la clémence par état, ne crut pas que l'empereur fût maître d'enchaîner le bras de la justice.

C'était le cardinal Morlot, archevêque de Paris. Il dit à l'empereur :

« — Sire, Votre majesté peut beaucoup en France,

12

sans doute; mais elle ne peut pas cela. Par une miséricorde admirable de la Providence, votre vie a été épargnée dans cet affreux attentat; mais autour de vous le sang français a coulé, et ce sang veut une expiation. Sans cela, toute idée de justice serait perdue, et *justitia regnorum fundamentum*. »

Napoléon avait compris. Il ne lui restait qu'une chose à faire, et il la fit. Il alla trouver Orsini. Oui, l'empereur accomplit cette démarche inouïe; il se rendit, à Mazas, dans la cellule de l'homme qui avait tenté de l'assassiner; il s'humilia devant cet homme. Quel fut l'entretien des deux adeptes de la Vente de Césène? On ne le saura peut-être jamais. Ce que l'on sait pourtant, c'est que dans cet entretien Napoléon confirma les engagements pris en Italie dans sa jeunesse, renouvelés à l'avocat X***, et qu'il jura, dans les bras de celui qu'il ne pouvait sauver, de se faire son exécuteur testamentaire.

L'expression est juste. M. Keller, le vaillant député alsacien catholique, l'a consacrée à la tribune du Corps Législatif, en la répétant avec toute l'autorité que lui donnaient son courage et son éloquence : la guerre d'Italie a été l'exécution du testament d'Orsini. Il fut convenu entre l'empereur et l'assassin que celui-ci écrirait une lettre que Napoléon rendrait publique, et dans laquelle le programme de l'unité italienne serait déclaré.

On vit alors un des plus grands scandales de notre temps : la lecture devant les magistrats de cette lettre-testament du carbonaro meurtrier, et sa publication dans le *Moniteur officiel de l'Empire*.

Dans cette lettre, Orsini dictait, en quelque sorte, ses volontés et disait ce qu'il attendait en échange du sacrifice de sa personne. Il écrivait, entre autres choses : « Pour maintenir l'équilibre actuel de l'Europe, il faut rendre l'Italie indépendante ou resserrer les chaînes sous lesquelles l'Autriche la tient en esclavage... De la volonté impériale dépend la vie ou la mort d'une nation à qui l'Europe est en grande partie redevable de sa civilisation. Telle est la prière

que de mon cachot j'ose adresser à Votre Majesté,
ne désespérant pas que ma faible voix soit entendue.
J'adjure Votre Majesté de rendre à ma patrie l'indépendance que ses enfants ont perdue en 1849 par la
faute même des Français. Que votre Majesté se rappelle que les Italiens, au milieu desquels était mon
père, versèrent avec joie leur sang pour Napoléon-
le-Grand partout où il lui plut de les conduire ;
qu'Elle se rappelle que, tant que l'Italie ne sera pas
indépendante, la tranquillité de l'Europe et celle de
Votre Majesté ne seront qu'une chimère. Que Votre
Majesté ne repousse pas le vœu suprême d'un patriote sur les marches de l'échafaud, qu'Elle délivre
ma patrie, et les bénédictions de vingt-cinq millions
de citoyens la suivront dans la postérité ! »

Le 13 mars, l'échafaud fut dressé. La peine de
Rudio fut commuée en celle des travaux forcés à
perpétuité. Pieri et Orsini furent conduits au supplice. Le premier ayant manifesté une sorte de
surexcitation nerveuse, son compagnon de mort lui
dit en italien : « Du calme ! » et Pieri mourut en
chantant le refrain des *Girondins*. Quant à Orsini, il
ne cessa de conserver son sang-froid, et, en posant
la tête sur la fatale machine, il poussa ce cri : « Vive
l'Italie ! vive la France ! »

Peu de temps après l'expiation du crime, l'*Unione*,
de Turin, organe officiel du Carbonarisme piémontais, sommait Napoléon III d'être l'exécuteur testamentaire du régicide. « S'il hésite, s'il tarde, disait
« ce moniteur des sociétés secrètes, les bombes et
« les poignards sauront remplir leur mission. »

Ainsi, la campagne d'Italie fut faite. Mazzini et la
Maçonnerie triomphaient.

Mais, retenons-le bien, ils triomphaient par le
crime.

L'assassinat ! toujours l'assassinat ! Les francs-
maçons n'ont pas d'autre argument à leur service.
C'est par le meurtre qu'ils agissent, c'est par l'attentat qu'ils imposent leurs volontés.

La participation de la France à la guerre de 1859

était le premier acte décisif arrêté depuis longtemps par les chefs de la secte; c'était le premier pas vers l'envahissement de Rome, vers l'abolition du pouvoir temporel, avec l'espoir d'arriver un jour à la suppression même de la Papauté et de l'Église.

XI

Le maréchal Prim.

La Franc-Maçonnerie eut beaucoup de peine à s'implanter en Espagne. Dès 1727 et 1728, la Grande Loge d'Angleterre délivra des constitutions à deux Loges, à Gibraltar et à Madrid ; plus tard, elle en constitua une autre à Cadix. Mais ces Ateliers n'étaient guère fréquentés que par des Anglais qui s'en faisaient une source de relations pour leur commerce.

Sur cette terre d'Espagne, profondément catholique, la secte ne pouvait être favorisée par le pouvoir. Le roi Ferdinand VI, fils de l'illustre Philippe V, interdit les réunions maçonniques sous les peines les plus sévères. L'édit fut rendu le 2 juillet 1756. A partir de cette époque jusqu'à l'envahissement de l'Espagne par les troupes de Napoléon, en 1808, les Loges travaillèrent dans l'ombre, accroissant peu à peu leur puissance, et vivant sous la dépendance de la Grande Loge de Londres.

L'invasion française fut le point de départ du développement considérable que la Maçonnerie prit dans la péninsule. Les officiers et les fonctionnaires établissaient, dans toutes les villes, des Loges, auxquelles ils affiliaient les Espagnols sympathiques à la domination de la France ; ces Espagnols avaient reçu de leurs compatriotes restés fidèles à la cause de leur Patrie, le surnom significatif d'*Afrancesados*.

La Maçonnerie, importée par les Français, grandit côte à côte avec l'ancienne Maçonnerie espagnole qui continuait à dépendre de la Grande Loge d'Angleterre. C'est pendant l'occupation française que se formèrent à Xérès une Grande Loge, et à Grenade un Grand-Orient et un Suprême Conseil.

Depuis l'année 1812, jusqu'à nos jours, les troubles et les révolutions qui ont agité l'Espagne, ont eu deux grandes causes principales : d'abord, la lutte que la Maçonnerie fit à la religion et à la royauté ; ensuite, les rivalités des différentes fractions de la secte. Il est, en effet, intéressant de remarquer comment les divers pouvoirs maçonniques, toujours unis pour combattre l'ordre social chrétien, se déchirent entre eux dès qu'ils tiennent le pouvoir.

Les divers hommes politiques qui se sont succédé en Espagne depuis l'invasion française, se sont grandis avec l'appui des Frères et Amis, et, dès qu'ils se sont trouvés assez puissants, ils se sont efforcés de s'emparer de la direction des Loges afin de consolider leur pouvoir.

Une autre cause, particulière à la péninsule, produisit aussi des divisions à l'intérieur de la Maçonnerie. Le pays est séparé, par de hautes chaînes de montagnes, en provinces dont les habitants sont très fiers et possèdent leurs mœurs spéciales, de sorte que les anciennes nationalités n'ont jamais été bien fondues ensemble ; il en est de même des diverses fractions de la secte.

On sait comment la Franc-Maçonnerie procède dans sa lutte contre la royauté. Sa marche est toujours la même : *primo*, affaiblir la monarchie nationale en lui retirant l'un après l'autre tous ses privilèges ; *secundo*, la transformer en monarchie constitutionnelle ; *tertio*, remplacer cette dernière par une république dont les charges sont remplis par des Frères Trois-Points.

Cette marche fut suivie en Espagne : sous le roi Ferdinand VII, qui régna de 1814 à 1833 ; sous la reine Isabelle, placée d'abord sous la régence de sa mère Marie-Christine, de 1833 à 1840, sous celle d'Espartero, de 1840 à 1843, puis, gouvernant elle-même, de 1843 à 1868. Après la chute de la reine Isabelle, l'Espagne fut soumise pendant deux ans à la dictature maçonnique du F∴ Serrano ; et ce n'est qu'en 1870 que le pays eut de nouveau un roi, lequel fut Amédée Ier.

En 1873, la république fut proclamée, mais ne dura que deux ans. L'Espagne n'est pas encore mûre pour cette forme de gouvernement ; mais, probablement, elle le sera bientôt.

Il était nécessaire d'indiquer sommairement les différentes phases politiques par lesquelles passa la péninsule. Faute de cette connaissance, il serait impossible de comprendre le rôle que joua Prim, ce général de l'émeute, et de distinguer les causes de son assassinat.

Le roi Ferdinand VII avait interdit la Franc-Maçonnerie sous les peines les plus sévères et avait même fait exécuter le F∴ Riégo, coupable d'avoir fomenté une émeute. On comprend que les sectaires ne pardonnèrent pas au souverain ce châtiment infligé à l'un des leurs et se trouvèrent fort heureux lorsqu'il mourut, en 1833.

Sa succession fut disputée par son frère don Carlos et par la reine-mère Marie-Christine, représentant les intérêts d'Isabelle II, alors mineure, fille du roi défunt. Les Francs-Maçons soutenaient Marie-Christine dont les idées leur étaient favorables ; ils espéraient, sous sa régence, pendant la minorité d'Isabelle, faire réaliser à la secte des progrès considérables. La guerre civile éclata entre le parti de don Carlos et celui de Marie-Christine ; et ce fut alors que Prim, à peine âgé de dix-huit ans, mais déjà affilié aux Loges, fit ses premières armes dans les corps francs de la Catalogne.

La régente, ayant triomphé, se montra reconnaissante envers les francs-maçons de l'appui qu'ils lui avaient prêté. Elle accéda à leurs désirs, en introduisant en Espagne le régime constitutionnel.

Prim surtout eut à se louer de la protection de Marie-Christine, puisqu'en 1837, il était déjà colonel dans l'armée régulière ; il n'avait alors que 23 ans.

Homme ambitieux et peu scrupuleux sur le choix des moyens, vrai frère des carbonari d'Italie, Prim vécut dans l'émeute et consacra sa vie à préparer des *pronunciamentos*.

Marie-Christine ayant dû s'enfuir d'Espagne devant la Révolution, dirigée par le F∴ Espartero, le F∴ Prim qui appartenait alors au parti progressiste, fraction la plus avancée de la Maçonnerie, organisa un soulèvement qui éclata en 1842 à Sarragosse. Les partisans du F∴ Espartero furent victorieux, et le F∴ Prim s'enfuit en France, comme un vivant témoignage de la fraternité qui règne entre les adeptes de la secte.

En 1843, le F∴ Prim, nommé député aux Cortès par la ville de Barcelone, recommença la lutte et révolutionna la ville de Reus. Chassé de cette localité par Zurbano, lieutenant d'Espartero, il se réfugia dans Barcelone qu'il souleva. A cette époque, Marie-Christine qui était rentrée en Espagne à la majorité de sa fille, récompensa Prim des émeutes qu'il avait fomentées en sa faveur, en le nommant général, puis comte de Reus et enfin gouverneur de Madrid.

Etant tombé en disgrâce auprès de sa protectrice, il se jeta en 1844 dans un complot contre elle, mais fut arrêté et condamné à six ans de prison. Rendu à la liberté par la clémence royale, il se tint éloigné des affaires politiques de l'Espagne jusqu'en 1854 ; en cette année, les chefs de l'Union Libérale, qui étaient francs-maçons, ayant été appelés au pouvoir, il fut élu aux Cortès. En 1859, il fit la guerre contre le Maroc, et en 1861, il conduisit au Mexique les troupes espagnoles à côté des régiments français et anglais.

En 1864, l'émeutier se réveillant en lui, il prit part à un complot militaire qui avorta et fut obligé de chercher son salut dans la fuite. Rentré en

1865, il travailla de nouveau l'armée et, au commencement de 1866, la fit se soulever contre Isabelle, dans le but de la détrôner pour lui substituer le roi de Portugal. Il échoua, s'enfuit, revint quelques mois plus tard, organisa une nouvelle révolte, laquelle ne réussit pas mieux que la précédente, et se sauva encore à l'étranger.

La Franc-Maçonnerie espagnole avait obtenu une monarchie constitutionelle, dépouillée de la presque totalité de son pouvoir ; c'était déjà beaucoup, mais ce n'était pas assez ; elle voulait la république, c'est dans ce but qu'elle travailla au renversement du trône d'Isabelle II. D'ailleurs, la secte, malgré la faveur dont ses chefs jouissaient auprès de la reine, ne lui pardonnait pas l'appui qu'elle avait toujours cherché à donner à la papauté.

La révolution qui se préparait était concertée dans les Loges, bien longtemps avant qu'elle éclatât en 1868. Dans toute l'Europe les journaux dirigés par des francs-maçons l'avaient annoncée. Isabelle obligée de quitter Madrid, se réfugia à Saint-Sébastien, prête à s'embarquer pour la France.

Au moment où la reine s'éloignait de sa capitale, les Frères et Amis lancèrent dans les villes et les campagnes de la péninsule une proclamation pour appeler le peuple aux armes, en lui rappelant le souvenir du Cid (c'était donner au Cid un rôle bien différent de celui qu'avait joué ce grand capitaine) et l'engageant à venger la mémoire de Riégo, ce franc-maçon émeutier, exécuté en 1823 sur l'ordre du roi Ferdinand VII.

Cette proclamation produisit un effet extraordinaire. Toutes les Loges d'Espagne, oubliant leurs rivalités, se réunirent pour la destruction de la monarchie. Le F∴ Prim et ses amis se montrèrent tout à coup sur la côte devant Cadix qui tomba en leur pouvoir.

Dès lors, la Révolution avait cause gagnée. Les généraux exilés sous le règne d'Isabelle pour complots, rentrèrent en toute hâte dans le pays. Ils se

Assassinat du maréchal Prim. — Tandis que Prim rentre chez lui en voiture, ses cochers, complices des sectaires, arrêtent leurs chevaux à un signal convenu, et les francs-maçons embusqués fusillent à bout portant le maréchal (page 217).

répandirent dans les provinces et les soulevèrent contre les Bourbons. C'est en vain que les généraux del Douero, de Cheste et Novaliches se mirent à la tête des troupes royales et tentèrent d'étouffer l'insurrection ; les soldats, qui avaient été travaillés de longue main par les francs-maçons, abandonnèrent leurs chefs presque partout et se joignirent aux révolutionnaires. Vainement Concha, nommé par la reine président du conseil des ministres, essaya de prendre des mesures énergiques; il se trouva impuissant en face des sectaires.

Ceux-ci, maîtres de la situation, formèrent à Madrid une junte provisoire. Aussitôt, la chute des Bourbons fut solennellement proclamée, le vote universel fut admis comme principe de la constitution, et les jésuites furent chassés. On voit que les Frères Trois-Points ne perdaient pas de temps.

Un gouvernement provisoire avait été constitué, avec mission de procéder aux élections des députés du peuple aux Cortès. Ces élections trompèrent l'attente des francs-maçons. Les Espagnols nommèrent une majorité monarchique, qui, après avoir repoussé la forme républicaine, confia la régence d'Espagne au maréchal F∴ Serrano avec mission de chercher un roi.

Le F∴ Prim, qui comptait être nommé régent, fut tout simplement ministre de la guerre. Un autre s'en fut contenté ; mais lui, ambitieux comme il l'était, chercha les moyens de se grandir encore. S'il avait, depuis 1833 jusqu'en 1868, pris part à neuf complots, ce n'était pas tant pour faire avancer la Maçonnerie, que pour accroître son importance. D'ailleurs, il se rappelait avoir trouvé un grand profit à servir la reine-mère Marie-Christine, il constatait qu'il n'avait pas gagné grand'chose à renverser Isabelle II.

Aussi, ne pouvant monter lui-même sur le trône, chercha-t-il, pour l'y asseoir, un prince qui, lui devant sa couronne, le récompenserait magnifiquement. Dès lors, il abandonna les républicains, et, ceux-ci s'étant soulevés, en octobre 1869, dans la Catalogne et dans l'Andalousie; il réprima l'insurrection avec une grande énergie, proclama l'état de siège, fit bombarder et prendre Valence d'assaut et rétablit l'ordre matériel par la terreur.

Les francs-maçons républicains, réduits à l'impuissance, résolurent de se venger, autrement que par la guerre, de ce faux-frère, ambitieux, prêt à courtiser le premier roi venu qui lui payerait grassement la peine qu'il se serait donnée pour le faire monter sur le trône.

La partie la plus avancée de la secte comptait pour son chef le plus audacieux et le plus influent Ruiz Zorilla, un homme parti de rien, aidé dans ses études par la charité publique et que son charlatanisme et la protection de certaines Loges avaient rendu un personnage influent. D'ailleurs, beaucoup de francs-maçons trouvaient que le F∴ Prim tenait l'affiche depuis assez longtemps et qu'il devrait se retirer du pouvoir pour laisser la place libre à d'autres plus jeunes que lui.

Prim ne l'entendait pas ainsi et multipliait ses démarches pour obtenir un roi. Un prince de la maison de Savoie avait refusé. En juin 1870, cette couronne en disponibilité fut offerte à un prince de la famille de Hohenzollern, qui commença d'abord par accepter. On se souvient que ce fut là le motif de la guerre de 1870, entre la France et l'Allemagne. La candidature Hohenzollern n'ayant pu être maintenue, Prim entama des négociations avec le second fils de Victor-Emmanuel, Amédée, duc d'Aoste.

Le 3 novembre 1870, à l'ouverture des Cortès, Prim, après avoir exprimé son regret du tragique dénouement qu'avait eu la question Hohenzollern, proposa officiellement la candidature du prince Amédée. Les francs-maçons avancés, ceux qui voulaient la république immédiate, crièrent à la trahison et demandèrent à la Chambre un vote de blâme contre le gouvernement, et, en particulier, contre le ministre, qui avait préparé cette candidature sans l'avis préalable des Cortès. La majorité, qui était monarchique, n'écouta pas ces républicains intransigeants, et ceux-ci se décidèrent à mettre à la raison le Frère infidèle par une autre arme que par le bulletin de vote.

Le 16 décembre, le duc d'Aoste avait été proclamé roi sous le nom d'Amédée ; le 27, Prim, répondant à M. Bugallal dans une séance des Cortès, déclara qu'il passerait au-dessus de la constitution, s'il était nécessaire, pour sauver la patrie et la liberté en les confiant à la garde du nouveau monarque. Le Frère trop ambitieux venait, par cette déclaration, de contresigner, pour ainsi dire, son arrêt de mort, depuis quelques jours rendu par le Suprême Conseil où dominait l'influence de Zorilla.

L'exécution ne tarda pas. En sortant de la séance, Prim monta dans sa voiture pour rentrer chez lui. Au moment où il traversait la rue Turco, des Frères qui s'y étaient embusqués, et qui étaient armés de fusils, le couchèrent en joue et firent feu, tandis que les cochers, complices, avaient arrêté leurs chevaux à un signal convenu. Un grand nombre de coups furent tirés. Le F∴ Prim, atteint de sept balles dans l'épaule gauche, expira le 30 décembre 1870, au moment où le nouveau roi débarquait à Carthagène pour prendre possession d'un trône qu'il devait occuper bien peu de temps.

La justice ouvrit une enquête sur cet assassinat ; mais ce fut simplement pour la forme. Comme dans tous les crimes où la Franc-Maçonnerie est en jeu, l'instruction fut embrouillée et compliquée à plaisir. On la fit traîner jusqu'à la fin de 1874 et personne ne fut puni. Comment en aurait-il été autrement, puisque toutes les autorités civiles, judiciaires et militaires de Madrid, en 1870, appartenaient à la secte ? Or, on sait que la Franc-Maçonnerie réclame la plus grande discrétion de ses adeptes et qu'au besoin elle les y force par le poignard de ses Kadosch.

Le fait de l'assassinat de Prim par ordre de la Maçonnerie est indiscutable. Les francs-maçons espagnols, — du moins, ceux que les événements politiques ultérieurs ont obligés à chercher un refuge à l'étranger, — s'en sont toujours vantés. C'est ainsi que l'un d'eux, dans le journal révolutionnaire *la Bataille*, de Paris, numéro du 18 août 1885, se glorifia d'avoir pris part au crime ; il en fit même un récit dramatique, prétendant que les conjurés obligèrent Prim à descendre de sa voiture et le contraignirent à s'agenouiller devant eux pour recevoir la mort ; ce détail a été démenti depuis, et il paraît n'être qu'une fanfaronnade des assassins.

Quoi qu'il en soit, cet assassinat est à ajouter à la série de ceux ordonnés par la secte ; et bien que le F∴ Prim soit un personnage peu intéressant, sa place était marquée dans cet ouvrage.

XII

Garcia Moreno.

La République de l'Equateur, ancienne colonie espagnole, est un de ces états qui, au commencement du XIXᵉ siècle, durent leur affranchissement à Bolivar, le Washington de l'Amérique du Sud.

Malheureusement, les peuples de cette contrée ne surent pas profiter de leur liberté. Pendant de nombreuses années, ils subirent le despotisme des tyranneaux militaires, dont le gouvernement, né de *pronunciamentos*, n'était fondé que sur la violence.

Le vrai libérateur de la République Équatorienne fut Gabriel Garcia Moreno.

Pour bien comprendre l'œuvre accomplie par cet homme de génie, il est nécessaire de jeter un coup d'œil sur l'état de son pays avant l'arrivée de Garcia Moreno aux affaires publiques.

L'Équateur, situé dans l'Amérique du Sud, comporte un territoire grand comme à peu près deux

fois celui de la France. Le pays tout entier a la forme
d'un long triangle dont la plus grande dimension va
de l'ouest à l'est. A l'ouest, la base de ce triangle, et
son plus petit côté, est formée par l'Océan Pacifique;
la frontière des Etats-Unis de Colombie détermine,
au nord, un des grands côtés du triangle ; au sud,
le Pérou limite le troisième côté. Enfin, l'Equateur
prolonge à l'est une pointe extrême jusqu'au Brésil.

La population de ce pays n'est pas très nombreuse,
relativement à son vaste territoire ; elle ne s'élève
qu'à 1,143,000 habitants.

La République est divisée en trois zones bien distinctes, allongées du nord au sud, c'est-à-dire paral-
lèles à l'Océan Pacifique. Le long du littoral s'étend,
comme un ruban, une plaine dont la grande largeur
n'atteint pas vingt lieues. Elle est inondée par les
rayons d'un soleil brûlant, le soleil de l'équateur. La
terre est fertile, bien arrosée par les torrents et les
rivières qui descendent des montagnes, détrempée
pendant de longs mois par des pluies quotidiennes.
Aussi la végétation y est-elle splendide; l'acajou, le
cèdre, le poivrier, le figuier, le palmier y croissent
en abondance et y atteignent des proportions gigan-
tesques; le coton, la canne à sucre, le café, le cacao
y poussent, presque sans culture. Le littoral est donc
très riche. Il a pour ville principale et pour port
Guayaquil, patrie de Garcia Moreno.

A l'est de cette première zone, s'élève une chaîne
de montagnes connues sous le nom générique de
Cordillères des Andes. Ces montagnes sont très
hautes ; elles ont 4,000, 5,000 et même 6,000 mètres
de hauteur. Leurs flancs, du côté qui regarde l'Océan,
sont couverts de bois épais et coupés de gorges sauvages, de torrents impétueux, de fondrières et de
précipices. Il faut plusieurs jours pour traverser les
Cordillères. Le trajet s'effectue à dos de mulets et
n'est pas sans dangers.

A l'est de cette première chaîne de montagnes,
s'en élève une deuxième, et, entre les deux, s'étend,
à trois mille mètres d'altitude au-dessus du niveau

de la mer, un vaste plateau qui mesure dix à quinze lieues de large et cent cinquante de longueur, du nord au sud. Ce plateau est un véritable paradis terrestre : le printemps y est éternel et la végétation splendide. C'est là que la population équatorienne se trouve concentrée. Là s'élèvent Quito, capitale du pays, Ibarra, et les villes les plus importantes, entourées elles-mêmes de nombreux villages et hameaux.

Dans ces parages s'étendent d'immenses propriétés appelés *haciendas*, sur lesquelles vivent des troupeaux de trois à quatre mille bœufs, de quinze ou vingt mille brebis (1).

A l'est du plateau de Quito, au pied des montagnes qui le soutiennent, s'étend jusqu'aux frontières du Brésil, une immense plaine couverte de forêts vierges et traversée par de grands fleuves, tributaires de l'Amazone. C'est le refuge de tribus d'Indiens dont le nombre est évalué très approximativement à deux cent mille. C'est la troisième zone.

Un long triangle s'appuyant à l'Océan Pacifique et divisé en trois zones : le littoral, le plateau de Quito et le territoire des Indiens, telle est donc la République de l'Equateur, dont Garcia Moreno fut l'organisateur.

Ce fut à Guayaquil, comme nous l'avons déjà dit, que naquit, le 24 décembre 1821, la veille de Noël, le futur sauveur de son pays. Il était issu de famille ancienne et distinguée ; son père, don Garcia Gomez, avait épousé la senora dona Mercedès Moreno, qui lui donna de nombreux enfants, dont Gabriel, notre héros, fut le plus jeune. Il porta toujours réunis le nom de son père et celui de sa mère.

Tout enfant, il eut trois grands maîtres : la pauvreté, le péril et la science.

(1) La majeure partie de ces renseignements est empruntée au remarquable ouvrage *Garcia Moreno*, par le R. P. A. Berthe, rédemptoriste, ouvrage dont nous ne saurions trop recommander la lecture, instructive à plus d'un titre.

Son père, après avoir possédé une brillante fortune, la perdit et tomba dans la misère. Il ne s'en
releva jamais et mourut au moment où le jeune
Gabriel se trouvait en âge de fréquenter les écoles.

L'enfant fut témoin des insurrections et des bom-
bardements qui affligèrent Guayaquil. Il s'y aguerrit
contre le danger.

Enfin, il se jeta dans l'étude avec passion. Apte
aux sciences exactes aussi bien qu'aux lettres, il
conquit en peu de temps tous ses diplômes. Il était
docteur en médecine et il connaissait le droit ; ma-
thématicien de premier ordre, excellent professeur
de chimie, orateur d'une grande éloquence, il était
aussi un vaillant écrivain.

A partir de 1846, c'est-à-dire dès l'âge de vingt-
quatre ans, il entra dans la vie publique, en rédi-
geant des journaux satiriques, le *Fouet*, le *Vengeur*, le
Diable, dans lesquels il combattit avec un rare courage pour l'émancipation politique, intellectuelle et
morale du peuple.

La force de volonté de Garcia Moreno était extraordinaire. En voici un exemple. Il était fort aimé dans
la société et il se laissait entraîner à passer toutes ses
soirées en conversations dans les familles où il était
accueilli. Cela dura peu de semaines ; car, dès qu'il
s'aperçut du temps que ces habitudes lui faisaient
perdre, il prit une résolution décisive. A l'exemple
de Démosthène, il se fit raser la tête comme un
moine, de sorte qu'il ne pouvait plus sortir sans
s'exposer aux moqueries. Il resta de la sorte six
semaines enfermé chez lui. Au bout de ce temps, il
avait repris ses habitudes de travail acharné.

De 1854 à 1856, il fit en France un voyage au
cours duquel il séjourna longtemps à Paris. Puis, il
revint en Amérique pour provoquer le réveil du
peuple équatorien.

Le 15 septembre 1857, il fut élu membre du Congrès.

Deux tyranneaux, Roblez et Urbina, se parta-
geaient le pouvoir. Ne trouvant pas dans l'assemblée

nationale une majorité docile à leurs caprices, ils en prononcèrent illégalement la dissolution, et se nommèrent l'un dictateur, l'autre général en chef de l'armée équatorienne. De plus, ils transportèrent la capitale à Guayaquil, ville où pullulaient les francs-maçons.

Ce coup de force indigna le pays, la réprobation fut générale, il y eut un véritable soulèvement national. Le peuple, faisant cause commune avec ses députés, se constitua en armée républicaine, sous les ordres des membres du congrès, se battit bravement et renversa les despotes usurpateurs.

Ceux-ci, ne pouvant se résoudre à redevenir de simples citoyens, quittèrent le pays, s'établirent au Pérou, c'est-à-dire chez les ennemis héréditaires de leur patrie, et, de là, ne cessèrent de conspirer, de fomenter la guerre civile, à la faveur de laquelle ils comptaient se rétablir au pouvoir.

En 1860, Garcia Moreno fut élu président du gouvernement provisoire. Son premier acte fut d'instituer à l'Equateur le suffrage universel; car, jusqu'alors, le droit de vote était seulement le privilège d'un nombre restreint.

Le 10 janvier 1861, il remettait ses pouvoirs à la Convention. Quelques jours plus tard, l'assemblée procédait à l'élection du président de la République, nommé pour quatre ans; le nom de Garcia Moreno réunit à l'unanimité les suffrages des mandataires du peuple.

D'après la constitution, à cette époque, le premier magistrat de la République n'était pas rééligible, à l'expiration de son mandat. Ce fut Jéronimo Carrion qui fut élu, en 1865, en remplacement de Garcia Moreno; le Congrès vota ensuite l'ordre du jour suivant:

« Vu l'abnégation du président sortant, ses sublimes efforts, ses héroïques sacrifices, le Congrès déclare que Garcia Moreno a bien mérité de la patrie. Comptant sur le zèle du président actuel, le peuple espère qu'il marchera sur les nobles traces de son prédécesseur. »

Ce fut tout le contraire qui arriva. Carrion était un homme faible, mais jaloux de son pouvoir, qui s'imagina qu'en recourant aux conseils de Garcia Moreno, et en suivant ses exemples, il amoindrirait son autorité. Il prêta l'oreille aux francs-maçons, complices d'Urbina, ce factieux qui, comme nous l'avons dit plus haut, s'était réfugié au Pérou et dirigeait de cette retraite les sectaires de l'Equateur.

Carrion donc, mal conseillé, envoya Garcia Moreno au Chili pour contracter avec cette république un traité de commerce et de navigation.

Les révolutionnaires battirent des mains à la nouvelle de cette mission, et ne cachèrent pas le projet de se défaire, chemin faisant, de l'homme qui les gênait.

Quelque temps auparavant, ils avaient formé le projet de l'assassiner à la Carolina, hacienda où Garcia Moreno s'était retiré dans les environs de Quito; mais certaines indiscrétions des conjurés les forcèrent d'ajourner l'horrible dessein.

Garcia Moreno, bien que prévenu de tous côtés des périls qui l'attendaient en route et surtout à Lima, capital du Pérou, pays où les francs-maçons étaient tout puissants, ne partit pas moins, le 27 juin 1866, accompagné de don Pablo Herrera, son secrétaire, et de don Ignacio de Alcazar, adjoint à la légation. Herrera emmenait avec lui son fils, jeune homme de quatorze ans, et Garcia Moreno, une petite nièce de huit ans qui se rendait à Valparaiso. C'était toute son escorte.

Le vapeur arriva le 2 juillet, au Callao, qui est le port de Lima.

« Garcia Moreno, dit le P. Berthe, le savant auteur de sa vie, prit immédiatement avec sa suite un train qui arriva au débarcadère de Lima, vers midi.

« Ignacio de Alcazar descendit le premier pour s'entretenir avec un attaché de l'ambassade, venu à leur rencontre. Garcia Moreno le suivit aussitôt, puis aida sa petite nièce à descendre.

« Au moment où il se retournait vers un ami

accouru pour le féliciter de son voyage, un certain
Viteri, parent d'Urbina, s'approcha subitement de
lui, le traita de brigand et d'assassin, et lui tira deux
coups de revolver à la tête avant qu'il eût le temps
de faire un mouvement. Son chapeau, troué par les
balles, tomba par terre. »

Aussitôt, Garcia Moreno, s'armant à son tour de
son revolver, s'élança sur son assassin, et de la main
gauche lui saisit le bras droit. Ce mouvement fit
dévier la troisième balle que tira le meurtrier et qui
n'atteignit pas l'ambassadeur, dont le sang coulait
de deux blessures légères, l'une au front, l'autre à la
main droite.

« Pendant que Garcia Moreno étreignait ainsi le
bras de son adversaire, un de ses amis, don Félix
Luque, bien que sans armes, accourut pour le dé-
gager ; mais un nouveau coup de feu, tiré par un
compagnon de Viteri, lui perça la main. Au bruit de
ces détonations, Ignacio de Alcazar se précipite à
son tour au milieu des combattants et tombe sur
Viteri à coups de crosse de revolver. Blessé à la tête,
l'assassin furieux décharge deux fois son arme sur
ce nouvel assaillant, pendant qu'Ignacio, ripostant
également par une double décharge, l'oblige à quitter
la partie. Cette horrible scène n'avait duré qu'un
instant. »

Viteri revenait à la charge, quand il fut empoigné
par les policiers, arrivés enfin au secours des victimes de cette agression maçonnique.

Il est à remarquer que Garcia Moreno se contenta
de détourner l'arme de son ennemi, au lieu de lui
brûler la cervelle, comme il avait parfaitement le
droit de le faire, puisqu'il se trouvait dans un cas de
légitime défense.

Eh bien ! chose extraordinaire, les juges péruviens,
qui étaient francs-maçons, trouvèrent moyen de ne
pas condamner Viteri, l'assassin gagé de la secte !

Continuant sa route, Garcia Moreno arriva au
Chili et contracta avec le gouvernement de ce pays
les conventions les plus avantageuses pour l'Equa-

teur. Il revint à Quito, entouré d'un prestige
augmenté par la tentative criminelle dont il avait été
l'objet et par l'heureux résultat de ses négociations.

Le 6 novembre 1867, après deux ans et demi de
présidence, Carrion, qui s'était montré déplorable-
ment faible et versatile, fut obligé de donner sa démission. Un avocat très estimé, don Xavier Espinoza,
fut élu pour l'achèvement de la période constitutionnelle.

En 1868, une catastrophe épouvantable désola
l'Équateur. Une province entière, la province d'Ibarra,
située sur le plateau de Quito, c'est-à-dire entre les
deux chaînes de montagnes des Cordillères des Andes,
fut détruite par les éruptions des volcans et les trem-
blements de terre. Dans la seule ville d'Ibarra, plus
de cinq mille hommes furent ensevelis sous les ruines.

Garcia Moreno, auquel ses concitoyens avaient
toujours recours dès qu'ils se trouvaient dans une
difficulté d'où ils ne savaient comment sortir, le *Sauveur* organisa les secours avec une activité prodigieuse.

D'autre part, les Indiens cantonnés dans cette
troisième zone du pays dont nous avons parlé en
exposant les grandes divisions géographiques de
l'Équateur, les Indiens, disons-nous, crurent le moment venu de chasser les blancs à la faveur du désor-
dre. Ils sortirent de leurs forêts, prêts à tout saccager.

Garcia Moreno, nommé gouverneur civil et militaire de la province d'Ibarra, se mit à la tête des
troupes et parvint à refouler les agresseurs dans
leurs forêts.

Un mois après, la population sauvée décernait à
son libérateur une médaille d'or, enrichie de diamants, et portant cette exergue : « *Au Sauveur
d'Ibarra.* »

En peu de temps, Garcia Moreno avait réparé tout
le mal et les villes, naguère jetées à bas, commençaient à renaître. En vérité, cet homme avait été
chargé par la Providence d'une mission sublime, et
chacun de ses pas était marqué par un bienfait.

13.

En 1869, Garcia Moreno, voyant que le président Espinoza allait être renversé par les francs-maçons, partisans d'Urbina, se mit à la tête de l'armée et sauva son pays de l'anarchie.

L'assemblée nationale modifia alors les articles de la constitution relatifs à la présidence. « Le président, fut-il voté, est élu pour six ans, rééligible pour une seconde période, mais ne pourra être investi d'un troisième mandat qu'après un intervalle de six autres années. »

Le 29 juillet 1869, Garcia Moreno fut élu président de la République de l'Equateur. Dès lors, il réalisa, en plein xixᵉ siècle, ce miracle : l'organisation d'un état chrétien, où le règne de Dieu assurait le bonheur de tous, où la devise du gouvernement était : « Liberté pour tous et pour tout, excepté pour le mal et les malfaiteurs. »

Cependant, les francs-maçons n'entendaient pas laisser Garcia Moreno travailler tranquillement au bien de ses concitoyens, et le 14 décembre 1869, ils suscitèrent contre lui un jeune homme nommé Cornéjo et plusieurs autres. Ils avaient résolu de l'assassiner, et ce projet allait recevoir son exécution, lorsqu'un des initiés, cédant aux remords, révéla au président le danger qui le menaçait et les noms des conjurés, qui furent arrêtés et condamnés à mort, excepté Cornéjo, qui obtint sa grâce et fut seulement exilé.

Dès lors, le parti de la révolution fut abattu pour longtemps.

En 1875, au mois de mai, Garcia Moreno fut réélu président par le suffrage direct de la nation. C'était la troisième fois qu'il était porté à la magistrature suprême ; la légalité de l'élection était incontestable, puisque la nouvelle constitution stipulait que le président pouvait toujours être réélu pendant deux périodes consécutives. La loi, n'ayant pas d'effets rétroactifs, ne comptait pas l'élection de 1861.

Du reste, en 1875, Garcia Moreno avait fait tant de bien, était si populaire, que ses adversaires politiques n'osèrent pas lui opposer un seul concurrent. Il fut nommé par le vote de près des trois quarts des électeurs.

Mais pourquoi Garcia Moreno était-il si populaire ?

C'est que son œuvre comme président était merveilleuse.

Tout était à faire à l'Equateur, il fit tout. Réforme du clergé et de l'armée ; création d'une école de cadets, sorte d'école Saint-Cyr où les jeunes gens des meilleures familles se préparaient au rôle d'officiers ; introduction de fusils perfectionnés ; instruction des soldats ; réforme et développement du code judiciaire ; réforme de la magistrature ; il porta dans tous les grands services de l'Etat une main très prudente et très sage, réprima les désordres et par des règlements en prévint le retour.

Avant Garcia Moreno, il n'y avait, à l'Equateur, pas une seule grande route. Il en fit construire six cents kilomètres ; et quels viaducs il fallait édifier à travers les vallées des Andes ! Ces travaux sont dignes des Romains.

Grâce à son initiative, l'Equateur est, en outre, pourvu de chemins de fer, de télégraphes, etc.

Il fit élever de nombreux hôpitaux ; il surveillait, par lui-même, les administrations, se rendant à l'improviste dans ces maisons et contrôlant tout.

Un jour, les lépreux s'étant plaints du régime alimentaire, il vint inopinément s'asseoir à la table de ces infortunés, partagea leur humble repas et donna l'ordre d'améliorer leur ordinaire.

Il s'occupa beaucoup de répandre l'instruction dans le pays ; ses fondations d'écoles sont innombrables.

Il créa une école polytechnique, des académies de sciences, un observatoire à Quito, appelé à devenir le premier du monde, grâce à sa situation à trois mille mètres d'altitude et sous la ligne même de l'équateur.

Il créa aussi des facultés de médecine et fit venir, pour celle de Quito, des professeurs de la Faculté de Montpellier.

Il avait une telle ardeur de réformes qu'il s'occupait de tout, même des prisonniers. Sa réforme du système pénitentiaire peut être proposée comme exemple aux gouvernements de tous les pays. Il transforma les prisons en écoles et en ateliers, pour améliorer les détenus. Il fit cesser tous les abus, ne craignant pas de venir passer des journées entières dans ces milieux sombres et tristes.

Pour stimuler la bonne volonté des prisonniers, Garcia Moreno leur fit entrevoir la liberté comme récompense de leur amélioration. A la fin de l'année, le président, entouré de ses ministres et d'une escorte militaire, se rendait dans les prisons et assistait aux examens scolaires des détenus; il interrogeait lui-même parfois ces écoliers d'un nouveau genre, dont la plupart avaient atteint l'âge mûr. On constatait ainsi que ces misérables s'amendaient et revenaient au bien; chaque année, leur tenue était meilleure.

Après les avoir vivement félicités de leurs progrès et de leur conduite, Garcia Moreno distribuait des récompenses aux plus méritants, réduisait la peine de quelques-uns et rendait la liberté, séance tenante, à celui qui l'avait emporté sur tous par un plus grand respect du devoir.

Les prisonniers pleuraient de joie; ils ne comprenaient pas comment un chef d'état pouvait ainsi s'abaisser jusqu'à leur misère; et plus que jamais ils faisaient l'impossible pour mériter ses bonnes grâces.

Cette œuvre de bien ne tarda pas à porter ses fruits; les crimes et les délits devinrent de moins en moins nombreux; au bout de quelques années, il n'y avait plus que cinquante détenus dans les prisons de la capitale.

Parmi les autres réformes, il convient de signaler celles qui concernent les finances.

Avant la présidence de Garcia Moreno, l'état était fort endetté. A force d'économies et sans augmentation d'impôts, le président arriva à éteindre complètement la dette de l'état. Les admirables travaux qu'il fit exécuter pour le bien public ne donnèrent lieu à aucun emprunt.

Non content de liquider le passé, Garcia Moreno ne voulut pas charger l'avenir. Tout fut accompli, grâce à l'accroissement des ressources nationales; la prospérité fut telle qu'en six ans les recettes budgétaires doublèrent.

En outre, convaincu que l'exemple entraîne, Garcia Moreno fut un modèle de désintéressement. Pendant ses dix années de présidence, il ne voulut jamais s'attribuer un centime de sa liste civile : il en abandonnait la moitié à l'état, pour diminuer les charges du trésor et obliger les autres fonctionnaires à se réduire à leur tour aux appointements indispensables; l'autre moitié était versée aux œuvres de bienfaisance.

Un trait peindra l'homme :

« Lors de sa première élection, sa femme, la vertueuse senora Rosa Ascasubi, lui fit remarquer qu'un président de république ne pouvait se dispenser, à son entrée en charge, de donner un banquet officiel aux ministres, diplomates et autres personnages de marque.

« Il lui fit observer que son humble fortune lui interdisait pareil luxe.

« La noble dame répondit qu'elle se chargeait des frais et lui compta cinq cents piastres (2.500 francs de notre monnaie) en lui recommandant de faire les choses grandement.

« Garcia Moreno, muni d'une bourse bien garnie, s'achemina vers l'hôpital de Quito avec son aide-de-camp, pourvut aux nécessités les plus urgentes de ses chers malades, et commanda pour eux un magnifique dîner.

« A son retour, la généreuse femme lui demanda s'il avait eu assez d'argent.

« — J'ai pensé, lui dit-il en riant de bon cœur,
« qu'un bon repas ferait plus de bien aux malades
« qu'aux diplomates. J'ai donc porté l'argent à l'hô-

« pital, où l'on m'a déclaré que pour cinq cents
« piastres on fournirait un excellent dîner. »

L'ouvrage du P. Berthe que nous avons suivi pour
apprendre aux lecteurs ce que fut Garcia Moreno,
est littéralement bourré de faits analogues.

A sa mort, l'administrateur chargé de ses affaires
présenta un compte détaillé de ses recettes et de ses
dépenses, d'où il résulta que le président s'était
dévoué au point de ne jamais garder une piastre pour
lui; il ne laissa aucune fortune; tout avait passé à
des œuvres de charité, et surtout à secourir secrètement des familles nécessiteuses, dont les chefs vivaient au Pérou ou au Chili. La femme d'Urbina,
son plus mortel ennemi, recevait du président une
subvention mensuelle !

Un pareil homme, on le pense bien, devait être
détesté, haï par tous les exploiteurs, par tous les
misérables intrigants qui sont les sangsues du peuple.

Dans les derniers temps, il avait repris pour son
compte une idée de Bolivar. Le libérateur de l'Amérique du Sud avait autrefois rendu un décret ainsi
conçu :

« Considérant que les sociétés secrètes ont pour but
principal de préparer les révolutions politiques et que le
mystère dont elles se couvrent révèle suffisamment leur
caractère nuisible,

« La dissolution de ces sociétés est ordonnée, les Loges
maçonniques sont et demeurent fermées. »

Selon la pensée de Garcia Moreno, les associations
politiques ne devaient fonctionner qu'au grand jour,
le public devait pouvoir assister à leurs séances.

Les francs-maçons persistant à tenir des réunions
clandestines, il fit adopter une loi condamnant à la
perte des droits électoraux quiconque serait convaincu par les tribunaux d'appartenir à une société
secrète.

Dès lors, les sectaires résolurent d'en finir avec le
président et de ne pas le manquer cette fois ; il leur
fallait à tout prix assassiner ce héros qui déconcer-

tait par sa loyauté et son courage les sinistres projets des Loges.

Aux épreuves des initiations des hauts grades, on remplaça les mannequins dits symboliques, que le récipiendaire doit poignarder, par des mannequins représentant Garcia Moreno. Ainsi, l'on excitait les fanatiques.

D'autre part, on répandait dans le public le bruit que Garcia Moreno avait été initié, en 1860, à la Loge *la Philanthropie*, de Guayaquil, — ce qui n'a jamais été prouvé, — et qu'en faisant voter la loi dont il vient d'être question, le président avait trahi ses anciens Frères.

Le crime, annoncé à plusieurs reprises par les journaux du Pérou, fut enfin commis le 6 août 1875.

Les meurtriers désignés par les Loges étaient au nombre de cinq : Moncayo, Campuzano, Andrade, Cornejo et Rayo. Un avocat, nommé Polanco, devait se tenir à quelque distance, pour favoriser la fuite des meurtriers.

Donc le 6 août, raconte son savant historien, le P. Berthe, Garcia Moreno se rendit, vers six heures du matin, comme c'était sa coutume, à l'église Saint-Dominique, pour y entendre la messe... Le président s'approcha de la sainte table... Après tant d'avertissements reçus de tous côtés, il ne pouvait se dissimuler qu'il était en danger de mort.

Les conjurés l'épiaient depuis le matin. Ils l'avaient suivi de loin, jusque sur la place Saint-Dominique, où ils stationnèrent pendant la messe, tantôt par petits groupes, tantôt se rapprochant les uns des autres pour se communiquer leurs observations.

On conjectura qu'ils voulaient l'assaillir au sortir de l'église, mais qu'un obstacle imprévu, peut-être le concours assez nombreux des fidèles, les empêcha d'effectuer leur dessein.

Le président rentra tranquillement chez lui, passa quelque temps au milieu de sa famille, puis se retira dans son cabinet pour mettre la dernière main au message dont il voulait, ce même jour, donner communication à ses ministres.

Vers une heure, muni du précieux manuscrit qui devait être son testament, il sortit avec son aide-de-camp pour se rendre au palais et s'arrêta en chemin chez les parents de sa femme. Quelques instants après on le vit se diriger vers le palais du gouvernement.

A ce moment, les conjurés se trouvaient réunis dans un café attenant à la place, d'où ils observaient les démarches de leur victime. Dès qu'ils l'aperçurent, ils sortirent les uns après les autres et s'embusquèrent derrière les colonnes du péristyle, chacun au poste assigné par leur chef Polanco, lequel se transporta sur la place, pour écarter les obstacles et parer à tout événement.

Il y eut alors un moment de terrible angoisse pour ces meurtriers. Avant d'entrer au palais, le président éprouva le besoin d'élever son âme à Dieu, et il pénétra dans la cathédrale qui est située sur la même place que le siège du gouvernement. Cette station fut assez longue.

L'un des conjurés, Rayo, impatienté d'un retard qui pouvait devenir périlleux, fit dire au président par un de ses complices qu'on l'attendait pour une affaire pressante.

Garcia Moreno se leva aussitôt, sortit de l'église, gravit les marches du péristyle, lorsque Rayo qui le suivait, tirant de dessous son manteau un énorme coutelas, lui en donna un terrible coup sur l'épaule.

« Vil assassin ! » s'écria le président en se retournant et en faisant d'inutiles efforts pour saisir son revolver dans sa redingote fermée ; mais déjà Rayo lui avait fait une large blessure à la tête, pendant que les autres conjurés déchargeaient sur lui leurs revolvers.

A ce moment, un jeune homme, qui se trouvait, par hasard, sur la plate-forme, voulut saisir le bras de Rayo, mais blessé lui-même et à bout de forces, il dut lâcher prise.

Assassinat de Garcia Moreno, président de la République de l'Equateur. — Garcia Moreno, aussi fervent chrétien que grand homme d'Etat, avait fait voter une loi interdisant les sociétés secrètes ; les francs-maçons l'assassinent à Quito, en plein jour (page 232).

Percé de balles, la tête ensanglantée, l'héroïque président se dirigeait néanmoins, tout en cherchant son arme, vers le côté d'où partaient les balles, lorsque Rayo, d'un double coup de son coutelas, lui taillada le bras gauche et lui coupa la main droite, de manière à la détacher presque entièrement.

Une seconde décharge fit chanceler la victime, qui s'appuya contre la balustrade et tomba sur la place d'une hauteur de quatre à cinq mètres.

Etendu sur le sol, le corps tout sanglant, la tête appuyée sur son bras, le moribond était sans mouvement, lorsque Rayo, dans un accès de férocité, descendit l'escalier du péristyle et se précipita sur lui pour l'achever.

« — Meurs, bourreau de la liberté ! » criait-il, en lui labourant la tête avec son coutelas.

« — Dieu ne meurt pas ! murmura une dernière fois le héros chrétien, *Dios no muere !* »

Cependant le bruit des coups de feu attire les curieux aux fenêtres...

Polanco, Cornejo, Andrade et les autres meurtriers s'enfuient au plus vite, en criant :

« — Le tyran est mort ! »

La place se remplit de personnes effarées, de soldats cherchant les assassins, de prêtres qui arrivent en toute hâte de la cathédrale pour donner au blessé, s'il respire encore, les derniers secours de la religion.

Il ne peut répondre à ceux qui lui parlent, ni faire le moindre mouvement; mais son regard trahit un reste de vie et de connaissance.

On le transporte à la cathédrale et de là dans la demeure du prêtre-sacristain pour panser ses plaies béantes : soins inutiles, car on s'aperçoit à ses lèvres décolorées et livides qu'il est sur le point d'expirer.

Un prêtre lui demande s'il pardonne à ses meurtriers; son regard mourant répond qu'il pardonne à tous.

Il reçoit l'absolution; l'extrême-onction lui est

administrée au milieu des larmes et des sanglots de l'assistance, et il expire un quart d'heure environ après l'épouvantable tragédie du palais.

Cependant Rayo, blessé à la jambe d'une balle tirée par un de ses complices et destinée au président, n'avait pu fuir avec les autres assassins. Brandissant son coutelas, il se glorifiait de son crime. Des soldats l'entourent. L'un d'eux le couche en joue.

« — Tu n'as pas le droit de me tuer, lui crie Rayo.

« — Et toi, avais-tu le droit d'assassiner mon maître ? » répond le soldat, et faisant feu il étend le misérable raide mort.

Le cadavre de Rayo, piétiné par la foule, est ensuite traîné, la corde au cou, par les rues de la ville, puis jeté dans un ravin, au milieu des ordures, comme la carcasse d'une bête immonde. Porté ensuite au cimetière, il fut enfoui dans le terrain réservé aux parricides et aux excommuniés.

On trouva sur lui les preuves de son affiliation à la Franc-Maçonnerie, ainsi que la somme qu'il avait reçue pour son crime, en un chèque sur la banque du Pérou, établissement qui est, pour ainsi dire, la propriété de la secte.

Dans la soirée de ce jour néfaste, ajoute le P. Berthe, e doyen de la Faculté de médecine, le docteur Guayraud, reconnut officiellement le cadavre du président et en fit l'autopsie. Le martyr avait reçu cinq ou six coups de feu et quatorze coups de l'infâme coutelas, dont l'un avait fracturé le crâne. On compta sept ou huit blessures mortelles.

Sur la poitrine du héros se trouvaient une relique de la vraie Croix et divers objets de piété. Dans sa redingote était un agenda tout noirci de ses notes journalières ; sur la dernière page, il avait, ce jour-là même, tracé au crayon ces mots qui suffisent pour peindre l'âme d'un saint : « Mon Seigneur Jésus-Christ, donnez-moi l'amour et l'humilité, et faites-moi connaître ce que je dois faire aujourd'hui pour votre service. » En réponse à cette généreuse demande, Dieu réclama le sang du héros chrétien.

La République de l'Equateur fit à son président de magnifiques funérailles; toute la nation prit le deuil.

Quant aux assassins, Andrade et Moncayo réussirent à passer à l'étranger; Polanco, qui n'avait pas frappé, en fut quitte pour dix ans de réclusion ; Campuzano et Cornejo furent condamnés à mort. Ce dernier mourut, réconcilié avec Dieu ; Campuzano, au contraire, périt en franc-maçon. Comme, après sa condamnation, on lui promettait la vie sauve, s'il voulait révéler les noms de tous les organisateurs de l'attentat :

« — C'est inutile, s'écria-t-il; mes compagnons, eux, ne me feraient pas grâce. J'aime mieux être fusillé que poignardé. »

En voilà un qui connaissait le bon cœur des Frères et Amis, lesquels ne se réunissent (s'il fallait en croire leurs mensonges), que pour s'occuper d'œuvres philanthropiques !

Afin de donner une forme au deuil public et de consacrer le souvenir du grand patriote, les représentants de la République de l'Equateur, s'étant réunis en congrès solennel le 16 septembre 1875, c'est-à-dire deux mois et demi après le crime, rendirent, à l'unanimité, le décret suivant :

Considérant :

Que l'Excellentissime don Gabriel Garcia Moreno, par sa vaste intelligence, comme par ses hautes vertus, mérite d'occuper la première place parmi les enfants de l'Equateur.

Qu'il a consacré sa vie et les dons si rares de son esprit et de son cœur à la régénération et à la grandeur de la République, en basant les institutions sociales sur le fondement solide des principes catholiques ;

Qu'avec la magnanimité des grands hommes, il affronta sans crainte la diffamation, la calomnie et les sarcasmes impies, donnant ainsi au monde le noble exemple d'une inébranlable fermeté dans l'accomplissement du devoir ;

Qu'il aima la religion et la patrie jusqu'à souffrir pour elles le martyre, et légua, de la sorte, à la postérité, une mémoire illustrée de l'immortelle auréole dont Dieu couronne les plus héroïques vertus;

Qu'il combla la nation d'immenses et impérissables bienfaits dans l'ordre matériel, intellectuel, moral et religieux;

Et qu'enfin la nation doit honneur, gratitude et respect aux citoyens qui savent l'ennoblir et la servir sous l'inspiration du plus pur et du plus ardent patriotisme;

Le Sénat et la Chambre des Députés, réunis en Congrès National, décrètent :

I. — L'Equateur, par l'entremise de ses représentants, accorde à la mémoire de l'Excellentissime don Gabriel Garcia Moreno l'hommage de son éternelle gratitude, et, pour le glorifier selon ses mérites, lui décerne les noms de *Régénérateur de la Patrie* et de *Martyr de la Civilisation catholique.*

II. — Pour la conservation de ses restes mortels, il sera élevé, au lieu que désignera le pouvoir exécutif, un mausolée digne de ce grand homme.

III. — Afin de recommander son nom glorieux à l'estime et au respect de la postérité, une statue en marbre, érigée en son honneur, portera sur son piédestal l'inscription suivante : *A Garcia Moreno, le plus noble des enfants de l'Equateur, mort pour la Reilgion et la Patrie, la République reconnaissante.*

IV. — Dans les salles des conseils municipaux et autres assemblées officielles figurera également un buste de Garcia Moreno, avec l'inscription : *Au Régénérateur de la Patrie, au Martyr de la Civilisation catholique.*

V. — La route nationale et le chemin de fer, œuvres principales du président défunt, porteront le nom de Garcia Moreno.

Dans Garcia Moreno, l'homme privé est très grand, l'homme politique l'est encore plus; son œuvre est magnifique. Il tira l'Equateur de l'anarchie, et lui donna la richesse et le bonheur.

Les francs-maçons l'assassinèrent parce qu'il avait réalisé cette merveille : une république catholique.

Entre le régénérateur de sa patrie et la secte homicide, qu'on juge!

Cependant, pendant quelques années, l'Equateur, quittant peu à peu les principes de Garcia Moreno, allait retomber aux mains des francs-maçons, quand un heureux revirement s'opéra.

En 1883, les habitants élurent comme président don José Maria Caamano. Dès 1864, Garcia Moreno l'avait recommandé aux suffrages de ses concitoyens et avait écrit à son sujet :

« José Maria Caamano, de Guayaquil, possède, à mon avis, les qualités essentielles d'un homme d'Etat : honorabilité sans tache, énergie de caractère, sens droit, esprit religieux; il est du petit nombre de ceux qui, à Guayaquil, n'ont jamais rougi de pratiquer leurs devoirs de chrétiens; par où il a mérité la haine des francs-maçons si nombreux dans cette ville. »

En élisant don José Maria Caamano, les Equatoriens ont donc suivi le conseil de Garcia Moreno, et nommé comme président un homme capable de mettre en pratique la belle maxime gouvernementale du *Régénérateur* : « Liberté pour tous et pour tout, excepté pour le mal et les malfaiteurs. »

XIII

Léon Gambetta.

Voici la quatrième fois que l'un des auteurs de cet ouvrage accuse publiquement la Franc-Maçonnerie de l'assassinat de Léon Gambetta.

Le récit qu'on va lire a été publié : pour la première fois, dans le grand ouvrage *les Mystères de la Franc-Maçonnerie* (édité par MM. Letouzey et Ané); pour la seconde fois, dans le journal *la Petite Guerre*; pour la troisième fois, dans une brochure de propagande, intitulée *Gambetta assassiné par les Francs-Maçons*.

Jamais la secte n'a osé répondre à ces lignes accusatrices. Elle s'imagine qu'en se réfugiant dans le silence, l'oubli se fera sur ses crimes. C'est là une étrange erreur. Quand on s'est donné la mission de combattre la Maçonnerie, on ne se lasse pas.

Et c'est pourquoi nous publions de nouveau ce récit. Il est bien à sa place dans cet ouvrage. Nous n'avons pas à y changer un mot

Le lundi 27 novembre 1882, dans la matinée, une femme se présentait au domicile particulier de Léon Gambetta, c'est-à-dire à la villa des Jardies, à Ville-d'Avray, dans les environs de Paris.

Cette femme, admise depuis longtemps à l'intimité du maître de la maison, fut introduite, comme toujours, sans difficulté.

Sitôt qu'elle se trouva seule avec lui, elle entama une série de violentes récriminations.

Elle venait, dit-elle, d'apprendre une nouvelle qui l'irritait au plus haut point. Gambetta, ayant enfin résolu de régulariser une situation des plus incorrectes, se préparait à épouser une demoiselle Léonie L***, dont il avait un fils, et à légitimer son enfant.

Or, la visiteuse, se considérant comme ayant des droits sur cet homme, dont elle était, elle aussi, la maîtresse, prétendait s'opposer au mariage projeté.

Cette femme n'était pas la première venue. Très répandue dans le monde parlementaire, où elle est réputée pour son esprit et sa beauté qui a victorieusement triomphé des atteintes de l'âge, elle avait alors cinquante ans environ, plutôt un peu plus que moins. Activement mêlée à la politique républicaine et maçonnique dès le milieu de l'Empire, alors qu'elle venait à peine d'atteindre sa vingt-neuvième année, son salon avait été de tout temps un des lieux de rendez-vous des hommes d'action de son parti.

Gambetta avait été reçu chez elle, aussitôt que l'affaire Baudin l'eut classé parmi les orateurs de la démocratie. Il avait à cette époque, trente ans; elle, dans tout l'éclat de sa beauté, avait de six à sept ans de plus que lui. Le jeune tribun était d'un tempérament ardent; dépourvu de tout sentiment reli-

Assassinat de Léon Gambetta. — Chez lui, à Ville-d'Avray,
Gambetta, qui venait de secouer le joug de la secte, reçoit
d'une Sœur Maçonne qu'il croyait son amie, deux coups de
revolver, dont l'un l'atteint mortellement (page 244).

gieux, il s'abandonnait à ses passions et en était même l'esclave. Il aima cette femme; il le lui dit, elle l'écouta; amour coupable, car elle était mariée.

. La guerre vint. Elle resta à Paris, pendant le siège. Lui partit en ballon, comme on sait, nommé pour les départements, délégué du gouvernement de la Défense Nationale. En province, Gambetta fit la connaissance d'une demoiselle Léonie L***, fille d'un négociant de Bordeaux. C'était une gracieuse jeune fille, républicaine, elle aussi, comme l'autre maîtresse du tribun. L'inconstant s'éprit vivement d'elle et la séduisit. Moins d'un an après, la malheureuse mit au monde un garçon, auquel elle donna le nom de Léon, en souvenir de son père; l'enfant ne fut pas reconnu autrement par celui-ci.

Dès lors, Gambetta avait vécu, partageant sa vie entre ces deux amours, dominé par la femme mariée, qui exerçait sur lui une puissante influence, et revenant par intervalles à la pauvre jeune fille abandonnée.

Il n'y a pas lieu, pour l'intérêt, de ce récit, de mentionner d'autres aventures galantes, qui ne laissèrent subsister aucune liaison.

La maîtresse politique avait obtenu de Gambetta l'engagement formel, le serment qu'il n'épouserait jamais sa rivale. A ce prix, elle fermait les yeux sur tout. Le petit garçon, né des amours de Bordeaux, avait été placé en pension à l'étranger; elle poussait la complaisance jusqu'à feindre de croire à un voyage diplomatique, quand il allait voir son enfant.

Cependant, dans ces dernières années, elle était devenue veuve. Elle eût, sans doute, voulu pouvoir porter légitimement le nom du tribun populaire alors président de la Chambre, puis premier ministre, et certainement désigné pour la première magistrature de la République. Mais, à ce moment, Gambetta commençait à se détacher d'elle, à s'affranchir de son joug par trop tyrannique; sa beauté ne l'empêchait pas de friser la cinquantaine, tandis qu'il touchait à peine à ses quarante-quatre ans. Un tel mariage, dans ces conditions, n'eût pas manqué de faire jaser, eût prêté aux commentaires les plus désobligeants, d'autant plus qu'il était connu pour avoir été l'un des plus intimes amis de l'époux défunt.

D'autre part, quand Gambetta établissait dans son esprit un parallèle entre les deux objets de son amour volage, la comparaison était tout à l'avantage de Mlle Léonie L***. Celle-ci l'affectionnait avec dévouement, avec sacrifice : elle s'était soumise, résignée, à sa position non seulement fausse, mais encore sans issue, puisqu'il avait juré, pour obéir à l'autre, de ne jamais légitimer leur union ; elle n'était même pas une maîtresse avouée.

Aussi, lorsque la veuve avait tenté de se faire épouser, Gambetta ne s'était pas laissé convaincre ; il avait refusé net, appliquant à l'altière beauté la loi du talion. Puis, peu à peu, allant plus loin, considérant comme sans valeur la promesse donnée à celle-ci contre sa rivale, il s'était décidé à régulariser sa situation avec Mlle Léonie L***.

Et voilà pourquoi la veuve, à raison de cette rupture, était venue, *disait-elle*, à la villa des Jardies, le 27 novembre 1882.

Les explications furent violentes entre elle et Gambetta.

Tout à coup, au milieu de la scène, elle sortit de sa poche un revolver. Gambetta se précipita en avant, les mains tendues, pour saisir son arme avant qu'elle pût en faire usage. Elle visa son amant à la tête et lâcha la détente ; il reçut le coup dans la main droite. Puis, se baissant vivement, elle tira un second coup, qui l'atteignit au ventre.

« — Malheureuse ! que venez-vous de faire ? s'écria Gambetta. Vous êtes folle…. »

Alors, la dame, de se jeter à ses pieds, et de lui demander pardon, fondant brusquement en larmes.

Cette explosion de sanglots, cette manifestation subite de regrets désespérés était-elle sincère ? ou bien était-ce une comédie ?.. Nous apprécierons tout

à l'heure... Gambetta, dont une grande et naïve
bonté était le fond du caractère, crut à la sincérité
de celle qui venait de décharger sur lui son revolver.
S'imaginant qu'elle avait cédé à un accès de jalousie
furieuse, il pardonna et ne voulut pas que le crime
fût divulgué.

Au bruit de la détonation, le personnel de la maison
était accouru. Gambetta déclara qu'il s'était blessé
lui-même, à la main, en manœuvrant l'arme im-
prudemment.

Deux médecins du voisinage furent mandés en
toute hâte.

Tandis qu'on allait les chercher et qu'il tenait sa
main plongée dans un grand vase plein d'eau salée,
il s'aperçut qu'il avait une seconde blessure à l'ab-
domen ; mais cette dernière le faisait moins souffrir.
Il se coucha.

Les deux médecins firent les premiers pansements.

Pendant ce temps, on avait prévenu deux autres
docteurs, ceux-ci amis intimes du blessé, parmi
lesquels M. Paul Bert, qui arriva immédiatement.

M. Paul Bert, mis au courant de ce qui s'était
passé, et approuvant la résolution prise par son ami
de tenir secrètes les vraies circonstances du drame,
lui donna tous les soins nécessaires. L'autre docteur
vint à son tour, mais seulement à une heure de
l'après-midi. Quant à la dame, elle avait quitté les
Jardies dès que sa victime fut entre les mains des
médecins.

Néanmoins, le bruit s'était répandu, à Paris, d'un
attentat commis contre le leader du parti opportu-
niste. Diverses versions furent publiées. Quelques
amis du blessé avaient parlé. Bientôt, Gambetta
ayant formellement exigé que le crime fût caché et
qu'il ne fût question que d'un accident, on démentit
toutes les indiscrétions de la presse. On croyait, du
reste, alors, dans l'entourage de la victime, que les
blessures ne seraient pas mortelles, et que même la
guérison serait prompte.

La balle, qui avait atteint Gambetta à la main

14.

droite, était sortie d'elle-même par l'avant-bras.
M. Paul Bert avait fait l'extraction de l'autre; il n'y
avait, dans la région abdominale, aucune lésion
paraissant dangereuse.

Le 2 décembre, — c'est-à-dire cinq jours après
l'affaire, — la *République Française*, qui était le
principal journal représentant la politique de
l'ex-ministre, donna le récit de « l'accident », tel
qu'il avait été arrêté entre Gambetta et ses amis.
Bien entendu, il ne s'agissait, dans ce récit, que de
la blessure à la main, la seule dont on parlait d'abord.

« M. Gambetta s'est blessé lui-même, disait le
journal; il tenait dans sa main gauche un revolver
dans lequel était restée une cartouche; il en avait
fait basculer le canon, et, pour le remettre en place,
il appuyait la paume de la main droite sur l'extrémité de l'arme. A ce moment, la cartouche, n'étant
qu'en partie engagée dans le cylindre, s'opposait au
redressement du canon. Aussitôt que la pression fut
assez forte, la capsule de fulminate partit, et
M. Gambetta reçut le projectile dans la paume de
la main droite. Le trajet de la balle a suivi le sens
de l'avant-bras, et le projectile est ressorti. »

L'explication n'était pas mal imaginée, comme
on voit; seulement, elle péchait par la base. Pour
que les choses se fussent passées ainsi, il eût fallu que
Gambetta fût gaucher. Or, comme il ne l'était pas,
s'il avait réellement manœuvré son revolver selon la
version de la *République Française*, c'est la main droite
qui eût tenu l'arme, et c'est la main gauche qui eût
été traversée par le projectile.

En outre, on ne manquera pas de trouver au moins
bizarre cette manœuvre d'un revolver chargé, dans
un salon, au milieu d'une conversation avec une
dame; car personne n'ignorait que Gambetta n'était
pas seul, quand arriva « l'accident ».

Gambetta fut donc soigné comme il le désirait,
c'est-à-dire sans que d'autres personnes que M. Paul
Bert et les plus intimes s'occupassent de la seconde
blessure.

Le 8 décembre, tout gonflement avait disparu de la main. Le blessé était tenu pour guéri. Il mangeait des huîtres et de la bécasse à son déjeuner.

Le 9, il paraissait aller bien.

Tout à coup, le 10, un changement se produisit, non à la main dont la blessure était à peu près cicatrisée, mais dans la région abdominale. Gambetta ressentait un malaise intérieur.

Mauvaise journée, le 11.

Le 12, il semblait reprendre. Il recevait, fumait et dînait copieusement. Nouvelles bonnes journées, le 13 et le 14. Puis, brusquement, le 15, une péritonite éclatait, provoquée, sans aucun doute, par l'inflammation intérieure de la seconde blessure.

Le 16, le danger s'accroissait. La température du malade était de 39°6 ; le pouls donnait 88 pulsations.

Gambetta ressentait une grande chaleur, non précédée de frisson ; il était en pleine transpiration. Un des docteurs présents crut à une typhlite.

Bref, dès lors, le mal ne fit qu'empirer.

On le combattit, comme on put, mais en vain. M. Paul Bert se prodiguait. La dévouée Léonie L*** s'était installée au chevet du malade. Comme les amis voulaient à tout prix cacher la blessure d'où la balle avait été extraite, et qu'il ne s'agissait plus, en effet, que de faire disparaître l'inflammation intérieure, M. Paul Bert ordonna, le 23, l'application d'un large vésicatoire.

Le 28, le pouls donnait 100 pulsations ; 108, le 29 ; 110, le 30. ; 120, le 31 décembre, au matin, et 140, dans l'après-midi. Le délire survenait, les symptômes alarmants se multipliaient et s'aggravaient ; le malade, à onze heures et quart, prononçait ses dernières paroles ; la mort arrivait sans secousse quelques minutes avant minuit ; et les médecins, après avoir tenu conseil, déclaraient que Léon Gambetta avait succombé, tout simplement, à une pérityphlite.

Mais, malgré toutes les précautions prises, malgré

les calculs des uns et les complaisances des autres, les véritables causes de ce décès prématuré sont indiscutables ; la négation du crime ne supporte pas une minute d'examen.

S'il est vrai que les repas copieux, trop copieux, que fit Gambetta au moment où il se crut sauvé, ont amené sa mort, il n'en est pas moins évident que, sans blessure, il s'en fût tiré avec une vulgaire indigestion. A l'autopsie du cadavre, les médecins n'ont pu moins faire que de constater deux perforations, c'est-à-dire deux trous, dans l'intestin. M. Paul Bert, qui savait ce qui avait produit ces perforations, s'est bien gardé de signer le procès-verbal d'autopsie ; les autres reconnurent lesdites perforations, mais sans les expliquer. C'eût été signer la constatation de l'assassinat.

Il y a lieu d'examiner maintenant jusqu'à quel point était sincère la scène de jalousie, au cours de laquelle Gambetta fut assailli à coups de revolver.

Nous avons dit que la femme, auteur du meurtre, n'est pas la première venue. Il ne nous appartient pas de la désigner plus clairement que nous ne l'avons fait, la « justice » s'étant abstenue de sévir. Mais nous croyons avoir le droit de mieux indiquer le rôle de cette femme dans la Franc-Maçonnerie, à laquelle elle appartient.

L'assassin de Gambetta est une Sœur Maçonne, non pas une simple Apprentie, non pas une Compagnonne, non pas même une Maîtresse ; elle est la Grande Maîtresse des Loges d'Adoption.

Un exemple suffira, pour démontrer l'importance maçonnique de la personne.

On sait que, si les Frères sont admis dans les Loges de dames, par contre, les Sœurs n'ont pas accès dans les Loges d'hommes. Les rites masculins et féminins sont essentiellement distincts. On ne cite, en France, que trois femmes qui, vu leur situation exceptionnelle, ont été autorisées par le Grand-Orient à assister à des tenues d'Ateliers de

Frères : madame de Xaintrailles, l'une des deux demoiselles de Fernig (sœur d'un Grand Maître), et la Sœur dont il est ici question. Celle-ci possède une telle influence dans la secte que, seule femme, elle a pu assister, notamment, à l'initiation de M. Jules Ferry, il y a quelques années.

Les règlements sont formels. Une Loge masculine, la Loge du Pecq (Seine-et-Oise), a été mise en sommeil, c'est-à-dire fermée, par l'autorité centrale maçonnique, pour avoir, récemment, admis à ses séances la Sœur Maria D***, conférencière bien connue à Paris.

Et cependant, nous le répétons, les portes des Ateliers Symboliques s'ouvrent, quand la dame des Jardies daigne y frapper.

Or, puisque le cours de la justice a été interrompu en faveur de cette dame, puisque des interventions puissantes se sont produites, telles qu'il n'y a même pas eu enquête judiciaire ni le moindre semblant d'instruction, n'est-on pas en droit de penser que le crime du 27 novembre 1882 était autre chose qu'un crime personnel ?

Gambetta a été dupe de sa générosité, c'est possible, c'est probable. Gambetta ignorait, certainement, les sentiments des Loges à son égard. Il les fréquentait peu, à l'époque où il était franc-maçon ; on peut même dire qu'il ne les fréquentait pas du tout ; et il avait, de fait, rompu avec elles, à la fin de son court passage au pouvoir.

Revenons en quelques mots sur le passé. Gambetta ne fut jamais enthousiaste de la secte ; il la considérait comme une coterie, il ne se gênait pas pour le dire à qui voulait l'entendre.

Il ne lui devait point sa fortune politique. Au contraire, ce fut la Franc-Maçonnerie qui vint se cramponner aux pans de sa redingote, lorsque l'avenir de l'orateur populaire fut assuré.

Il avait conquis sa réputation, tout d'un coup, ne l'oublions pas, dans le procès Delescluze (affaire de la souscription Baudin) ; son éloquence de tribun s'était révélée par un coup de foudre. Il n'était nullement franc-maçon et ne songeait pas plus à la secte qu'elle ne songeait à lui.

Au lendemain du procès Delescluze, une Loge des environs de Paris, la loge de Boulogne, tenta d'accaparer le brillant orateur. Un Frère, nommé Mahias, fit auprès de lui des démarches pour le convaincre de l'utilité de l'initiation maçonnique. Gambetta ne répondit ni oui ni non; Mahias interpréta la réponse de l'avocat dans le sens affirmatif et prit sur lui de présenter Gambetta à la Loge. On l'aurait bien reçu, mais il n'avait pas signé la demande d'admission. Cette formalité était indispensable. Des Frères méticuleux formulèrent des objections. Mahias se prétendit fort d'amener Gambetta à la Loge pour le jour de la réception; mais on ne crut pas devoir s'en rapporter à ses promesses, et le profane fut, finalement, l'objet d'un vote de refus, sans savoir peut-être qu'il avait été proposé.

Aux élections législatives de 1869, Gambetta, candidat à Marseille contre M. de Lesseps, fut en butte à de nouvelles sollicitations. Un moment, entre les deux tours de scrutin, on crut qu'il allait accepter de se laisser affilier, pour rallier à lui les modérés; mais, en définitive, les Loges de Marseille perdirent leur temps, comme l'avait perdu celle de Boulogne-sur-Seine.

La République éclate; Gambetta devient ministre; on cherche de nouveau à le circonvenir; il résiste encore.

A l'Assemblée Nationale, il n'était pas encore franc-maçon.

En 1876, après la dissolution de l'Assemblée de Versailles, il posait sa candidature à Paris, à Lille, à Marseille, à Bordeaux et à Avignon.

Il comptait opter pour Paris après le vote; mais il tenait surtout à être élu à Marseille, qui avait été le berceau de sa vie politique, et aussi parce que, dans cette ville, il avait pour compétiteur M. Alfred Naquet, qui représentait alors le radicalisme intransigeant ; or, Gambetta rêvait à ce moment d'appliquer à la France son système d'équilibre gouvernemental qu'on a appelé l'opportunisme.

A Marseille, le F∴ Alfred Naquet était, naturellement, le candidat préféré de la Franc-Maçonnerie. Les républicains étaient hésitants ; les francs-maçons radicaux, non intransigeants, étaient embarrassés. Encore une fois, on sollicita Gambetta. Il s'agissait de lever les scrupules de ceux de ses nombreux amis qui appartenaient à la secte ; dès lors que deux candidats également affiliés seraient en présence, les votes seraient libres. Les opportunistes en firent l'observation à leur chef ; il eut la faiblesse d'en passer par ce qu'on lui demandait.

Oh ! ce fut une initiation bien anodine. On laissa de côté tout le cérémonial indiqué par le rituel ; il s'agissait d'une recrue de haute marque. Il y eut réunion de plusieurs Loges, et Gambetta fut reçu. Ce fut plutôt une soirée qu'une initiation : la réception était même irrégulière, — mais on passa outre, — si irrégulière, qu'à cette heure, des sept Loges qui sont à Marseille, pas une ne peut dire que c'est elle qui a initié l'ex-ministre de la Défense Nationale.

Mais l'essentiel y était. Gambetta avait, dès lors, l'estampille maçonnique.

On comprend que, dans ces conditions, notre homme ne fut jamais un Maçon assidu.

A peine le voit-on ensuite présider deux ou trois banquets de la secte ; et encore sont-ce des banquets de propagande, des banquets qui, pour être organisés par les Frères, n'en sont pas moins ouverts au public.

Il serait oiseux de raconter l'histoire politique de Gambetta. Nous nous bornerons à résumer son rapide passage au pouvoir, sous la présidence de M. Grévy.

Personne, en France, n'a oublié les faits.

Après avoir longtemps gouverné dans les coulisses, Gambetta fut mis en demeure de conduire officiellement le char de l'Etat.

Alors, Gambetta est assiégé par la Franc-Maçonnerie : on invoque la confraternité des Loges, pour
obtenir ceci et cela ; mais Gambetta ne s'en laissait
pas imposer, et il envoyait carrément promener les
sectaires importuns qui prétendaient le régenter.
Il était gambettiste, et nullement franc-maçon.

Jamais chef de parti ne fit un aussi court séjour
au ministère. En peu de temps, il eut contre lui
presque tous les députés de son propre camp.
Qu'on se souvienne. Ceux qui menaient l'intrigue
contre Gambetta étaient tous des sommités de la
Maçonnerie. En jugeant les événements à distance,
ne semble-t-il pas que tout ce monde obéissait à un
mot d'ordre?

Précipité du pouvoir, il n'en restait pas moins
l'homme désigné pour une prochaine occasion. Il
était évident qu'il ne se ferait pas plus dans l'avenir
qu'il ne l'avait été auparavant, le très humble
serviteur des Grands Orients et des Suprêmes Conseils. On peut critiquer Gambetta comme homme
politique ; mais il faut reconnaître qu'il était un
caractère ; il n'avait pas dans les veines le sang d'un
valet.

Il haussait les épaules, quand les gros bonnets de
l'Ordre maçonnique venaient lui parler de leur
influence. Il n'avait confiance qu'en lui-même, il
pensait que toutes les intrigues parlementaires
n'avaient pas réussi à entamer son prestige devant
la masse du peuple, et il se moquait des tripoteurs
des Chapitres et des Aréopages aussi ouvertement
qu'il avait montré le poing avec colère aux brail-
lards de Belleville ; les révolutionnaires avaient eu
plus le don de l'émouvoir que tous les porteurs de
tabliers à bavette.

Dans les Loges, on disait depuis longtemps :

« — Ah! Gambetta n'est pas notre homme! »

De son côté, Gambetta, quand il était obsédé par
la Confrérie Trois-Points, disait avec son franc-
parler brutal :

« — Ah ça ! ils m'embêtent à la fin !... Est-ce

que je leur ai jamais demandé quelque chose? »

On était furieux. La campagne, menée contre lui par les Loges de Paris, avait atteint les dernières limites de l'hostilité (1).

Puis, on n'oubliait pas divers actes et diverses déclarations de Gambetta.

Il avait traité « d'esclaves ivres » les radicaux parisiens. Il était devenu ami intime du général de Gallifet, l'un des plus impitoyables vainqueurs de la Commune. Il avait placé à la tête de l'armée le général de Miribel, « un des infâmes suppôts du 16 Mai ». Enfin, il s'était prononcé pour le maintien du Concordat, pour la cessation des hostilités contre l'Eglise; bien plus, insistant pour que les missionnaires fussent appuyés par le gouvernement français aux colonies et dans l'Extrême-Orient, il avait dit

---

(1) Voici un incident, qui a été rapporté par M. Léo Taxil dans les *Mystères de la Franc-Maçonnerie* :

Lors de mon initiation, en 1881, un docteur de Belleville, le Frère G***, qui assistait à la séance, me reprocha, en termes très amers, d'avoir écrit, quelque temps auparavant, dans mon journal, un article en faveur de Gambetta.

Je combattais alors l'Eglise, m'étant éloigné de la religion tout jeune sur les perfides conseils de faux amis; je répondis donc à la Loge qui m'interrogeait, que, si j'avais fait l'éloge de Gambetta, c'est que je voyais en lui un anticlérical.

« — Il ne l'est pas comme il devrait l'être, répliqua le docteur G***; Gambetta est un mauvais maçon qui prétend n'agir qu'à sa tête; c'est un autoritaire et un traître à la Maçonnerie! »

Ces paroles furent accueillies par d'unanimes applaudissements. Toute la Loge criait :

« — Oui! oui! Gambetta est un traître! »

Je ne comprenais absolument rien à cette scène, n'entendant que les clameurs de mes futurs collègues, n'y voyant goutte, puisque j'avais les yeux bandés. Néanmoins, cette explosion de haine sauvage, contre un homme que j'avais cru au contraire sympathique à la Franc-Maçonnerie, me frappa beaucoup, et le souvenir de cette scène, qui me parut inexplicable, est toujours resté présent à mon esprit.

15

que « l'anti-cléricalisme ne devait pas être un article d'exportation ».

La rage maçonnique était à son comble.

Le mot de « traître » se prononçait couramment dans les Loges; les colères étaient surexcitées au plus haut degré.

Et cet homme, ce traître pouvait, d'un jour à l'autre, revenir au pouvoir?...

C'est alors que le revolver d'une Sœur Maçonne fit son œuvre à la villa des Jardies.

Ah! le coup a été bien monté, puisqu'en apparence, pour la victime elle-même, il ne s'est agi que d'une histoire de femme, que d'un drame de jalousie.

Mais voyons, pesons les faits, réfléchissons sérieusement.

Considérons l'effacement de la magistrature — alors républicanisée — dans cette affaire. Remarquons qu'on n'a même pas apposé les scellés sur les meubles du défunt, contrairement à tous les usages; car Gambetta avait été ministre, et il est de règle absolue que le gouvernement, après la mort de tout homme d'état, s'assure qu'il ne laisse pas de documents d'ordre public. On craignait, sans doute, d'être obligé de constater, en même temps, les preuves flagrantes du crime.

Qui pourrait admettre, une seconde, que l'action de la justice, en présence de l'assassinat d'un personnage aussi considérable, s'est arrêtée devant une intrigue de boudoir?

Il ne faudrait pas, cependant, prendre les Français pour un peuple d'imbéciles!

En France, on a le défaut de prêter l'oreille aux racontars et aux cancans; mais on a aussi la qualité de les oublier vite, et de juger froidement les événements d'importance, dès que le temps les a débarrassés du brouillard des vieilles légendes.

Eh bien, maintenant, le brouillard qui environnait la mort de Gambetta est dissipé, la légende de l'aventurière jalouse s'est évanouie. L'assassinat reste seul. Et tous les gens de bon sens se disent :

« Si l'assassin avait été une aventurière, son compte aurait été promptement réglé ; les amis de Gambetta l'auraient eux-mêmes et sans pitié livrée à la justice, au lieu de s'opposer de toute leur influence à l'application de la loi. Donc, ce qui a été publié par les journaux des francs-maçons n'a été imaginé que pour cacher au pays un grave et terrible mystère. »

Quant à nous, nous voyons la main de la Franc-Maçonnerie dans l'assassinat de Gambetta.

Objectera-t-on que la secte a assisté aux funérailles du tribun et a accumulé des couronnes sur son cercueil ?

C'est précisément cette exagération de regrets qui est suspecte de la part d'hommes qui venaient, quelques mois auparavant, de renverser Gambetta, et qui ne montraient pour lui que de la haine lorsqu'il était vivant (1).

Les francs-maçons, règle générale, ne se ruinent pas pour enterrer leurs amis. On l'a bien vu aux obsèques des FF∴ Louis Blanc et Victor Hugo, qu'ils proclamaient « les deux plus grands saints de la démocratie du XIXe siècle ». Jamais société réputée pauvre ne se mit si peu en frais ; dans ces deux circonstances, l'Ordre millionnaire se montra au-dessous de la dernière des corporations de chiffonniers.

Et la Maçonnerie aurait, par pure douleur, vidé tous ses Troncs de la Veuve à l'occasion d'un défunt récemment détesté ?

Allez raconter cela à d'autres !

La victime était immolée, les assassins l'ont couverte de fleurs.

Depuis lors, les républicains ont élevé à Gambetta une statue, à Paris, sur la place du Carrousel, et ceux d'entre eux qui appartiennent à la secte

_____

(1) En 1820, nous l'avons vu plus haut, la Franc-Maçonnerie avait aussi, pour écarter les soupçons, organisé de pompeuses cérémonies funèbres en l'honneur du duc de Berry, assassiné par le F∴ Louvel !

maçonnique s'imaginent que ce monument fera oublier le crime du 27 novembre 1882.

Non ! non !... Personne n'ignore plus à présent que Gambetta a disparu tout à coup, frappé par une main qu'il croyait amie, et dans des circonstances que les francs-maçons de son entourage ont tenues enveloppées de mystère.

C'est ce mystère même qui les condamne.

Gambetta a été assassiné par eux, comme l'ont été avant lui tous ceux qui ont gêné la secte. Son nom est à ajouter à la liste déjà si longue des victimes de la Franc-Maçonnerie. Tous les articles des journaux opportunistes et tous les discours hypocrites des orateurs des Loges ne l'en effaceront pas.

XIV

Le préfet Barrême.

A l'une des dernières séances de la Chambre française, qui, élue aux 4 et 18 octobre 1885, termina sa législature quelques semaines après l'ouverture de l'Exposition universelle, — séance des plus orageuses, — un orateur de l'opposition était à la tribune, interpellant un ministre.

L'atmosphère législative était surchauffée : les esprits étaient très montés ; on s'invectivait avec un brio et un entrain peu ordinaires. L'orateur, surtout, était assailli par les républicains et ne pouvait commencer une phrase sans être aussitôt interrompu, souvent en termes très violents.

Au premier rang des interrupteurs de la gauche, M. Papon, député de l'Eure, se faisait remarquer par son zèle à rendre impossible, à son collègue qui était à la tribune, l'exercice du droit de parole.

Tout-à-coup, des bancs de la droite, partit cette apostrophe :

— Monsieur Papon, parlez-nous donc de l'affaire Barrême !

Ces quelques mots, lancés d'une voix tonitruante au milieu de la tempête parlementaire, produisirent un effet instantané et prodigieux. La majorité républicaine et franc-maçonnique reçut l'apostrophe comme une douche d'eau glacée ; les interrupteurs se calmèrent subitement ; M. Papon se rassit et devint muet jusqu'à la fin de la séance ; et l'orateur, à la tribune, put enfin, au milieu d'un silence relatif, développer les arguments de son discours.

Quelle était donc cette affaire Barrême, dont le souvenir, évoqué d'une façon inattendue, avait eu le don de refroidir l'ardeur des députés de la gauche ? et quel rapport cette affaire pouvait-elle avoir avec la politique et les choses du parlement ? On sait que les élections de 1885, pour la Chambre des députés, eurent lieu au scrutin de liste. Le cabinet qui occupait alors le pouvoir était présidé par M. Henri Brisson, ministre de la justice. Les républicains se croyaient tellement certains de leur succès, qu'ils furent, du moins pour le premier tour de scrutin, à peu près honnêtes dans la pratique de la candidature officielle. Le ministre de l'intérieur, qui était M. Allain-Targé, homme très doux, adressa, dès l'ouverture de la période électorale, à tous les fonctionnaires placés sous ses ordres, une circulaire leur recommandant expressément d'observer la plus stricte neutralité ; ce qui voulait dire : « Ne faites pas de la pression à outrance ; contentez-vous d'exercer une pression modérée. »

Or, les républicains avaient trop escompté leur triomphe. Les résultats du premier tour de scrutin leur apportèrent une cruelle déception. A ce premier tour, 177 conservateurs étaient élus ; et eux, les républicains qui venaient d'avoir une Chambre dans laquelle ils se comptaient au nombre de 482 sur 557 députés, ils réussissaient, à grand'peine, malgré tous leurs avantages de parti au pouvoir, à obtenir 189 sièges dans cette journée du 4 octobre. Presque partout, ils perdaient des sièges; partout, ils perdaient des voix. Aux élections précédentes, où ils l'avaient emporté haut la main, il n'y avait eu que 65 ballottages contre 483 élus; cette fois, il y avait 268 ballottages, dont beaucoup n'étaient pas en leur faveur.

Bref, ce premier tour de scrutin était de très mauvais augure pour la République.

Il y eut une véritable panique dans le monde officiel. On s'en prit tout d'abord à ce pauvre M. Allain-Targé qu'on accusait de mollesse. Ah! si l'on avait eu M. Constans comme ministre de l'intérieur, bien sûr, on n'eût pas éprouvé une telle déconvenue!... Puis, la Franc-Maçonnerie s'en mêla. La République, telle qu'elle a été jusqu'à présent pratiquée en France, c'est le règne de la Franc-Maçonnerie. Par conséquent, la secte a tout intérêt à maintenir le régime.

Le Conseil de l'Ordre au Grand-Orient, le Suprême Conseil du Rite Ecossais, la Grande Loge Symbolique, en un mot, toutes les hautes autorités maçonniques se réunirent, et il fut décidé que l'union la plus absolue serait imposée aux comités républicains. Un conseil général de la Franc-Maçonnerie française se tint en permanence au Grand-Orient, rue Cadet, 16; et là toutes les rivalités des divers candidats opportunistes, radicaux, modérés, révolutionnaires, durent s'incliner devant les décisions des chefs de la secte. L'heure était critique; aussi, les comités, quels qu'ils fussent, se soumirent sans murmurer au despotisme des Grands Maîtres.

Le Suprême Conseil, la Grande Loge Symbolique et le Conseil de l'Ordre le dirent d'une façon très carrée:

« — Nous répondons de sauver la République compromise par l'inertie de M. Allain-Targé; mais il faut qu'on nous obéisse aveuglément.

Et ainsi l'union se fit, par toute la France, entre les nombreux comités des diverses fractions du parti républicain, qui, la veille, se combattaient

avec leur violence habituelle. Il y eut une soumission aveugle, générale, aux ordres de la Franc-Maçonnerie.

Au ministère, ce fut M. Brisson, qui, bien que
titulaire du portefeuille de la justice, prit en mains
la direction des préfets pour le second tour de scrutin. Il s'agissait d'avoir une revanche éclatante ; il
fallait, en quinze jours, regagner le terrain perdu ;
coûte que coûte, il était nécessaire, indispensable,
de réussir. Du reste, M. Brisson, en même temps
que garde des sceaux, était président du Conseil, et
à ce titre, il avait, sinon qualité, du moins pouvoir
de donner des ordres, en ces circonstances exception-
nelles, aux fonctionnaires qui relevaient du ministre
de l'intérieur.

Il fit appeler, les uns après les autres, d'urgence,
à Paris, les préfets des départements où il y avait
ballottage. Il les interrogea, les sonda, et leur communiqua ses instructions confidentielles. Pour tous
elles se résumaient à ceci : « Faire triompher, à
n'importe quel prix et par n'importe quels moyens,
la liste républicaine unique, dite de conciliation, qui
serait dressée par la Franc-Maçonnerie pour le second tour de scrutin. »

Au nombre des fonctionnaires qui se rendirent
ainsi à Paris prendre les ordres du gouvernement,
se trouvait M. Jules Barrême, préfet de l'Eure.

Né à Avignon le 25 avril 1839, M. Jules Barrême,
après avoir été quelque temps élève des jésuites, fut
envoyé à Paris et finit ses études au collège de
Sainte-Barbe. Il passa successivement, d'une manière
brillante, tous ses examens de droit, et prit une
charge d'avocat au Conseil d'Etat et à la Cour de
Cassation.

Par sa première éducation, il était conservateur ;
mais, peu à peu, son zèle s'était refroidi. Il était
ainsi devenu un de ces conservateurs qui transigent
trop souvent avec leurs devoirs de chrétien, tout en
gardant leur foi au fond du cœur, hommes faibles,
croyant, mais pratiquant peu, et souvent ne prati-

quant pas. Il était lié avec le duc Décazes, ce monarchiste inconséquent, qui, imbu des idées de son père, appartenait, lui aussi, à la Franc-Maçonnerie et avait la mission de plaider la cause de la secte, dans le cas où la royauté aurait été restaurée.

Quant à M. Barrème, était-il franc-maçon ? Nous ne sommes pas éloignés de le croire, quoique n'ayant trouvé son nom sur aucune des listes en notre possession. Nous le présumons, à raison de ses relations et de ses fluctuations politiques. En tout cas, nous ne l'affirmons nullement ; et nous croyons même que, si, à un moment quelconque, M. Barrème s'est laissé affilier à la secte, il n'a certainement jamais compté parmi les Frères actifs.

Sous le ministère Dufaure, son ami le duc Decazes le décida à quitter le barreau et à entrer dans l'administration ; grâce à la protection du duc qui faisait partie du cabinet, il fut nommé, le 24 mai 1876, sous-préfet de La Réole. L'année suivante, quand M. Jules Simon, qui avait succédé à M. Dufaure, fut congédié par le maréchal de Mac-Mahon, M. Barrème démissionna ; il blâmait ainsi, implicitement, l'acte du chef de l'Etat et se créait un titre à la reconnaissance des républicains, dont il prévoyait les prochains succès électoraux.

Selon l'expression vulgaire, il tournait casaque. Les républicains lui en surent gré : après leur victoire du 14 octobre 1877, il fut replacé, avec avancement ; on le nomma secrétaire général de la préfecture de la Gironde. Peu après, on lui donna la préfecture des Deux-Sèvres.

Il était préfet de l'Eure, à l'époque où M. Brisson présidait le conseil des ministres.

Néanmoins, tout en passant aux républicains, il avait agi avec assez d'habileté pour ne pas s'aliéner complètement les conservateurs. C'était un homme affable, nullement imprégné de l'esprit jacobin, observant vis-à-vis des uns et des autres une prudente réserve, faisant bonne figure à ses nouveaux amis de gauche, et s'excusant pour ainsi dire, auprès de ses anciens camarades de droite, de leur avoir faussé compagnie. Comme il était de relations fort agréables, ceux-ci en étaient arrivés à lui pardonner presque sa défection; ils le trouvaient toujours les accueillant aimablement, son plus gracieux sourire aux lèvres.

Malheureusement pour lui, le département, dont il était préfet en dernier lieu, était profondément attaché aux principes conservateurs, et, aux élections du 4 octobre 1885, les républicains y avaient essuyé un sérieux échec. Or, comme M. Barrême ne paraissait pas, aux yeux des sectaires de la Franc-Maçonnerie, avoir suffisamment rompu avec ses amis de la première heure, on était quelque peu disposé à l'inculper de tiédeur, sinon de trahison.

M. Brisson le reçut comme un juge d'instruction reçoit un accusé.

En effet, au point de vue républicain, les résultats des élections du 4 octobre, dans l'Eure, n'étaient pas brillants.

L'Eure comptait 106,598 électeurs inscrits; il y avait eu 86,584 votants, et 86,178 suffrages exprimés; ce qui portait la majorité absolue à 43,089.

Douze candidats étaient en présence : six conservateurs et six républicains.

La liste conservatrice se composait de : 1 royaliste, M. le duc de Broglie; 2 bonapartistes, MM. Fouquet et Léon Sevaistre; et 3 conservateurs sans qualification spéciale, MM. Raoul Duval, Louis Passy et de La Ferrière.

La liste républicaine se composait de : 4 opportunistes, MM. Develle, Papon, Bulley et Moutier; 2 républicains de la nuance de la gauche radicale, MM. Bonpland et Parisot.

A ce premier tour de scrutin, du 4 octobre, les suffrages des électeurs s'étaient départagés comme suit :

Conservateurs :

Louis Passy..... 46,111 voix
Fouquet........ 45,108   —

15

Raoul Duval..... 45,070 voix
Léon Sevaistre... 44.798 —
De La Ferrière... 44,166 —
Duc de Broglie... 41,771 —

Républicains :

Develle.......... 41,088 voix
Papon........... 40,481 —
Bulley.......... 40,339 —
Moutier......... 40,193 —
Parisot......... 39,925 —
Bonpland ...... 39,807 —

En résumé, sur 6 députés à élire, 5 avaient passé au premier tour de scrutin, et c'étaient 5 candidats conservateurs : MM. Louis Passy, Fouquet, Raoul Duval, Léon Sevaistre et de La Ferrière. Seul, M. le duc de Broglie n'avait pas eu la majorité absolue et restait en ballottage.

Tous ces détails sont importants pour la suite de ce récit.

Donc, M. Brisson, déjà fort rébarbatif de sa nature, accueillit M. Barrême d'un air des plus revêches.

5 candidats conservateurs élus, sur 6 députés à élire ; mais cela prouvait une inertie coupable de la part de l'administration ! Le préfet était le pelé, le galeux, d'où venait tout le mal. On avait des rapports sur lui. Il était en relations des plus amicales avec M. Léon Sevaistre, l'un des affreux réactionnaires qui avaient passé d'emblée au premier tour. Cette amitié laissait le champ libre aux plus désobligeantes suppositions.

M. Barrême riposta en faisant observer qu'il était, d'autre part, du dernier bien avec M. Develle ; au surplus, tous les candidats républicains reconnaissaient qu'il les avait appuyés autant qu'il était en son pouvoir. Même, il n'avait pas tenu compte de la circulaire Allain-Targé ; il ne s'était pas gêné pour pratiquer la candidature officielle. Et il ne se contenta pas de le dire, il le prouva.

M. Brisson se radoucit.

Somme toute, le duc de Broglie n'avait point été élu; et celui-ci était, plus que tous autres, le réactionnaire exécré. Le duc de Broglie était le ministre du 24 mai et du 16 mai. S'il parvenait à entrer à la Chambre, il était le chef désigné des droites.

Et M. Brisson concluait :

— Monsieur le préfet, arrangez-vous comme il vous plaira; il faut que le duc de Broglie échoue au second tour de scrutin.

Mais cela était aisé à dire. Le moyen?

M. Develle, ancien sous-secrétaire d'Etat, qui arrivait en tête de la liste républicaine, était désigné pour soutenir la lutte dans la Meuse, où il avait des chances (et où, par le fait, il fut élu); de telle sorte qu'il ne restait à opposer au duc de Broglie que... M. Papon, une nullité.

Demander à un préfet de faire élire un Papon contre le duc de Broglie, c'était, en vérité, exiger de lui un tour de force.

Ce tour de force, M. Barrême consentait bien à le tenter; mais il fallait de l'argent, beaucoup d'argent. Et la caisse des fonds secrets était à sec; MM. Jules Ferry et Waldeck-Rousseau, membres du précédent ministère, l'avaient épuisée. Qu'importe ! le gouvernement s'endetterait; on donnerait au préfet carte blanche; à tout prix, il fallait empêcher le duc de Broglie de rentrer au parlement.

M. Barrême s'en revint à Evreux, après avoir reçu des instructions tout à fait confidentielles. Toutefois, le secret de ces instructions était facile à deviner. La candidature officielle fut organisée, formidable. M. Brisson avait remis au préfet de l'Eure une sorte de consultation électorale, un vrai manifeste, sous le titre : *Lettre à mes électeurs*. Ce factum fut imprimé par milliers et par milliers, et placardé sur tous les murs du département. On mit en campagne des centaines d'agents électoraux. Les « potées de cidre » et les « verres de fil » furent prodigués. On ne regarda pas à la dépense. Et ce n'était pas M. Papon qui payait tout cela; il n'avait accepté de faire échec au duc de Broglie qu'à une seule condition, très formelle : c'est « qu'il n'aurait pas un sou à débourser ». Le ministère avait accepté, et notre homme se maintint énergiquement dans les termes de ce contrat.

Le 18 octobre était le jour du vote définitif. MM. de Broglie et Papon étaient seuls en présence. Qui des deux l'emporta? On ne l'a jamais bien su. La politique républicaine ne répugne pas aux tours de passe-passe. Toujours est-il que M. Papon fut proclamé élu par la préfecture; mais, pour faire cette proclamation, M. Barrême jongla impudemment avec les chiffres; il était, il est vrai, couvert par le ministre.

Voici les résultats de l'élection du 18 octobre, dans l'Eure, tels qu'ils ont été enregistrés par le *Journal Officiel*.

Électeurs inscrits....	106,598
Votants...............	81,808
Suffrages exprimés...	81,771
Papon..............	40,554
Duc de Broglie......	40,346

Il résulte de ces chiffres mêmes que 871 voix avaient été arbitrairement supprimées à M. le duc de Broglie.

En réalité, M. de Broglie, qui avait obtenu 41,771 voix au premier tour de scrutin, n'en avait plus eu que 41.217 au second tour; mais il battait néanmoins M. Papon avec une majorité de 663 voix. La préfecture biffa donc au duc 871 bulletins, et le candidat officiel, qui était en minorité, fut proclamé à sa place.

Lorsque la Chambre, réunie, procéda à la vérification des pouvoirs, ce fut le 3e bureau qui fut chargé d'examiner les élections de l'Eure. Ce bureau ne comptait pas un seul député du département en cause. La 7e sous-commission, ayant été saisie d'une protestation arrivée le 14 novembre à la Chambre et qui mentionnait les irrégularités commises par la préfecture au détriment de M. le duc de Broglie, avait conclu à un ajournement pour entendre le duc et M. Papon; mais le 3⁰ bureau, composé exclusivement de républicains, décida de passer outre à la protestation, et, malgré l'iniquité criante, la validation de M. Papon fut proposée à la Chambre par le radical Beauquier, rapporteur. La majorité républicaine et maçonnique s'empressa de valider M. Papon dans la séance du jeudi 19 novembre 1876.

Maintenant, il restait à payer les frais formidables de la candidature officielle.

Nous l'avons dit, la caisse des fonds secrets était à sec ; il fallait attendre le vote du budget de 1886. M. Barrême fit patienter les créanciers de la préfecture.

Enfin, le budget fut voté dans les derniers jours de 1885.

Vers la fin de la discussion, les crédits demandés pour le Tonkin par le ministère furent accordés, dans la séance du 24 décembre, à l'infime majorité de 4 voix (274 contre 270). Encore, cette majorité fut-elle réduite le lendemain, par des rectifications au procès-verbal; ainsi, l'on constata, parmi les votes ministériels, celui d'un député des colonies qui n'était pas encore arrivé en France et qui se trouvait en mer au moment du vote. Cette supercherie souleva de vives protestations; on ordonna une enquête, qui, naturellement, n'aboutit pas ; en attendant, M. Brisson et ses collègues, fort humiliés, donnèrent leur démission.

Pendant près de quinze jours, le pays demeura sans ministère. On pataugeait en plein gâchis. C'est le 7 janvier seulement que M. de Freycinet parvenait à constituer un nouveau cabinet. Bien entendu, M. Allain-Targé fut sacrifié, et l'on confia l'intérieur à M. Sarrien, précédemment ministre des postes et télégraphes.

Cependant, comme le budget avait été voté, les paiements s'effectuèrent dès l'ouverture de l'exercice 1886; l'argent afflua de nouveau dans la caisse des fonds secrets, au ministère de l'intérieur. Les préfets qui avaient à solder des dépenses électorales extraordinaires, passaient, les uns après les autres, au guichet spécial, pour retirer les sommes dont ils avaient besoin, afin d'acquiter les dettes contractées en l'honneur des candidatures officielles.

Le 13 janvier, M. Barrême était à Paris.

Trois personnes se trouvaient présentes, quand il fut reçu par le ministre :

1° M. Sarrien, ministre de l'intérieur;

2° M. René Laffon, ancien préfet, nommé depuis quatre jours seulement directeur du personnel au ministère de l'intérieur et directeur du cabinet du ministre, direction qui avait été rattachée à celle du personnel par décret spécial (1) ;

3° M. Alfred Foubert, chef du secrétariat particulier du ministère, sous-directeur de la sûreté générale et du personnel, dispensateur des fonds secrets.

De ces trois personnages, les deux premiers étaient nouveaux venus au ministère. M. Alfred Foubert, au contraire, était depuis longtemps le dispensateur des fonds secrets; il avait occupé ces fonctions délicates sous M. Waldeck-Rousseau et sous M. Allain-Targé.

M. Alfred Foubert est le fils d'un parfait honnête homme, M. Paul-Louis Foubert (né en 1821), ancien avoué, puis avocat, à Paris, qui, ayant quitté le barreau pour entreprendre de grands travaux agricoles dans le département de la Manche, devint un riche propriétaire à Saint-Sauveur-le-Vicomte (arrondissement de Valognes), et qui, élu en 1871, député à l'Assemblée Nationale, siégea d'abord au centre-droit. Très dévoué à M. Thiers, M. Foubert père se sépara des conservateurs après le 24 mai et s'inscrivit au centre-gauche. Après le vote des lois constitutionnelles, il fut élu sénateur inamovible. Homme d'affaires consommé, son expérience le rendait utile et précieux dans les commissions. Plein

(1) M. René Laffon est aujourd'hui député.

d'un patriotisme éclairé, il savait se placer au-
dessus des calculs intéressés des partis, et alors,
bien qu'il ne fût pas orateur, sa parole le grandissait
jusqu'à l'éloquence. Son caractère imposait le respect;
son inépuisable bienveillance lui avait fait de ses
collègues autant d'amis personnels.

On remarquera que nous parlons à l'imparfait,
comme on parle d'un homme qui n'est plus. En
effet, M. Foubert père est décédé, au moment où
nous écrivons ces lignes; et tout à l'heure nous
dirons quel jour il est mort. Mais, le 13 janvier 1886,
il était plein de vie; c'était un homme de soixante-
cinq ans, d'une robuste santé, portant gaillardement
une verte vieillesse.

M. Foubert père était conseiller général de la
Manche, pour le canton de Barneville; son fils Alfred
siégeait au même conseil général, pour le canton de
Saint-Sauveur-le-Vicomte.

C'est par la protection de son père que M. Alfred
Foubert était entré au ministère de l'intérieur et
avait été attaché au secrétariat du ministre.

Pour en revenir à cette journée du 13 janvier 1886,
il était environ 11 heures du matin, quand M. Barrême fut reçu par M. Sarrien, en présence de
MM. René Laffon et Alfred Foubert. En sortant de
l'hôtel Beauvau, le préfet de l'Eure se dirigea vers
la Madeleine, par le faubourg Saint-Honoré. Devant
l'Elysée, il rencontra M. Décherrac, ancien chef de
cabinet de M. Labuze, à l'époque où celui-ci était
sous-secrétaire d'Etat au ministère des finances;
M. Barrême causa quelques instants avec M. Décherrac et le quitta pour aller déjeuner. On dit que
le préfet de l'Eure déjeuna avec le député Papon:
mais ce détail est sans aucune importance, attendu
que M. Papon n'est certainement pour rien dans ce
qui allait arriver le soir même. Ce qu'il est intéressant de savoir, c'est que le déjeuner de M. Barrême,
au Cercle National, a-t-on dit, fut suivi de sa visite
à la caisse centrale du ministère de l'intérieur,
laquelle est située rue de l'Université, 176.

Or, quelle relation peut-il exister entre le cabinet du ministre et le secrétariat particulier, sis à l'hôtel Beauvau, d'une part, et la caisse centrale du ministère, sise rue de l'Université, d'autre part ? Voilà ce qu'il est utile de connaître.

Pour comprendre cette relation, il faut savoir ceci :

Le 16 novembre 1885, par décret présidentiel, la direction du personnel au ministère de l'intérieur avait été réunie à la direction de la sûreté générale ; et M. Isaïe Levaillant, directeur de la sûreté générale, était devenu ainsi, en même temps, directeur du personnel au ministère. Le même jour, un arrêté du ministre décidait que M. Alfred Foubert, chef du secrétariat particulier, prendrait le titre de sous-directeur. Les fonctions de M. Levaillant, en tant que directeur du personnel, cessèrent le 9 janvier 1886, jour où un décret présidentiel rattacha ladite direction du personnel au cabinet du ministre et nomma à ce poste important M. René Laffon.

Le cabinet du ministre, à la direction duquel M. Alfred Foubert était attaché avec le titre de sous-directeur et avec les fonctions de chef du secrétariat particulier, a les attributions les plus importantes. C'est là que s'ouvrent les dépêches politiques et de sûreté générale ; c'est de là que partent tous les ordres ministériels ; c'est là qu'on s'occupe de ce que, dans le jargon gouvernemental, on appelle les « affaires réservées ». Par affaires réservées, il faut entendre tout ce qui est subventionné par les fonds secrets affectés au ministère de l'intérieur.

D'autre part, la caisse centrale du ministère, sise rue de l'Université, 176, paie les sommes mandatées par le secrétariat particulier du ministre. C'est là que se tient la comptabilité des paiements effectués sur les « fonds spéciaux ». Cette caisse est ouverte de 11 heures du matin à 3 heures après-midi.

Donc, quelqu'un qui, du cabinet des affaires réservées, se rend à la caisse des fonds spéciaux, va tout simplement toucher une somme imputée sur les fonds secrets.

Assassinat de M. Barrême, préfet de l'Eure. — Ce fonction-
naire, porteur d'une somme considérable provenant des fonds
secrets, est assassiné en wagon par un autre haut fonction-
naire, appartenant à la franc-maçonnerie ; ce crime demeure
impuni (page 271).

Poursuivons notre récit.

Le soir du 13 janvier, M. Barrême pénétrait à la gare Saint-Lazare, vers six heures et demie, pour prendre l'express n° 55 qui devait le ramener à Évreux. Le préfet de l'Eure, voyageant souvent sur cette ligne, était connu des employés principaux. On lui donna un compartiment de première classe, où, comme cela se fait d'habitude pour les fonctionnaires importants, on ne laissa monter personne.

Quelques minutes avant le départ de l'express, — départ qui a lieu à 6 heures 55, — un monsieur assez gros, joufflu, de taille moyenne, coiffé d'un chapeau haut-de-forme, muni d'un laissez-passer que la compagnie délivre aux personnes qui désirent ne quitter qu'au dernier moment les voyageurs qu'elles accompagnent, vint sur le quai d'embarquement, s'assura, par une rapide inspection, que M. Barrême était bien dans le train, puis, retourna vivement dans la salle où a lieu la distribution des billets, prit un billet d'aller et retour pour Mantes, repassa avec rapidité au contrôle, et monta dans le compartiment où se trouvait le préfet de l'Eure.

L'express n° 55 ne s'arrête pas avant Mantes, où il arrive à 8 heures et d'où il repart cinq minutes plus tard.

Entre Paris et Mantes se trouvent une dizaine de petites stations, parmi lesquelles Maisons-Laffitte. Vers 9 heures, le conducteur d'un train de marchandises apercevait en passant, sur le pont qui coupe la Seine à 300 mètres environ en avant de la gare de Maisons-Laffitte, un homme étendu sur la voie ; ce conducteur, en traversant la gare, où son train marchant à très petite vitesse ne s'arrêtait pas, eut le temps d'appeler, par des signaux avec sa lanterne, le chef de gare et de lui faire part de sa découverte en quelques paroles.

M. Vuillerme, chef de gare de Maisons-Laffitte, prit aussitôt une lanterne, et, accompagné d'un employé, il se rendit à l'endroit indiqué et trouva, en effet, sur le pont, un cadavre étendu dans l'entrevoie, couché sur le côté droit, le bras droit derrière le dos et la tête enveloppée d'un mouchoir en coton à carreaux, couvrant la partie supérieure de la figure et fortement noué derrière la tête.

Le chef de gare alla chercher d'autres employés avec un brancard, et le cadavre fut rapporté à Maisons-Laffitte; on le plaça sous un hangar servant de lampisterie, en attendant l'arrivée du brigadier de gendarmerie et d'un médecin qu'on était allé chercher.

Le docteur, après avoir constaté la mort de la victime, en rechercha les causes et découvrit deux blessures : l'une, au sommet de la tête, provenait de la chute de l'homme tombant du wagon sur la voie; l'autre se trouvait cachée sous le mouchoir, à la tempe, et provenait d'une balle de revolver de petit calibre. Le projectile, ayant pénétré de dix centimètres environ, avait atteint le cerveau et déterminé une mort foudroyante.

Le brigadier de gendarmerie procéda de son côté à la constatation de l'identité de la victime. Cet homme assassiné n'était autre que M. Barrème. Il avait, dans ses poches, sa carte de circulation sur le chemin de fer à son nom et avec son titre de préfet de l'Eure, deux lettres à son adresse venant d'Evreux, une enveloppe sans adresse, cachetée à la gomme, ayant un coin légèrement déchiré et contenant un billet de 500 francs, enfin, un portemonnaie contenant 37 fr. 50 en argent. Il était à remarquer que le malheureux préfet n'avait pas été dépouillé de ses bijoux ni de sa montre; par contre, on avait fait main basse sur tous ses papiers administratifs.

Le télégraphe ne fonctionnant pas après 9 heures du soir à Maisons-Laffitte, on n'envoya aucune dépêche, ni au parquet de Versailles, ni au commissariat de surveillance de la gare Saint-Lazare. On aurait pu prendre le premier train et prévenir la justice et la police à Paris. On ne le fit pas, et cette négligence fut des plus fâcheuses.

Quant à l'assassin, il était descendu à Mantes, s'était promené dans les environs de la gare, après avoir jeté sur un chemin la couverture de voyage de M. Barrème, qui fut retrouvée ; puis, il avait pris le train qui part à 9 heures de Mantes et arrive à 10 h. 28 à Paris. Il n'y eut aucune erreur à ce sujet : au train n° 55, un seul billet d'aller et retour avait été délivré de Paris à Mantes, et le demi-ticket rendu à la gare Saint-Lazare à l'arrivée du train de 10 h. 28 correspondait exactement au demi-ticket retiré à 8 heures à la gare de Mantes.

L'assassin n'avait donc pas perdu de temps pour rentrer à Paris. En repassant en gare de Maisons-Laffitte, il avait pu voir, sous le hangar, le cadavre de sa victime ; et s'il était homme à n'avoir aucun remords de son crime, il avait eu tout le loisir de rentrer chez lui et de passer sa nuit bien tranquille.

Le lendemain, M. Alfred Foubert vint au ministère, de bonne heure. La nouvelle de l'assassinat de M. Barrème lui ayant été annoncée, il prit immédiatement le train et se rendit à Maisons-Laffitte, où il se fit montrer le cadavre de l'infortuné préfet, que l'on avait transporté dans une hôtellerie. A midi, le chef du secrétariat particulier du ministre de l'intérieur était rentré à Paris. A 1 h. 50, il en repartait, pour Evreux, chargé par le ministre, M. Sarrien, d'aller apprendre à Mme Barrème l'horrible malheur qui la frappait. A son avis, dit-il, le préfet de l'Eure avait été victime d'une vengeance personnelle ; évidemment, le secret professionnel lui interdisait de parler de la somme importante que M. Barrème avait dû toucher, selon toute probabilité, à la caisse des fonds spéciaux, somme qui n'avait pas été trouvée sur le cadavre, à Maisons-Laffitte. A la préfecture d'Evreux, M. Foubert brûla quantité de papiers que le futur préfet, dit-il, ne devait pas connaître. Après quoi, il rentra de nouveau à Paris par le train qui part d'Evreux à 7 heures du soir. « Il avait passé, déclara-t-il à un rédacteur du *Gaulois*, une des plus rudes journées de son existence. »

L'assassinat de M. Barrême causa dans toute la France une profonde stupeur.

On fut d'abord émotionné, à raison de la hardiesse du meurtrier, qui, à l'heure où nous écrivons ces lignes, n'a pas encore été arrêté. Puis, on fut étonné de la lenteur que la justice mettait à instruire cette affaire.

M. Léon Sevaistre, député conservateur de l'Eure, avait appris, dès la première heure du jeudi 14, l'assassinat du préfet, avec qui il avait des relations amicales. Il s'était rendu aussitôt à Maisons-Laffitte ; à 11 heures du matin, il en était reparti, sans avoir constaté la présence d'un membre du parquet de Versailles ou d'un agent de la préfecture de police.

Très entouré, ce jour-là, à son arrivée à la Chambre, il manifesta son étonnement de l'indifférence de la force publique devant un tel crime ; car, disait-il fort justement, c'est de la célérité de la police que dépend, en pareil cas, l'arrestation de l'assassin.

Un grand nombre de députés lui conseillèrent de poser immédiatement, à ce sujet, une question au ministre de la justice, M. Demôle. On chercha M. Demôle ; il n'était pas à la Chambre. M. Sevaistre lui téléphona de la Chambre au ministère de la justice, pour le prévenir de la question qu'il voulait lui poser ; le garde des sceaux n'était pas à l'hôtel de la place Vendôme. M. Sevaistre lui téléphona au Sénat ; M. Demôle y brillait par son absence. Bref, M. Demôle fut introuvable de toute la journée.

Il semblait que, dans tout le ministère, on avait totalement perdu la tête.

Ce fut seulement à trois heures de l'après-midi que le procureur de la République, de Versailles, enfin prévenu, arriva à Maisons-Laffitte, accompagné d'un juge d'instruction. Ces deux magistrats durent se borner à reconnaître le cadavre ; on avait négligé de leur télégraphier de Paris le signalement de l'assassin. Cependant, on savait, au ministère, que l'individu, qui était monté à la dernière minute dans le compartiment (réservé) de M. Barrême, au train n° 55, après avoir pris un billet d'aller et retour pour Mantes, était un monsieur assez gros, joufflu, de taille moyenne. Les employés ne l'avaient entrevu que vaguement, il est vrai; mais les moindres indices n'étaient pas à négliger.

Le lundi 18 janvier, jour des obsèques de M. Barrême à Evreux, le parquet du procureur général de Rouen, de qui dépend le procureur de la République d'Evreux, n'avait pas encore reçu le signalement de l'assassin. M. le procureur général de Rouen, dînant, ce jour-là à l'hôtel du Grand-Cerf, à Evreux, à une table particulière, avec M. Hendlé, préfet de la Seine-Inférieure, et M. René Laffon, représentant le ministre de l'intérieur aux obsèques, se plaignait à haute voix de cette étrange façon de procéder.

A la fin, le ministère finit par s'émouvoir. Une interpellation était dans l'air; il fallait la conjurer. Alors, on se lança à tort et à travers sur toutes les pistes imaginables. Des propos, tenus au café, des racontars, des accusations portées contre des gens que l'on supposait en mauvais termes avec M. Barrême, amenèrent de nombreuses arrestations de gens qu'on était obligé de relâcher aussitôt. On confrontait les uns et les autres avec l'employé de la gare de Mantes et les employés du contrôle de la gare Saint-Lazare; aucune des personnes accusées n'était reconnue; toutes justifiaient de leur temps pendant la soirée du 13 janvier. On se lança sur soixante pistes, a dit la *Lanterne*.

Il est vrai que les seules accusations accueillies étaient celles qui attribuaient aux accusés des motifs ou des prétextes de vengeance personnelle. On n'admettait pas que M. Barrême ait pu être volé; car, pour admettre cela, il fallait reconnaître que la piste indiquée par les journaux conservateurs pouvait amener un résultat, et, en outre, c'eût été avouer l'émargement d'une somme énorme aux fonds secrets, pour les frais de la candidature officielle de M. Papon contre M. le duc de Broglie.

— Maintenant, va nous demander le lecteur, attribuez-vous à la Franc-Maçonnerie ce crime mystérieux ?

Non, répondrons-nous. Mais il a été attribué à un franc-maçon notoire, à un homme qui, en janvier 1886, était criblé de dettes et ne savait plus par quel moyen se procurer de l'argent, à un homme qui était alors dans une haute position administrative, que M. Barrême, avec qui il était en rapports politiques constants, a pu accueillir sans défiance dans son compartiment de wagon.

Le nom de cet homme a été imprimé en toutes lettres dans les journaux ; et cet homme n'a jamais osé poursuivre ses accusateurs en diffamation.

Cet homme, ce n'est ni un ministre, ni un sénateur, ni un député. Mais, à voir l'impunité dont il jouit, — s'il est vrai qu'il soit l'assassin du préfet de l'Eure, comme il en a été publiquement accusé, — il semble que cet homme tient dans ses mains les secrets des députés, des sénateurs et des ministres.

On s'est contenté de le révoquer.

Or, comme cet homme appartient à la Franc-Maçonnerie, comme la Franc-Maçonnerie est aujourd'hui toute puissante en France, nous avons le droit de croire que la Franc-Maçonnerie le couvre et le protège.

Si le crime de Maisons-Laffitte n'a pas été commis par ordre de la secte, du moins, la secte l'absout et ainsi le fait sien.

Encore un fait à relever, et nous avons fini avec l'assassinat du préfet Barrême :

Nous avons parlé de M. Foubert père, qui était un brave et honnête homme dans toute l'acception du mot.

Il était vert et plein de santé, le matin du jour où le crime fut commis. Il fut stupéfait comme tout le monde, quand il lut, le 14 janvier, dans les journaux, les détails communiqués au public sur cet épouvantable forfait. La hardiesse de l'assassin le frappa vivement. Il se fit donner par son fils, M. Alfred Foubert, des renseignements complémentaires sur M. Barrème et les circonstances du meurtre; on sait que, le jour même de l'attentat, M. Alfred Foubert avait approché la victime de très près.

Ces renseignements, que M. Foubert père avait exigés et qui lui furent donnés le lendemain des funérailles du malheureux préfet, impressionnèrent si profondément l'excellent vieillard, que, le 20 janvier, ses collègues du Sénat, en ouvrant le *Journal Officiel*, y lurent avec douleur les lignes que voici :

« *MM. les Sénateurs sont informés que les obsèques de M. Foubert, sénateur inamovible, auront lieu le 21 janvier, à midi très précis, à l'église Sainte-Clotilde.*

« *On se réunira à la maison mortuaire, rue de Varenne, 44, à onze heures trois quarts.* »

XV

L'affaire de la Banque d'Ancône.

Nous avons gardé pour la fin une affaire très intéressante, mais en même temps des plus mystérieuses, qui a passionné, il y a quelques années, le public italien, et qui a eu aussi un certain retentissement en Europe. Il s'agit d'un vol de deux millions et demi commis à Ancône au préjudice de la Banque nationale d'Italie, crime accompli par des francs-maçons de complicité avec les employés de la succursale de la susdite Banque, affiliés eux-mêmes à la secte. Toutefois, nous n'aurions pas relaté ce vol dans notre ouvrage, s'il n'avait été suivi de nombreux empoisonnements; car, cette fois, ce n'est pas par le poignard que la Maçonnerie s'est débarrassée de ceux qui la gênaient.

16

Là, l'aide franc-maçonnique a éclaté d'une façon bien autrement caractéristique que dans l'affaire Barrême. Quiconque pouvait renseigner la justice sur les francs-maçons voleurs était impitoyablement empoisonné, dès qu'on savait qu'il se proposait de parler; le poison a été versé aux témoins et même aux agents de police chargés des recherches.

Les faits ont été racontés par un grand nombre de journaux. De préférence, nous suivrons le récit publié par l'excellente revue de M. Chantrel, les *Annales Catholiques;* cette revue, qui est dirigée, on le sait, par un de nos plus éminents et de nos plus sympathiques confrères, a groupé d'une manière admirable tous les incidents de l'affaire (1).

Le héros de ce drame judiciaire est le Vénérable d'une des Loges d'Ancône ; c'est le F∴ Baccarini.

Ce Baccarini était un ancien ouvrier typographe, initié depuis sa jeunesse aux mystères de la Franc-Maçonnerie. En 1849, il se faisait condamner comme carbonaro ; mais il réussit à prendre la fuite avec quelques collègues de Vente, et il se réfugia en Orient. Son passage fut partout signalé par des crimes. A Smyrne, il incendia la Monnaie ; en Egypte, il fit dérailler un train d'Alexandrie au Caire, qui portait quelques millions au Khédive ; en Grèce, il se fit pirate; à Constantinople, avec ses séides, il tint toute une nuit la police en échec.

Lorsque la Franc-Maçonnerie triompha en Italie, lorsque l'impunité fut assurée aux sectaires par la réalisation du plan unitaire élaboré dans les Loges, le F∴ Baccarini profita de l'amnistie accordée aux membres des sociétés secrètes, et il rentra en Italie. Très puissamment patronné, en sa qualité de Vénérable, il réclama une position au gouvernement, qui le chargea... de la réorganisation de la police d'Ancône.

Baccarini la réorganisa si bien, que la Banque d'Ancône avait déjà subi cinq vols, dont un de

_____

(1) Voir le n° 761, du 7 août 1886.

120,000 francs, avant le coup de maître dont nous allons parler.

C'est en l'année 1878 que l'affaire a eu lieu.

Baccarini s'était associé plusieurs membres de sa Loge. C'est d'abord le F∴ Quirino Governatori, ancien employé aux recettes à la Banque ; celui-ci avait perdu sa place à la suite d'une erreur (?) de 10,000 francs dans ses recouvrements ; pour mieux dire, il avait été chassé. Un autre de ses complices était le F∴ Andrea Lorenzetti, soi-disant marchand de bois, en réalité escroc ne vivant que d'expédients. Notons encore un cocher de fiacre, le F∴ Pilonza, drôle de personnage qui augmentait ses petits bénéfices en contrefaisant des coupures de banque (menus billets italiens d'un et deux francs) qu'il passait à ses clients en leur rendant la monnaie. Enfin, le quatrième complice de Baccarini était un sellier, dont nous n'avons pas le nom.

Malgré son expulsion, Governatori avait conservé des relations à la succursale que la Banque nationale d'Italie possède à Ancône. Il voyait aussi en Loge plusieurs employés de cette succursale. Le caissier Mellini et le comptable Albertini étaient tous deux francs-maçons. Très expert dans l'art de tirer aux gens les vers du nez, il avait appris que la succursale d'Ancône avait à effectuer très prochainement un important envoi de valeurs à la succursale de Gênes. Il en informa le Vénérable Baccarini, et l'on se concerta, à la sortie d'une séance maçonnique, sur les moyens à prendre pour commettre un vol.

Ces envois de valeurs, expédiés de succursale à succursale, se font au moyen de valises, dans lesquelles on met les billets de banque, et les valises sont sous la garde de deux employés et d'un ou deux commis, qui ne doivent pas les perdre de vue.

Il s'agissait d'approcher les valises pendant leur transport et d'opérer adroitement une substitution.

Andrea Lorenzetti avait un frère, nommé Edoardo, qui était précisément garçon de recettes à la succursale d'Ancône. Par lui, il sut exactement quelle était la somme qui devait être envoyée à Gênes. Il se fit même remettre une des valises de la Banque, pour qu'elle servît de modèle au sellier qui était du complot; celui-ci en confectionna une absolument semblable. Quand les billets de banque eurent été mis dans les valises, Edoardo en pesa une en secret, et nos francs-maçons eurent soin de donner le même poids à celle qu'ils avaient préparée; il la remplirent de papiers et de copeaux de bois.

Donc, la direction de Rome avait donné ordre à la succursale d'Ancône d'envoyer, le 19 octobre 1878, à la succursale de Gênes, une somme de six millions cinq cent mille francs. Cette somme fut distribuée en trois valises, une de toile, deux de cuir. Celle qui avait été imitée par le sellier était en cuir, et son poids équivalait à celui d'une valise contenant deux millions quatre cent mille francs.

Les valeurs devaient être accompagnées par quatre personnes, savoir : le caissier Mellini, le comptable Albertini, et deux employés, un nommé Tangherlini et Edoardo Lorenzetti.

On les chargea sur une voiture de la Banque, dans laquelle se trouvaient Albertini, Edoardo Lorenzetti et Tangherlini. Quant à Mellini, il n'assista pas au chargement; il était allé faire une courte visite à sa famille, il n'arriva à la gare que juste au moment du départ. Du reste, les trois autres surveillèrent les valises en son absence, et ce ne fut pas à ce moment que la substitution s'accomplit.

Les voleurs savaient l'heure du train qui devait effectuer le transport. Deux d'entre eux, le Vénérable Baccarini et le F∴ Governatori, arrivèrent en gare en même temps que la voiture de la Banque; ils étaient dans le fiacre dont le cocher était le F∴ Pilonza.

A la station, Albertini et Tangherlini prennent les valises contenant les valeurs; Edoardo Lorenzetti va, avec la voiture de la Banque, chercher le caissier Mellini à sa villa, située à peu de distance. Pendant ce temps, Tangherlini se rend au guichet pour prendre

les billets de voyage, et Albertini garde les trois
valises.

Immédiatement, Baccarini et Governatori descendent du fiacre de Pilonza; l'un d'eux se rend vivement au guichet de distribution des billets, devan-
çant Tangherlini, et l'autre, d'un air indifférent, pose
sa valise à côté des trois de la Banque. Puis, quand
le premier des deux voleurs revient du guichet, le
second prend sans aucune hésitation, non la valise
qu'il avait déposée, mais celle de la Banque qui
l'avoisinait et qui contenait deux millions quatre cent
mille francs. Après quoi, sans se presser, les deux
complices gagnent une des portes de la salle des pas-
perdus, devant laquelle le F∴ Pilonza attendait; ils
montent dans le fiacre, le F∴ Pilonza donne un vigoureux coup de fouet à ses deux chevaux et les enlève
au galop. Le vol était accompli.

Maintenant, il fallait se partager le produit du
vol. Nos francs-maçons s'étaient donné rendez-vous
à l'auberge des Arcades, tenue par un Frère dévoué,
mis dans la confidence. Baccarini et Governatori
s'adjugèrent chacun un million pour leur part res-
pective, Andrea Lorenzetti se contenta de trois cent
mille francs. Les cent mille francs restants furent
réservés pour « un personnage important » qui
protégeait les bons Frères en cas de besoin; en dé-
pit de ses investigations, la justice italienne n'a pas
pu découvrir quel était ce personnage important.
Pilonza, qui n'avait été qu'un comparse, reçut vingt
mille francs sur la part de Governatori, et Baccarini
préleva sur la sienne dix mille francs pour l'aubergiste, et, sans doute, autant pour le sellier; ce que
celui-ci reçut n'a pu être connu.

Cependant, Edoardo Lorenzetti était demeuré à
Ancône. Mellini, Albertini et Tangherlini accompa-
gnèrent seuls les valises à Gênes. Quand ils les ouvrirent à leur arrivée à la succursale de cette ville,
la constatation du vol leur produisit un coup de
foudre. Albertini se trouva mal. Mellini chancela,
tomba comme un bœuf assommé. Tangherlini cou-

rut prévenir la police, qui, par mesure de précaution, commença par l'arrêter, ainsi qu'Albertini. D'autre part, les magistrats télégraphiaient à Ancône, et l'on procéda immédiatement aussi à l'arrestation d'Edoardo Lorenzetti. Quant à Mellini, l'émotion du premier moment l'avait rendu fou ; il mourut peu après dans un hospice d'aliénés.

L'audace avec laquelle ce vol avait été exécuté frappa tout le monde. Toutefois, à Ancône, on chuchota bientôt les noms des voleurs ; mais le parquet n'inquiéta pas d'abord Baccarini ni ses complices. A la fin, la conduite de Governatori étant devenue scandaleuse, — il faisait des dépenses folles, — un mandat d'amener fut lancé contre lui ; prévenu par Baccarini, il eut le temps de gagner une retraite qu'il croyait sûre. Seulement, le coquin eut le tort de confier à sa femme le secret de son asile et celui de la cachette du million. Celle-ci, qui n'avait pas des mœurs très correctes et qui était fort aise de se débarrasser de son mari, le dénonça, et voilà Governatori sous les verrous.

Baccarini, lui, ne s'était pas compromis. Il n'avait rien changé à ses habitudes. Il avait, par l'intermédiaire d'un des membres de sa Loge, le F∴ Paccapelo, fait passer son million à sa sœur, laquelle était mariée à un négociant de Lyon réfugié à Malte à la suite de mauvaises affaires. Malheureusement pour le Vénérable, le F∴ Paccapelo avait la langue bien pendue ; il jasa à son retour, montra de l'argent qu'il avait reçu pour prix de sa mission à Malte, et on ne put moins faire que de l'arrêter.

Il fallait aussi arrêter Baccarini, ou, du moins, lancer contre lui un mandat d'amener. On signa le mandat ; mais on donna au Vénérable le temps de filer. Il se rendit en France, puis à Malte, où il reprit très probablement son dépôt, en partie, sinon en totalité. Trois mois après, grimé en vieux lord anglais goutteux, il traversait la frontière italienne à Vintimille. La Maçonnerie lui avait fait assurer l'impunité, à la condition qu'il se cachât. Il avait avec lui deux prétendues miss, censément ses filles ; en réalité, c'étaient deux Sœurs maçonnes engagées pour la circonstance.

Le gouvernement le laissa rentrer en Italie. Il était alors tellement certain de l'aide maçonnique, qu'il ne craignit pas de venir se réinstaller à Ancône même, sous un faux nom, il est vrai. Il se cachait chez une dame Morelli, veuve du baryton de l'Opéra, dont il dota les deux filles, en reconnaissance de l'hospitalité reçue.

A partir de ce moment, l'affaire prend des proportions tout à fait extraordinaires.

La maison Morelli n'avait pas été choisie au hasard comme lieu de refuge : elle avait son escalier commun avec les bureaux de la police. Là, le Vénérable était on ne peut mieux placé pour suivre de près le procès qui l'intéressait. Le soir, un greffier appartenant à sa Loge, lui apportait les copies des dépositions de l'affaire, et lorsque ces dépositions chargeaient un peu trop les accusés, quelque Frère se rendait auprès des témoins et, soit par des menaces, soit par des promesses, leur arrachait une rétractation. Baccarini, le chef des voleurs, dirigeait secrètement le procès qu'on n'avait pu éviter. Il choisit lui-même les avocats pour la défense de ses complices emprisonnés; deux de ces avocats ont été, depuis, ministres de la justice.

C'est à Rome que les débats devaient s'ouvrir en octobre 1880. L'instruction avait duré deux ans.

Une semaine avant l'ouverture de la session des assises, on annonça la mort de Baccarini; ce décès venait bien à point pour entraver les révélations qui auraient pu se produire à l'audience. Dans le public, personne ne crut à une mort si subite et surtout si opportune.

Comme le décès avait été déclaré par la Morelli, il fallut bien citer à ce sujet diverses personnes qui avaient approché le Vénérable, alors qu'il se cachait à Ancône. On assigna, notamment, les deux servantes de la Morelli. Ces pauvres filles avaient été témoins des rapports de Baccarini avec le greffier de la police durant l'instruction ; elles pouvaient compromettre la secte ; une mort foudroyante les frappa, à trois jours d'intervalle, au moment où elles s'apprêtaient à se rendre aux assises.

D'autres témoins disparurent également ou s'abstinrent de venir à Rome ; on passa outre.

Les débats ne furent clos qu'en novembre. Le jury, trié sur le volet, était exclusivement composé de francs-maçons. Aussi, les jurés se conformèrent aux ordres secrets qui leur furent donnés et ne condamnèrent que ceux d'entre les voleurs qui avaient été sacrifiés par la secte.

Les Lorenzetti, même Edoardo qui avait fourni les renseignements, furent acquittés ; le système de défense du sellier qui avait fabriqué la valise, et qui prétendit avoir cru travailler pour le compte de la Banque, fut adopté, et il bénéficia, de même, d'un acquittement. Le F∴ Albertini, le comptable qui avait gardé les valises à la gare et sous les yeux de qui la substitution avait été opérée, fut mieux qu'acquitté ; le ministère public abandonna l'accusation contre lui. Par contre, Paccapelo eut cinq ans de prison pour avoir porté le million de Baccarini à Malte ; le cocher Pilonza et Quirino Governatori eurent huit ans de la même peine. Mais le plus fort, c'est que Tangherlini, qui était innocent, — c'est lui qui avait pris les billets au guichet pendant l'accomplissement du vol, — fut condamné à douze ans de réclusion ; il est vrai que Tangherlini n'était pas franc-maçon.

« Les débats, qui avaient été assez ternes d'abord, rapportent les *Annales Catholiques*, devinrent d'un intérêt saisissant, lors des dépositions des agents de police. Le gouvernement avait mis à la disposition de la Banque un de ses meilleurs agents, l'inspecteur Ceola, surnommé « Monsieur Lecoq ». Bientôt une maladie épouvantable le cloua à l'*Hôtel de l'Europe*, où il était descendu en se donnant pour voyageur de commerce. Sa maladie avait tous les carac-

L'affaire de la Banque d'Ancône. — Des millions ont été volés à la banque par les chefs de la Loge de la ville. Le procès s'ouvre. Les témoins à charge sont empoisonnés; tel est, notamment, le cas de l'inspecteur de police Ceola (page 287).

tères de l'empoisonnement par l'*aqua tofana*, le poison des francs-maçons; mais comme Ceola était jeune et bien soigné, il survécut.

« Le public des assises eut un frémissement en voyant s'avancer pour déposer cet homme, naguère superbe de vigueur, qui s'appuyait sur deux béquilles, soutenu par deux agents. Etendu sur une chaise longue aux pieds de la Cour, il avait à portée de la main une bouteille de Marsala pour se remettre durant ses défaillances.

« La déposition de ce mort vivant prit deux longues journées d'audience; comme intérêt, elle dépassait les plus émouvants feuilletons. Elle restera comme une percée de lumière à travers ce monde souterrain des sociétés secrètes maçonniques. Dans cette chasse à l'homme, l'agent avait apporté l'acharnement du limier. A l'audience même, le président était obligé de rappeler au calme ce moribond.

« Aujourd'hui, Ceola, pensionné par la Banque, n'est plus que l'ombre de lui-même. Il a été empoisonné par les francs-maçons. »

Malgré de longs débats, ce procès est resté mystérieux. Il en ressortit, néanmoins, ceci : c'est que nombre de personnes chargées des recherches n'avaient pas fait leur devoir, et que, partout où l'instruction avait été faite par des magistrats consciencieux, l'action de la justice avait été entravée.

D'autre part, des morts subites ou des disparitions se produisirent encore après le procès, et toujours dans des circonstances singulières. Plusieurs journaux, entre autres l'*Ezio* et le *Messagero* de Rome, accusèrent les principaux avocats d'avoir partagé avec les voleurs. Le rédacteur du *Messagero* ne put pas continuer ses révélations; il fut menacé du poignard des Frères Trois-Points et s'enfuit précipitamment, dit-on, en Amérique; en tout cas, il disparut de Rome du jour au lendemain, et le journal interrompit ses articles sur le procès. Dans l'affaire de l'*Ezio*, ce fut tout le contraire qui arriva : un des avocats mis en cause par cette feuille assigna le directeur en diffamation ; mais tout à coup, cet avocat qui jusqu'alors s'était porté à merveille, mourut subitement. Un autre avocat, Lopez, le défenseur de Governatori, fut accusé d'avoir eu en dépôt le million de son client et de l'avoir dissipé dans la débauche et les spéculations de Bourse.

En résumé, l'affaire des millions de la banque d'Ancône montre, une fois de plus, les dangers que les sociétés secrètes présentent pour la société moderne.

Quand la Franc-Maçonnerie n'assassine pas les hommes publics qui la dénoncent ou qui refusent de la protéger, elle assassine les particuliers pour sauver ceux de ses adeptes qui se sont rendus coupables de crimes de droit commun. A ses yeux, la vie humaine ne compte pas. Même, à l'occasion, elle frappe les individus qui lui sont dévoués, soit parce qu'ils sont des instruments qu'il faut briser après s'en être servi, soit parce qu'ils lui paraissent être devenus compromettants.

CONCLUSION

Dans l'encyclique *Humanum Genus*, qui est un monument de science religieuse, politique et sociale, N. T. S. P. le Pape Léon XIII a écrit ces lignes, qu'on ne saurait trop reproduire :

« Sous des apparences mensongères, et en faisant de la dissimulation une règle constante de conduite, comme autrefois les Manichéens, les Francs-Maçons n'épargnent aucun effort pour se cacher et n'avoir d'autres témoins que leurs complices.

« Leur grand intérêt étant de ne pas paraître ce qu'ils sont, ils jouent le personnage d'amis des lettres ou de philosophes réunis ensemble pour cultiver les sciences. Ils ne parlent que de leur zèle pour les progrès de la civilisation, de leur amour pour le pauvre peuple. A les en croire, leur seul but est d'améliorer le sort de la multitude et d'étendre à un plus grand nombre d'hommes les avantages de la société civile. Mais, à supposer que ces intentions fussent sincères, elles seraient loin d'épuiser tous leurs desseins. En effet, ceux qui sont affiliés doivent promettre d'obéir aveuglément et sans discussion aux injonctions des chefs; de se tenir toujours prêts, sur la moindre notification, sur le plus léger signe, à exécuter les ordres donnés, se vouant d'avance, en cas contraire, aux traitements les plus rigoureux, même à la mort. De fait, il n'est pas rare que la peine du dernier supplice soit infligée à ceux d'entre eux qui sont convaincus, soit d'avoir livré la discipline secrète de la société, soit d'avoir résisté aux

17

ordres des chefs; et cela se pratique avec une telle dextérité que, la plupart du temps, l'exécuteur de ces sentences de mort échappe à la justice, établie pour veiller sur les crimes et pour en tirer vengeance.

« Or, vivre dans la dissimulation et vouloir être enveloppé de ténèbres; enchaîner à soi par les liens les plus étroits, et sans leur avoir fait préalablement connaître à quoi ils s'engagent, des hommes réduits ainsi à l'état d'esclaves; employer à toutes sortes d'attentats ces instruments passifs d'une volonté étrangère; armer, pour le meurtre, des mains à l'aide desquelles on assure l'impunité pour le crime : ce sont là de monstrueuses pratiques condamnées par la nature elle-même.

« La raison et la vérité suffisent donc à prouver que la Franc-Maçonnerie est en opposition formelle avec la justice et la morale naturelles. »

Ces lignes, dont notre ouvrage a été le commentaire appuyé par des faits, ces lignes, tracées par la plume la plus autorisée qui soit au monde, seront notre conclusion.

TABLE DES MATIÈRES

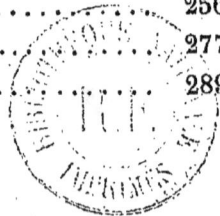

OUVRAGES DE LÉO TAXIL

Les Frères Trois-Points. — Organisation, grades et secrets des Francs-Maçons, 40e édition ; deux beaux volumes in-12, de 430 et 460 pages (chaque volume peut être acheté séparément). — Prix du volume : 3 fr. 50.

Le Culte du Grand Architecte. — Solennités des temples maçonniques, Carbonari, Juges Philosophes, documents maçonniques, vocabulaire explicatif de l'argot de la secte ; 25e édition ; un beau volume in-12, de 416 pages. — Prix : 3 fr. 50.

Les Sœurs Maçonnes. — Révélations complètes sur la Franc-Maçonnerie des Dames ; cet ouvrage ne peut pas être mis entre les mains des jeunes gens ; 28e édition ; un beau volume in-12, de 400 pages. — Prix : 3 fr. 50.

Les Mystères de la Franc-Maçonnerie. — Grande édition illustrée, contenant les révélations les plus complètes sur la secte anti-chrétienne. Cet ouvrage d'une importance capitale a valu à son auteur les encouragements et la bénédiction particulière du Saint-Père, ainsi que l'approbation de nombreux cardinaux, archevêques et évêques ; il a été traduit en italien, en espagnol, en anglais, en allemand, en hollandais et en hongrois ; son tirage a dépassé jusqu'à présent le chiffre de 50,000 exemplaires. Magnifique volume grand in-octavo jésus, de 800 pages, orné de cent-un superbes dessins explicatifs gravés sur bois. — Prix : 10 fr.

Le Vatican et les Francs-Maçons. — Ouvrage contenant tous les actes apostoliques du Saint-Siège contre la Franc-Maçonnerie (depuis Clément XII jusqu'à Léon XIII), accompagnés d'un résumé historique ; jolie plaquette in-12, de 128 pages. — Prix : 1 fr.

La Franc-Maçonnerie dévoilée et expliquée. — Manuel résumé des révélations de Léo Taxil ; édition pour la propagande populaire : texte compact ; joli volume in-12 raisin, de 320 pages. — Prix : 2 fr.

La France Maçonnique. — Liste alphabétique des Francs-Maçons français ; noms, prénoms, professions et domiciles ; seize mille noms dévoilés par Léo TAXIL ; organisation actuelle des Loges et Arrière-Loges ; un beau volume in-12 de 448 pages. — Prix : 3 fr. 50.

Supplément à la France Maçonnique. — Seconde liste des Francs-Maçons français ; noms, prénoms, professions et domiciles ; neuf mille noms dévoilés par Léo TAXIL ; un volume in-12, de 224 pages. — Prix : 2 fr.

Confessions d'un Ex-Libre-Penseur. — Mémoires de Léo TAXIL ; histoire de ses erreurs et de sa conversion ; 45e édition ; cet ouvrage a été traduit en italien, en espagnol, en allemand et en hongrois ; un beau volume in-12, de 416 pages. — Prix : 3 fr. 50.

Les Sœurs de Charité. — Histoire populaire des Sœurs de Saint-Vincent de Paul, par Léo TAXIL et Pierre MARCEL ; chronologie anecdotique ; biographies des principales Sœurs ; les splendeurs de la charité, les splendeurs du sacrifice, les splendeurs du martyre ; un beau volume in-12, de 396 pages. — Prix : 3 fr. 50.

La Ménagerie Politique. — Biographies humoristiques des principaux personnages de la 3e République, par Léo TAXIL, avec 30 portraits-charges, par BARENTIN et J. BLASS ; un joli volume in-12. — Prix : 3 fr. 50.

Le Chimpanzé, roman comique, par Léo TAXIL et TONY GALL. (Ce roman a été publié en feuilleton dans la *Petite Guerre* et dans la *Croix*, sous le titre : *Les Admirateurs de la Lune*). Il formera un volume in-12, de près de 400 pages.

OUVRAGES DE PAUL VERDUN

Un lycée sous la 3e République. — Curieuses révélations sur l'Université, sur les Lycées et les Collèges ; 14e édition ; un fort volume in-12, de 470 pages. — Prix : 3 fr. 50.

Pour Vivre. — Etudes de mœurs contemporaines ; 3e édition ; un volume in-12, de 400 pages. — Prix : 3 fr. 50.

LETOUZEY ET ANÉ, LIBRAIRES-ÉDITEURS

PARIS, 17, rue du Vieux-Colombier, PARIS

EXTRAIT DU CATALOGUE

ANTONINI (Paul). — **La Vie réelle en Chine, Chang-Haï,** beau vol. in-12......... 3 fr. 50

Ce livre a tout l'attrait d'un roman et en même temps c'est une œuvre forte, saine, écrite sans passion, mais avec une vérité comme aussi avec une parfaite connaissance des mœurs des Chinois.

BLANC (Hippolyte), chef de division honoraire au ministère de l'Instruction et des Cultes. — **Les Corporations de Métiers,** leur histoire, leur esprit, leur avenir, 2e édition revue et augmentée. 1 vol. in-12, br................... 3 fr. 50

BUET (Charles). — **Paul Féval, Souvenirs d'un ami.** Beau vol. in-12 de 400 pages.... 3 fr. 50

Une critique très analytique des œuvres du grand conteur, les détails les plus imprévus sur sa vie, sur sa famille, sur sa conversion, des anecdotes piquantes, de nombreux portraits des personnalités littéraires les plus en vue, une grande indépendance de jugement, des citations de Louis Veuillot, de M. de Pontmartin, de Brucker, une foule de notes et de notices suivant au jour le jour les menus incidents du journalisme, tout enfin contribue à faire de ce nouvel ouvrage de M. Charles Buet, un livre des plus intéressants.

— **Les premiers explorateurs Français du Soudan équatorial, Alexandre Vaudey, Ambroise et Jules Poncet.** Joli volume in-12................................ 3 fr. 50

Il s'agit du consul Alexandre Vaudey, d'Ambroise et Jules Poncet, oncle et beaux-frères de M. Charles Buet, qui a trouvé dans leurs papiers et documents, dans des souvenirs de famille, dans une étude très précise des nouvelles découvertes africaines, de la politique européenne et musulmane en Egypte, les éléments d'un livre extrêmement intéressant.

— Les Mystères de Villeblanche. Scènes de la vie électorale en province. Joli volume in-12 de 320 pages...................... 3 fr. »

LES MYSTÈRES DE VILLEBLANCHE ont le mérite d'être divertissants d'un bout à l'autre, et le rire y est de franc aloi. Ce serait du Paul de Kock, sans gros mots ni gaillardises : livre excellent à mettre entre toutes les mains, et duquel, sous une forme légère, un style vif et pimpant, ressort la plus sérieuse leçon. Excellent livre pour toutes les bibliothèques populaires.

GRANGE (Jean). **— Les Récits du Commissaire.** Un volume in-12.............. 3 fr. 50

Parmi les livres qui défendent la cause de la justice et de la vérité, les livres alertes et vaillants que M. Jean Grange prodigue depuis plus de vingt ans, avec une verve intarissable et un infatigable courage, ont leur place marquée non seulement dans les bibliothèques populaires, mais dans celle de tout homme de goût.

KLOPP (Le doct. O.) **— Frédéric II, roi de Prusse, et la nation allemande,** trad. par E. DE BORGHRAVE, 2 beaux vol. in-8........ 4 fr. »

Voilà un de ces livres consciencieux, solides, vrais, qui malheureusement sont trop rares. Disons de suite qu'il a le triple mérite d'être neuf, de toucher à un grand sujet et de briser le piédestal où avait été placé un despote, ennemi de l'Allemagne et de la France, non moins que de la religion, de la justice et de toute honnêteté. Cet ouvrage a été au delà du Rhin salué par un cri d'admiration en même temps qu'il soulevait d'étranges colères Il est calme cependant, bien qu'il ne manque pas d'une certaine chaleur communicative que son interprète français a rendue avec bonheur dans sa traduction élégante autant que fidèle. (*Revue des questions historiques.*)

LECOY DE LA MARCHE. — La guerre aux Erreurs historiques. Beau vol. in-12 de 400 pages environ. Prix................. 3 fr. 50

Le nom du savant historien indique assez dans quel sens

et avec quelle supériorité sont traités ces sujets d'actualité, dont les uns appartiennent à l'histoire générale, les autres au moyen-âge, et le plus grand nombre aux temps modernes. Jamais il n'avait déployé autant de verve que dans les études intitulées : *La patrie date-t-elle de 1789 ? — Les catholiques hors la science. — Henri Martin et son système. — Les prêtres soldats. — Mme de Maintenon. — L'avènement de Louis XVII. — L'enseignement avant et pendant la Révolution. — L'enseignement des filles. — Le mariage de Napoléon et de Joséphine. — La crise irlandaise ; etc., etc.*

LEROUX. — **La Franc-Maçonnerie sous la 3ᵐᵉ République**, d'après les discours maçonniques prononcés dans les loges par les FF∴ Brisson, Jules Ferry, Albert Ferry, Le Royer, Floquet, Andrieux, Clémenceau, Emmanuel Arago, de Hérédia, Caubet, Anatole de la Forge, Paul Bert, etc., 2ᵉ édit., 2 beaux volumes in-12, de plus de 450 pages........................ 7 fr. »

Cet ouvrage, recueil unique de documents indiscutables, est un monument de la haine hypocrite que la Franc-Maçonnerie porte à la religion et à la société. Pris au milieu de mille autres, ils ont été groupés avec soin de manière à faire voir l'unité parfaite qui règne dans tout leur ensemble.

Ce genre de publication, dit le *Polybiblion*, était indispensable pour mettre aux mains des publicistes et des hommes politiques, un véritable arsenal où ils trouveront les meilleures armes pour confondre les sectaires qui sont en train de perdre la France.

MERIC, professeur à la Sorbonne, docteur en théologie des Facultés de Paris, Rome et Wurtzbourg. — **Le Merveilleux et la Science**, étude sur l'*Hypnotisme*. Beau vol. in-8°, 5ᵉ édition, de 450 pages........................ 7 fr. »
Le même 6ᵉ édit. in-12, de 450 pages.. 3 fr. 50

MONSEIGNAT (Ch. de). — **Un chapitre de la Révolution** ou histoire des journaux de 1789 à 1799, précédée d'une notice historique sur les journaux. In-12..................... 2 fr. »

PENBOCH' (J. de). — **Demain**, réponse à la *Fin d'un monde*, d'Edouard DRUMONT. Beau vol. in-12, 2e édition...................... 3 fr. 50

La *Fin d'un monde* demandait une Réponse. Dans cet ouvrage, Drumont voudrait faire croire que tous les hommes sont les ennemis de l'ordre social, et sous ce vain prétexte s'attribuer le droit de dire à chacun ses vérités. Partant de ce principe, il n'a épargné personne, républicains et monarchistes, juifs et catholiques, tous sont passés sous sa férule.

Mais, si on se plaît à reconnaître à Drumont un certain courage pour démasquer les tripotages financiers de ceux qui sont au pouvoir, on ne peut pas le laisser calomnier impunément des personnes qui ne méritent en rien ces reproches.

Aussi ne peut-on qu'approuver l'apparition de cette réponse.

PETITOT (Em.), ancien missionnaire, officier d'Académie, lauréat des Sociétés géographiques de Paris et de Londres. — **En route pour la mer Glaciale**, beau volume in-12, orné de 6 gravures inédites hors texte............ 3 fr. 50

Vingt ans de séjour dans les territoires canadiens du Nord-Ouest, vingt-cinq mille lieues d'incessantes pérégrinations divisées en quatre-vingt-seize voyages de long cours, sur la terre et sur l'onde, voilà ce que l'auteur raconte avec verve et entrain.

Cours de Maçonnerie pratique, enseignement supérieur de la Franc-Maçonnerie (rite écossais ancien et accepté), 2 très forts volumes in-12, de plus de 500 p., ornés de planches explicat. 7 fr.

Nous ne saurions trop attirer l'attention sur ce document d'une authenticité absolue. L'auteur, mieux que personne, pouvait juger la Franc-Maçonnerie. Pourvu de tous les degrés, il a passé la plus grande partie de sa vie à compulser tous les ouvrages secrets de la secte.

Malgré les horreurs et la perversité que l'on rencontre à chaque page, nous n'avons pas hésité à publier cet ouvrage capital qui jette un jour tout nouveau sur les doctrines immorales et socialistes de la Secte.